Galapagos –
geheimnisvolle Inselwelt

Galapagos – geheimnisvolle Inselwelt

Reader's Digest
Deutschland · Schweiz · Österreich

Inhalt

Inselparadies unterm Äquator

Inseln aus Feuer und Meer

Die Fahrt der Beagle

Sonderthemen

Inselparadies unterm Äquator

Urzeitliche Echsen, riesige Schildkröten, karge Küsten und bizarre Vulkanlandschaften – der Galapagosarchipel mit seiner nahezu zahmen Tierwelt ist einzigartig. Lange Zeit blieb dieses Paradies unberührt. In den letzten Jahrzehnten stand der Fortbestand des „Schaukastens der Evolution" aufgrund der verstärkten Erschließung des Archipels infrage, doch führten erfolgreiche Schutzmaßnahmen dazu, dass die UNESCO die Inseln im Jahr 2010 von der Liste der gefährdeten Welterbestätten streichen konnte.

Von Urkräften geformt: der Galapagosarchipel

Sie gelten als eines der letzten Naturparadiese – die etwa 1000 km vor der Küste Südamerikas im Pazifischen Ozean am Äquator gelegenen Galapagosinseln. Politisch gehört dieser etwa 8000 km^2 große Archipel mit 14 größeren und über 100 kleineren Inseln, dessen Name vom spanischen Wort für Süßwasserschildkröte „el galapágo" abgeleitet ist, zu Ecuador.

Berühmt wurden die Galapagosinseln vor allem durch die Berichte des englischen Naturforschers Charles Darwin, der dort 1835 im Zuge seiner Forschungsreise an Bord der *Beagle* landete und eine Natur vorfand, die weitgehend im Urzustand erhalten war. Hier erhielt er wesentliche Anstöße für seine revolutionäre Theorie von der Entstehung der Arten.

Blick aus dem All auf die Galapagosinseln. Sie erstrecken sich über ein Areal von 143 000 km^2 mit nur rund 8000 km^2 Landfläche. Davon ist nur ein Teil bewohnbar, denn es mangelt zumeist an ganzjährig verfügbarem Trinkwasser.

Vulkanausbrüche und die folgenden Lavaströme haben das Bild der Inseln geprägt. Hier erreicht ein Lavastrom auf Fernandina den Pazifik.

Auch heute noch sind viele der Inseln nicht von Menschen besiedelt. Die meisten der etwa 25 000–30 000 Einwohner leben auf der Insel Santa Cruz, an deren Südseite die größte Stadt der Inseln Puerto Ayora liegt. Santa Cruz ist auch Standort der 1959 gegründeten Charles-Darwin-Forschungsstation. Sie soll das besondere Ökosystem schützen und den Besuchern in einem Informationszentrum und einem Museum die Tier- und Pflanzenwelt sowie die Geschichte der Inseln nahebringen.

Der wichtigste Flughafen der Inseln liegt auf der kleinen kahlen Insel Baltra, nördlich von Santa Cruz. Weitere bewohnte Inseln sind San Christóbal, Isabela, die größte Insel des Archipels, und Floreana. Die großen Inseln Fernandina und San Salvador sind unbewohnt.

Alle Inseln sind vulkanischen Ursprungs; ihm verdanken sie ihre karge Schönheit, die aber – abhängig von Höhenlage und Niederschlagsmenge – mit bis zu sieben Vegetations- und Klimazonen abwechslungsreich ausfällt. So finden sich in der flachen küstennahen Trockenzone auf knappe Niederschläge spezialisierte Pflanzen wie Kakteen, während die feuchteren höheren Lagen teils üppig bewachsen sind.

Über 100 m hoch ragt der erloschene Vulkan auf der kleinen unbewohnten Insel Bartolomé auf, die sich durch eine geradezu irreal wirkende Lavalandschaft auszeichnet.

Vulkanische Entstehung

Ihren Ursprung haben die Galapagosinseln tief im Erdinneren. Dort gleiten gigantische Platten, die ganze Kontinente oder Ozeane auf ihrem Rücken tragen, mit einem Tempo von wenigen Zentimetern pro Jahr über die tieferen Schichten des Erdmantels. Eine dieser Platten, die Nazcaplatte, trägt den östlichen Teil des Pazifiks zwischen dem Äquator und dem Süden Chiles langsam nach Osten. Dort kollidiert sie mit einer anderen Platte, die Südamerika trägt. Rund 1000 km westlich von Südamerika liegt tief unter dem Pazifik und unter der Basis der Nazcaplatte ein sogenannter Hotspot, ein Zentrum vulkanischer Aktivität. Dort steigt im Erdinneren Gesteinsschmelze aus rund 400 km Tiefe auf und wölbt den Untergrund in die Höhe. Solche Hotspots gibt es z. B. auch unter Hawaii und unter Island.

An diesen Stellen quellen auf einer relativ kleinen Fläche so große Mengen von Magma aus dem Untergrund, dass zunächst am Grund des Ozeans Vulkane entstehen. Diese wachsen dann immer weiter in die Höhe, bis sie den Meeresspiegel durchbrechen. Der Vulkan Wolf auf der Galapagosinsel Isabela ragt heute immerhin 1707 m über Meereshöhe auf. Während die Nazcaplatte weiter nach Osten gleitet, nimmt sie die Vulkane und die so entstandenen Inseln mit. Auf diese Weise verliert der Vulkan den Kontakt zum Hotspot, der nicht mit der Platte wandert. Fehlt aber der vulkanische „Nachschub" in Form von aufquellender Magma, erlischt der Vulkan. Langsam tragen nun Niederschläge und Winde den Berg wieder ab und spülen das einst aus der Tiefe aufgestiegene Gestein ins Meer. Irgendwann verschwindet die Insel dann unter dem Meeresspiegel. Bis dahin aber hat der Hotspot weiter im Westen längst neue Vulkane aus den Wellen aufsteigen lassen.

Mit der Zeit entstand so eine Gruppe von Inseln, von denen viele längst wieder in den Wellen des Pazifiks versunken sind. Einige Inseln sind über der Meeresoberfläche sichtbar: Die Galapagosinseln. Weil die Nazcaplatte langsam nach Osten wandert, liegen die ältesten Galapagosinseln im Osten, die jüngsten im Westen. Im Osten und in der Mitte des Archipels sind die Vulkane längst erloschen. Im Westen aber spucken die Krater auf den Inseln Isabela und Fernandina nach wie vor häufig Lava, Asche und Dampf aus.

Fernandina

Auf der jüngsten Galapagosinsel Fernandina sind Eruptionen noch immer besonders häufig: So brach der Vulkan La Cumbre am 10. April 2009 wieder einmal kräftig aus. Die austretende Lava ist bei diesem Vulkan relativ flüssig und fließt bei einem Ausbruch nach allen Seiten ab. Daher verteilt sich das flüssige Gestein gleichmäßig und im Lauf der Zeit entstand ein nahezu runder Vulkan, dessen Hänge relativ flach bis in eine Höhe von 1476 m über dem Meer ansteigen. Geologen nennen diesen Typ „Schildvulkan". Doch dieser Vulkan bedrohte und begeisterte auch schon Menschen vor unserer Zeit: Am 14. Februar 1825 hielt Kapitän Benjamin Morell auf seinem Schiff *Tartar* einen nächtlichen Ausbruch des La Cumbre auf Fernandina in seinem Logbuch fest: „Gegen 4.30 Uhr war der kochende Inhalt des gewaltigen Hexenkessels bis zum Rand emporgequollen und ergoss sich in einem Katarakt aus flüssigem Feuer über den Rand des Kraters. Wir sahen Ströme geschmolzener Lava über den Hang des Berges herabfließen, die sich vom glühenden Schlund des Vulkans über eine Strecke von 5 km bis zum Meer ergossen. Die flirrende Hitze glühenden Gesteins bahnte sich einen 400 m breiten Kanal, der aussah wie ein fürchterlicher Fluss geschmolzenen Eisens, das aus einem Schmelzofen fließt."

Aufgrund der häufigen Eruptionen muss sich das Leben auf Fernandina immer wieder an neue Bedingungen anpassen. Das hatten vor allem Arten aus, die vom Meer leben und auf der Insel selbst nur rasten oder ihren Nachwuchs aufziehen. Die wichtigsten Bewohner von Fernandina sind daher Stummelkormorane

Der Vulkan La Cumbre ist der aktivste auf den Galapagosinseln – seit 1813 wurden mehr als 20 Ausbrüche registriert. Das Foto aus dem Jahr 2009 zeigt Fumarolen, das sind Austrittstellen von Dampf.

Blick in den riesigen Vulkankrater des Cerro Azul auf Isabela. Vorübergehend bilden sich hier Seen. Schwefelverbindungen färben den kleinen Nebenkrater.

Die Vulkane Isabelas haben riesige Lavafelder produziert, die eine unüberwindliche Barriere für viele Lebewesen darstellen. So hat die Evolution auf Isabela mehrere Unterarten der Galapagos-Riesenschildkröte hervorgebracht.

und Pinguine, Meerechsen, Pelikane und Seelöwen. Aber auch sie können die Gefahren der rot glühenden Lava und des beim Ausbruch oft siedend heißen Meerwassers nicht einschätzen, verbrennen sich schwer und viele sterben an diesen Verletzungen.

Isabela

Die mit Abstand größte Insel des Archipels ist Isabela: Mit einer Fläche von 4640 km^2 ist die 120 km lange Insel beinahe doppelt so groß wie das Saarland und stellt 58 % der Fläche der gesamten Galapagosgruppe. Sie hat die Form eines Hockeyschlägers, der sechs mächtige Höcker trägt: Fünf davon sind genau wie La Cumbre große Schildvulkane. Der sechste dagegen ist nur ein halber Schildvulkan, dessen westlicher Teil ins Meer gerutscht ist. Jeder dieser Vulkane ragte einst allein aus dem Meer. Im Lauf der Jahrtausende aber floss so viel Lava aus den Kratern, dass sich Landbrücken zu den benachbarten Inseln gebildet haben. Mit der Zeit wuchsen die sechs Vulkane daher zur großen Insel Isabela zusammen. Der Vulkan Wolf mit einer Höhe von 1707 m ganz im Norden und der Cerro Azul mit 1640 m ganz im Süden bilden die höchsten Gipfel des gesamten Archipels.

Zusammen mit La Cumbre auf Fernandina sind sie auch die unruhigsten: der Cerro Azul beispielsweise verzeichnete im Mai und im Juni 2008 über 20 Tage kräftige Eruptionen. Dabei hatte er erst zehn Jahre zuvor, im September und Oktober 1998, etwa 110 Mio. m^3 Lava ausgestoßen, die 10 km weit an den Flanken des Vulkans hinabströmte.

Viel ruhiger ist dagegen der Vulkan Alcedo in der Mitte von Isabela, dessen Kraterrand mit einer Höhe von 1130 m über den Pazifikwellen auch deutlich niedriger als die seiner Nachbarn im Norden und Süden liegt. In der flachen Caldera, dem Vulkankrater, wächst eine relativ üppige Vegetation, die von mehr als 1000 Riesenschildkröten immer wieder abgeweidet wird.

Das Inselklima

Obwohl der Archipel am Äquator liegt, herrscht dort kein tropisches Klima. Das liegt an kalten Meeresströmungen wie dem Humboldt- und dem Cromwellstrom in Kombination mit dem kühlen, trockenen Südostpassatwind.

Die Ausläufer des Humboldtstroms, der von der Küste Ecuadors herüberfließt, umgeben die Galapagosinseln insgesamt mit ihrem rund 20 °C kühlen Wasser. So ist auch die Luft darüber relativ kühl und ziemlich feucht. Trotzdem regnet es in den meisten Küstenregionen weniger als in den trockensten Regionen Mitteleuropas. Die größten Niederschlagsmengen fallen dabei im Februar und März, von Juni bis November ist Trockenzeit. Einen weiteren Kühlungseffekt bringt der Cromwellstrom. Er fließt in den Tiefen des Pazifiks von Westen nach Osten und trifft am Fuß der Insel Isabela zum ersten Mal auf Widerstand. Dadurch muss das salzreiche und schwere Wasser aufsteigen und kühlt die Wassertemperaturen an der Küste auf unter 15 °C ab. In der Folge kühlt sich auch die Luft ab und die darin enthaltene Feuchtigkeit kondensiert zu Nebel, der häufig Isabelas Küste einhüllt.

Am heißesten ist es von Januar bis April, dann herrschen Lufttemperaturen von bis zu 30 °C. Von Juli bis September ist es maximal 25 °C warm und es ist Garuazeit (Nieselregen). Die Jahresmitteltemperaturen an den Küsten betragen etwa 24 °C, in 300–400 m Höhe sind es nur noch 18 °C.

Das Mikroklima kann sich auf einigen der Galapagosinseln schon innerhalb weniger Hundert Meter gravierend ändern. Besonders deutlich wird das auf der Insel Santa Cruz, die mit 986 km^2 etwas größer als Rügen ist: Von Ost nach West zieht sich eine Kette alter Vulkankegel quer über das Eiland, die am Cerro Crocker eine Höhe von 864 m erreicht. Dieses „Mittelgebirge" prägt das Klima der gesamten Insel. An den Hängen der alten Vulkane steigt die kühle und feuchte Luft in die Höhe und kühlt dabei weiter ab. Die Feuchtigkeit beginnt zu kondensieren und der Niederschlag nimmt mit der Höhe immer weiter zu. Fallen auf einen Quadratmeter Küste im Jahr nur wenige 100 l Regen, sind es in 60 m Höhe schon 2000 l. Nur an ganz wenigen Tagen im Jahr sehen Besucher daher den Cerro Crocker, die meiste Zeit hüllt sich der Gipfel in Nebel.

Erstarrende Lava bildet je nach Zähigkeit der Magma verschiedene Oberflächen. Hier ist Seillava von San Salvador zu sehen, die entsteht wenn sehr heiße, dünnflüssige Magma erkaltet.

Sparsam ausgestattetes Pflanzenparadies

Die Küsten der Galapagosinseln sind sehr niederschlagsarm und entsprechend spärlich bewachsen. Nach wie vor sind die meisten der Inseln unbewohnt und menschlichen Einflüssen daher kaum ausgesetzt.

Das besondere Inselklima, die geografische Lage und die Entstehungsgeschichte der Inseln haben eine einzigartige Pflanzenwelt hervorgebracht: Nach ihrer Entstehung bestanden die Inseln erst einmal nur aus kahlem Vulkangestein ohne jede Spur von grünem Bewuchs. Doch im Lauf der Zeit verwitterte das Gestein und es konnte sich erstes Leben ansiedeln.

Was die pflanzlichen Bewohner angeht, ist Galapagos ein echtes Einwanderungsland: Alle Pflanzen, die heute auf den Inseln wachsen, stammen ursprünglich aus anderen Regionen – die weitaus meisten davon vom südamerikanischen Festland. Da die Distanz groß ist, gelangten nur die Samen relativ weniger Arten mithilfe von Vögeln, dem Wind oder den Wellen nach Galapagos. Die Inseln sind daher bis heute ein eher sparsam ausgestattetes Pflanzenparadies geblieben. Nur ungefähr 560 Arten nicht vom Menschen importierter höherer Pflanzen wurden dort bisher beschrieben.

Dazu kommen noch niedere Pflanzen wie Moose und Flechten. Diese sind auf den Galapagosinseln durchaus häufig – oft hängen sie als lange Bärte von den Bäumen oder überziehen die Felsen mit bunten Krusten. Meist aber handelt es sich um eher unscheinbare Gewächse, die auch von Wissenschaftlern leicht übersehen werden. Erst im Jahr 2005 begannen deutsche Mitarbeiter der Charles-Darwin-Forschungsstation damit, die Flechtenwelt der Inseln systematisch zu erfassen. Dabei wurde rasch klar, dass im Verborgenen noch deutlich mehr Arten gedeihen als vermutet: Innerhalb von nur vier Jahren stieg die Zahl der auf dem Archipel bekannten Flechtenarten von 229 auf 509.

Und auch bei den höheren Pflanzen ist in dieser Hinsicht das letzte Wort noch nicht gesprochen, scheinen die Evolution und die Bildung neuer Arten noch keineswegs abgeschlossen zu sein. Botanikern macht das die

Arbeit schwerer. Andererseits sind es genau diese Evolutionsprozesse, die den Archipel zu einem so einzigartigen Lebensraum machen.

Laboratorien der Evolution

Gerade entlegene Inseln gelten als Laboratorien der Evolution, in denen neue Arten besonders leicht entstehen können. Damit das geschieht, müssen zumindest einige Mitglieder eines Pflanzen- oder Tierbestands große genetische Unterschiede zum Rest ihrer ehemaligen Artgenossen entwickeln. Doch solange sie sich immer wieder mit den anderen paaren, wird das Erbgut des Bestands gemischt. Genetische Besonderheiten können sich dann auf Dauer nicht halten.

Manchmal aber verlieren Pflanzen den Kontakt zum Rest ihrer Artgenossen – z. B. wenn ihre Samen auf einer Insel angetrieben werden. Die durch das Meer oder durch Gebirgszüge getrennten Bestände entwickeln sich dann mit der Zeit immer weiter auseinander. Haben sie es zudem mit unterschiedlichen Umweltbedingungen zu tun, sind sie zur Anpassung gezwungen. Gleichzeitig sorgt der Zufall für neue genetische Möglichkeiten. Denn die Gestrandeten sind meist eine kleine, willkürlich zusammengewürfelte Schicksalsgemeinschaft, die nicht über den gesamten Genpool ihrer Art verfügt. Von ihrem Erbgut aber hängt es ab, welches genetische Ausgangsmaterial der neuen Inselpopulation zur Verfügung steht.

Vielleicht bleiben in einer solchen Situation ja ungewöhnliche Gene erhalten, die ansonsten keine Chance gehabt hätten. Schließlich ist auf der Insel der Konkurrenzdruck durch die Artgenossen in der Regel nicht so groß. Also bleibt den Inselbewohnern meist genügend Zeit, solche genetische Besonderheiten in ihrem Erbgut anzusammeln und auszuprägen.

Auf diese Weise können neue Unterarten entstehen. Manchmal werden die genetischen Abweichungen sogar so groß, dass Biologen die ehemaligen Artgenossen nun als unterschiedliche Arten klassifizieren. „Allopatrische Artbildung" heißt dieser Evolutionsprozess, der durch geografische Barrieren ausgelöst wird. Er führt dazu, dass auf Inseln oft viele spezialisierte Arten und Unterarten leben, die es nirgendwo sonst auf der Erde gibt. Auf Galapagos gehören rund 40 % aller höheren Pflanzen zu diesen sogenannten Endemiten. Solche biologischen Schätze finden sich in allen Vegetationszonen der Inseln.

In der Übergangszone von Trockenwald zu feuchtem Bergwald sind die Bäume dicht von Bartflechten behangen – von Ästen aus hält der Rubintyrann Ausschau nach Insekten.

Überlebenskünstler

Zu den auffälligsten Gewächsen der Trockengebiete gehören die Kakteen. Galapagos verfügt allein über sechs Arten von Opuntien – eine Kakteengattung –, die alle endemisch

Der Kandelaberkaktus Jasminocereus thouarsii wächst auf acht Galapagosinseln und wird bis zu 7 m hoch.

Wie abgestorben wirkt dieser Wald aus Palo-Santo-Bäumen (Bursera graveolens) auf der Insel Floreana. In niederschlagsreichen Zeiten ergrünen diese Pflanzen schnell.

sind. Einige dieser Überlebenskünstler haben eine eher buschige Gestalt, andere wachsen zu regelrechten Bäumen heran, die bis zu 12 m hoch werden können. Ein anderer stacheliger Endemit ist der Kandelaberkaktus *Jasminocereus thouarsii*, der seine verzweigten, säulenförmigen Arme bis zu 7 m hoch in den Himmel streckt. Nicht ganz so eindrucksvoll, aber genauso einzigartig ist der Lavakaktus *Brachycereus nesioticus*, der sein Dasein den scheinbar so lebensfeindlichen Lavafeldern abtrotzt.

Auch *Solanum cheesmaniae*, eine der beiden auf dem Archipel endemischen Tomatenarten kommt auf dem kargen Lavagrund in der Nähe des Meeres bestens zurecht. Diese Gewächse haben im Lauf ihrer Evolution eine Reihe von Besonderheiten entwickelt, die sie von ihren Verwandten auf dem Festland unterscheiden. Dazu gehört die leuchtende orange-gelbe Farbe ebenso wie die gelb-grünen Blätter und die kleinen Samen. Besonders interessant für die Züchter von Kulturtomaten aber ist die Salztoleranz dieser Art. Wegen dieser Eigenschaft wurde die Galapagostomate bereits zur Züchtung einer neuen Kultursorte verwendet.

Ein weiterer häufiger Bewohner der Trockenzone ist der Palo-Santo-Baum *Bursera graveolens* mit seiner grauen Rinde und den in der Trockenzeit kahlen Ästen. Dieser Baum wächst auch auf dem südamerikanischen Festland und ist ein Verwandter von Myrrhe und Weihrauch. Seinen spanischen Namen, der so viel wie „heiliges Holz" bedeutet, verdankt er seinem aromatisch duftenden Holz. Auf dem Festland wird sein Holz gern für Kunsthandwerk und Räucherstäbchen verwendet, das ätherische Öl kommt beispielsweise in der Kosmetikindustrie zum Einsatz.

Scalesia-Pflanzen

Die höheren, feuchteren Regionen sind die Heimat von ganz speziellen Korbblütlern. Diese Pflanzenfamilie, zu der auch Löwenzahn und Gänseblümchen, Sonnenblume und Margerite gehören, hat weltweit mehr als 22 000 Arten hervorgebracht. Darunter sind allerdings kaum Bäume. Die Gattung *Scalesia*, die nur auf Galapagos vorkommt, aber besteht aus Bäumen und Büschen, die je nach Art bis zu 15 m hoch werden können. Manche Wissenschaftler nennen die *Scalesia*-Bäume auch die „Darwin-Finken der Pflanzenwelt". Denn wie die gefiederten Inselbewohner haben sich auch diese Gehölze an verschiedene Lebensbedingungen angepasst und dabei 15 Arten hervorgebracht.

Seit Galapagos nicht mehr vom Rest der Welt abgeschieden ist, haben die ungewöhnlichen Gehölze allerdings ein Problem: Menschen haben im Lauf der Zeit Konkurrenten und Feinde eingeführt, die der ursprünglichen Inselflora das Leben schwer machen. Schweine und Ziegen beispielsweise fressen für ihr Leben gern *Scalesia*-Pflanzen und die angebauten Guaven konkurrieren mit den heimischen Gewächsen um Nährstoffe. Die *Scalesia*-Bäume und viele andere Vertreter der einzigartigen Flora sind daher gefährdet und werden in speziellen Programmen geschützt oder auf Inseln wieder angesiedelt, auf denen Schweine und Ziegen ausgerottet wurden.

Inmitten schwarzer lebensfeindlicher Lava haben sich diese Scalesia-affinis-Pflanzen auf Fernandina angesiedelt. Diese Scalesia-Art war auf den Galapagosinseln besonders weit verbreitet.

Arche Noah im Pazifik für einzigartige Tiere

So ungewöhnlich die Pflanzenwelt von Galapagos auch sein mag, die Tierwelt schlägt die meisten Besucher noch mehr in ihren Bann. Durch die gleichen Prozesse, die so viele endemische Pflanzenarten schufen, entstanden in der Abgeschiedenheit der Inseln auch zahlreiche einzigartige Tierarten. Schon Charles Darwin staunte etwa über die bizarren Meerechsen, die an den felsigen Stränden hockten und ihn an Drachen im Miniaturformat erinnerten.

Die Galapagos-Meerechse ist weltweit die einzige Echse, die vor allem vom Lebensraum Meer abhängt. Nach aktuellen Forschungsergebnissen entwickeln sich die verschiedenen Inselpopulationen genetisch auseinander.

Exzentrische Echsen

Zwischen 200 000 und 300 000 dieser in verschiedenen Grau-, Schwarz- , Grün- und Rottönen gefärbten Tiere mit dem wissenschaftlichen Namen *Amblyrhynchus cristatus* soll es insgesamt auf dem Archipel geben. Zwar erinnerten die Meerechsen Darwin an die Leguane des südamerikanischen Festlands. Doch führen diese Inselbewohner ein völlig anderes Leben: Sie klettern nicht im Geäst der Bäume herum, sondern tauchen als einzige Echsen weltweit zur Nahrungssuche hinab ins Meer und weiden dort Algen ab. Das ist allerdings kein Indiz dafür, dass es sich um besonders urtümliche Reptilien handelt, die vielleicht den Sprung an Land noch nicht ganz geschafft haben. Meerechsen stammen wahrscheinlich von reinen Landreptilien ab, die das nasse Element wieder neu für sich entdeckt haben. Im Lauf ihrer Entwicklungsgeschichte legten sie sich einen seitlich abgeflachten Ruderschwanz zu, der sich gut zum Schwimmen eignet und ihre Nase ist so flach und stumpf, dass sie die Tiere nicht beim Abweiden von Felsen behindert.

Trotz dieser Anpassungen ans Wasserleben sind die Meerechsen an das Land gebunden. Verblüfft beobachtete Charles Darwin die Reaktion eines Tieres, das er immer wieder ins Wasser warf: Statt einfach davonzuschwimmen, paddelte es jedes Mal wieder ans Ufer, sodass er es erneut packen konnte. Für dieses scheinbar unvernünftige Verhalten gibt es eine plausible Erklärung: Da im Wasser Haie und andere Gefahren lauern, flüchten Meerechsen instinktiv Richtung Land, wenn sie sich bedroht fühlen. Denn auf dem Trockenen haben sie keine natürlichen Feinde. Andererseits bietet der Ozean reichlich Futter. Deshalb lohnt es sich für die Tiere, das Risiko eines Angriffs zumindest bei der Nahrungssuche in Kauf zu nehmen.

Allerdings ist der Tisch rings um die Inseln auch nicht überall gleich gut gedeckt und alle paar Jahre lässt das Klimaphänomen El Niño die Algen generell knapp werden. Das könnte der Grund dafür sein, dass sich auf den einzelnen Inseln verschieden große Unterarten von Meerechsen entwickelt haben. Einige davon

Drusenköpfe sind Pflanzenfresser und bewohnen natürliche oder auch selbst gegrabene Höhlen, in denen sie vor allzu starker Sonneneinwirkung Schutz suchen.

wiegen nur um die 600 g, während andere stattliche 12 kg auf die Waage bringen. In manchen Situationen sind eher die Riesen im Vorteil, in anderen eher die Zwerge. Ein großer Körper ist zwar günstig, um Rivalen in die Flucht zu schlagen, bei Nahrungsmangel aber wird er zur Last. So verhungern in El-Niño-Jahren vor allem die großen Tiere. Bis zu einem gewissen Grad können Meerechsen ihre Größe allerdings an solche Situationen anpassen: In Mangelzeiten schrumpfen sie um bis zu ein Viertel ihrer Körperlänge. Diese verblüffende Fähigkeit beruht offenbar auf einem veränderten Hormonhaushalt.

Schuppige Kaktusfans

Eine ähnlich imposante Erscheinung wie die Meerechsen sind ihre Verwandten, die auf dem Trockenen leben. Die auch als „Drusenköpfe" bekannten Landleguane von Galapagos werden bis zu 1,20 m lang. Bis vor Kurzem kannten Biologen zwei Arten dieser großen Echsen, nämlich den Drusenkopf *Conolophus subcristatus* und den Santa-Fé-Drusenkopf *Conolophus pallidus*. Im Jahr 2009 wurde dann mit dem Rosada-Drusenkopf *Conolophus marthae* noch eine dritte Art entdeckt, deren Vorkommen allerdings auf das Gebiet am Vulkan Wolf auf der Insel Isabela beschränkt ist.

Da Charles Darwin diese Region nicht besucht hat, ist ihm die Existenz dieser meist gelblich bis bräunlich, teilweise rosa gefärbten Echsen entgangen. Von den anderen Landleguanen aber hat er eine wenig schmeichelhafte Beschreibung geliefert: „Sie sind hässliche Tiere, unten gelblich-orange, oben bräunlichrot gefärbt", notierte der Forscher. Und auch der Kopfform und dem Gesichtsausdruck konnte er nichts abgewinnen: „Sie sehen dadurch ungewöhnlich dumm aus."

Die Galapagos-Riesenschildkröten ernähren sich von Gräsern, Laub, Büschen, Beeren und Flechten. Ihre Eier legen sie in selbst gegrabene Erdlöcher, die verschlossen werden und aus denen sich die geschlüpften Jungen selbstständig befreien.

Zu diesem Eindruck trägt auch bei, dass sich die großen Echsen meist nur langsam bewegen. Das ist allerdings eine Art der Anpassung an die Trockengebiete, in denen sie leben: Die Tiere verbrauchen dadurch weniger Energie. Landleguane fressen hauptsächlich die Glieder und Früchte der Opuntien-Kakteen, die sie mitsamt den Stacheln verschlingen. Praktischerweise versorgen diese wasserspeichernden Pflanzen die Tiere auch gleich mit lebenswichtiger Flüssigkeit. Deshalb kommen die schuppigen Überlebenskünstler sehr lange ohne Süßwasser aus.

Lonesome George & Co.

Auch die Riesenschildkröten von Galapagos beherrschen eine Technik, dank derer sie lange ohne Wasser auskommen: Diese imposanten Reptilien, deren Panzer 1,50 m lang wird und die mehr als 250 kg auf die Waage bringen können, bauen in Dürreperioden ihr Körperfett ab und gewinnen dabei Wasser. Fressen müssen sie allerdings große Mengen. Da sie ihre Pflanzenkost nur schlecht verwerten, ist die Energieausbeute gering. Einen sonderlich energieaufwendigen Lebenswandel können sie sich also nicht leisten. Entsprechend langsam sind sie meist unterwegs. Dafür werden sie aber ungewöhnlich alt: Ein Exemplar namens Harriet, das Charles Darwin von seiner Galapagosreise mit-

gebracht hatte, starb erst im Juni 2006 in einem australischen Zoo – in einem geschätzten Alter von 176 Jahren.

Eine weitere Riesenschildkröten-Berühmtheit ist „Lonesome George", ein 70–80 Jahre altes Männchen, das in der Charles-Darwin-Forschungsstation lebt. Seinen Namen „Einsamer George" verdankt er der Tatsache, dass er vermutlich der letzte Vertreter seiner Rasse ist. Auf jeder Galapagosinsel mit einem Bestand von Riesenschildkröten haben sich etwas anders aussehende Riesenschildkröten entwickelt, die sich in der Form ihrer Panzer unterscheiden. All diese Varianten sind vermutlich Unterarten der Art *Geochelone nigra*. Immer wieder wird auch diskutiert, ob es sich vielleicht sogar um verschiedene Arten handeln könnte.

Sicher ist jedenfalls, dass die Schildkrötenvielfalt bedroht ist. Denn im 18. und 19. Jahrhundert luden Wal- und Robbenjäger die wehrlosen Tiere massenweise als lebenden Proviant in ihre Schiffe. Noch gefährlicher für den Bestand sind Tiere wie Katzen, Hunde, Schweine und Ratten, die im Schlepptau des Menschen nach Galapagos kamen und die Nester der Schildkröten zerstören, ihre Eier ausgraben und die Jungtiere fressen. Auch Ziegen zählen zu den Konkurrenten, weil sie den Reptilien ihre Nahrung wegfressen. All das hat dazu geführt, dass von den ursprünglich 15 Unterarten heute nur noch elf geblieben sind. Eine davon repräsentiert „Lonesome George" – aller Wahrscheinlichkeit nach wird diese Art mit seinem Tod aussterben.

Zwitschernde Vielfalt

Ähnlich wie die Riesenschildkröten brachten auch die berühmten Darwin-Finken auf den Galapagosinseln unterschiedliche Varianten hervor. Biologen kennen heute 13 Arten dieser endemischen Vögel, die sich vor allem in der

Die Vorfahren der Darwin-Finken – im Bild ein Waldsängerfink – erreichten Galapagos schon vor 2 bis 3 Mio. Jahren und spalteten sich dann in verschiedene Arten auf.

Form ihres Schnabels, zum Teil auch in der Farbe ihres Gefieders unterscheiden. Diese Tiere gelten als Musterbeispiele für Darwins Evolutionstheorie. Die gesamte Finkenvielfalt stammt wohl von ein paar Singvögeln aus der Familie der Tangarenvögel oder aus der Familie der Ammern ab, die es auf eine der Inseln verschlagen hat. Nach und nach müssen die Nachkommen dieser gestrandeten Vögel den Archipel erobert und sich dabei an die jeweiligen Bedingungen angepasst haben.

So ist der Waldsängerfink *Certhidea olivacea* bei der schon bei seinen Vorfahren üblichen Insektennahrung geblieben, die er mit einem grazilen Schnabel wie mit einer Pinzette von Blättern und Steinen pickt. Der Mangrovenfink *Camarhynchus heliobates* dagegen sucht sich Insekten und Larven ausschließlich in Mangrovenwald. Statt hellbraun ist das Gefieder an seinem Bauch daher olivgrün – so ist er im Mangrovenwald besser getarnt. Der Mittelgrundfink *Geospiza fortis* wiederum hat sich auf das Knacken von Samen spezialisiert. Dazu braucht er einen wuchtigen Schnabel, mit dem er die harte Schale aufbricht. Der schwere Schnabel macht auch den Gesang des Vogels dunkler, der Waldsängerfink *(Certhidea olivacea)* markiert sein Revier dagegen mit einem hellen Zwitschern. Diese Finkenarten begegnen sich zwar noch, verstehen sich aber nicht mehr und paaren sich daher auch nicht. Es sind also zwei unterschiedliche Arten entstanden.

Manchmal bilden sich solche neuen Arten auf Galapagos sogar extrem schnell. So lebte der Mittelgrundfink 1981 noch als einziger Vertreter seiner Verwandtschaft auf der Insel Daphne, wo er mit seinem wuchtigen Schnabel die harten Samen einer Krautpflanze knackte. 1982 aber kam von einer Nachbarinsel der mit einem noch mächtigeren Schnabel ausgerüstete Große Grundfink *Geospiza magnirostris* dazu und machte den alteingesessenen Vögeln Konkurrenz. Nur 22 Jahre später war dann der Schnabel des Mittelgrundfinken erheblich geschrumpft. Mit diesem verkleinerten Werkzeug lassen sich die kleineren Samen der Opuntien-Kakteen besser knacken und beide Arten konkurrieren nicht mehr gegenseitig um das gleiche Futter.

Galapagosbussarde werden bis zu 56 cm lang und 850 g schwer. Sie ernähren sich von Kleinsäugern, Reptilien, kleineren Vögeln und auch Aas.

Weitere Schätze der Natur

Auch viele andere Vögel haben auf den Galapagosinseln ihre ganz eigenen Vertreter hervorgebracht. Von den 57 ständig dort lebenden Vogelarten ist fast die Hälfte endemisch.

Zu diesen biologischen Schätzen gehören neben den Darwin-Finken beispielsweise der Galapagosbussard *Buteo galapagoensis*, die Galapagostaube *Zenaida galapagoensis* und die Lavamöwe *Larus fuliginosus*. Die Galapagosscharbe *Phalacrocorax harrisi* ist der einzige Kormoran, der nicht fliegen kann und der Galapagospinguin *Spheniscus mendiculus* kommt als einziger Vertreter seiner ansonsten in südlicheren Gefilden heimischen Verwandtschaft bis an den Äquator vor.

Blaufußtölpel *(Sula neboxuii)*, Rotfußtölpel *(Sula sula)* und Maskentölpel *(Sula dactylatra)* brüten zwar auch noch in anderen Regionen der Welt. Trotzdem zählt die Begegnung mit diesen Vögeln wegen ihres merkwürdigen Aussehens und ihrer kaum vorhandenen Scheu für viele Galapagosbesucher zu den Höhepunkten ihrer Reise.

Auch unter den eher unscheinbaren wirbellosen Tieren haben die Inseln einige interessante Vertreter zu bieten. Zu den Stars der Küsten gehören die Roten Klippenkrabben *(Grapsus grapsus)*, die mit ihrer leuchtend roten Farbe auf den schwarzen Lavafelsen ein äußerst dekoratives Bild abgeben. Sie sind ständig in Aktion, krabbeln über Steine und Meerechsen, kämpfen und paaren sich. Und wo immer sie angeschwemmte Algen oder tote Tiere fin-

Fast alle Galapagospinguine leben auf Fernandina und Isabela. Anders als viele ihrer südlichen Verwandten können sie nur 90 Sekunden unter Wasser bleiben.

Die leuchtenden Füße des Blaufußtölpels machen seinem Namen alle Ehre. Tölpelhaft ist er allerdings keineswegs, sondern insbesondere bei der Jagd auf Fische, von denen er sich ernährt, sehr geschickt, wenn er bis zu 25 m tief ins Meer eintaucht.

den, nutzen die auch an südamerikanischen Pazifikküste heimischen Krabben die Gelegenheit für eine Mahlzeit.

Ursprünglich auf Galapagos heimische Säugetiere sind dagegen auf den Inseln nur sehr spärlich vertreten: Es gibt dort neben den von Menschen eingeführten Tieren gerade einmal zwei Fledermausarten und zwei Arten von Reisratten – und natürlich die beiden endemischen Robben, die für die immer zahlreicher anreisenden Touristen beliebte Fotomotive abgeben. Die neugierigen und zutraulichen Galapagosseelöwen *Zalophus wollebaeki* bilden auf den Inseln eine Art Begrüßungskomitee für Besucher. Scheuer sind die auf 15 Galapagosinseln heimischen Galapagosseebären *Arctocephalus galapagoensis.*

Beide Arten wurden früher von Robbenjägern an den Rand des Aussterbens gebracht, ihre Bestände haben sich mittlerweile dank strenger internationaler Schutzbestimmungen aber erholt. So soll es auf dem Archipel inzwischen wieder 30 000–40 000 Seebären geben, der Seelöwenbestand schwankt zwischen 20 000 und 50 000 Tieren.

Der Mensch bedroht den „Schaukasten der Evolution“

Seit Charles Darwin im Jahr 1835 auf Galapagos wichtige Anstöße für seine Evolutionstheorie erhielt, scheint sich an den von ihm bereits beschriebenen paradiesischen Zuständen auf dem Archipel wenig geändert zu haben.

Doch der Schein trügt. Seelöwen, Meerechsen, Blaufußtölpel und viele weitere Tiere hätten durchaus Grund, die vermehrt auf ihren Inseln landenden Menschen zu fürchten. Denn der boomende Tourismus könnte die Lebensgrundlagen vieler Arten auf Galapagos zerstören, über deren Entstehung Charles Darwin einst nachdachte. Aus diesem Grund führte die Weltkulturorganisation UNESCO die Inseln von 2007 bis 2010 auf ihrer Liste des gefährdeten Weltnaturerbes.

Die Besiedlung der Inseln

Einst wurde der Galapagosarchipel die „Verzauberten Inseln“ (Islas Encantadas) genannt, weil er fernab der üblichen Schifffahrtsrouten lag und aufgrund starker Strömungen schwer zu erreichen war. Nicht einmal die Polynesier, die fast alle Inseln des Pazifiks besuchten, hinterließen irgendwelche Spuren auf Galapagos.

Als spanische Konquistadoren 1532 das Reich der Inka in Südamerika eroberten, hörten sie bald Gerüchte, dass ungefähr 50 Jahre zuvor eine Inkaarmee mit Balsaflößen weit im Westen eine Feuerinsel erreicht hätte. Ob die Inkas damals tatsächlich einen Vulkanausbruch auf Galapagos beobachten konnten, wird sich wohl nie klären lassen. Die ersten Menschen, die nachweislich auf Galapagos landeten, waren jedenfalls Konquistadoren: 1535 geriet der Bischof von Panama, Tomás de Berlanga, auf dem Weg nach Peru in eine Flaute und wurde vom Humboldtstrom bis zum Archipel getrieben.

Auch danach lagen die „Verzauberten Inseln“ weit abseits der üblichen Routen. Für die Piraten, die im 17. Jh. mit Gold und Silber beladene Schiffe aus Südamerika überfielen, war

Möglicherweise landete im 15. Jh. eine Armee des südamerikanischen Inkareichs, zu dem auch das Gebiet des heutigen Ecuador gehörte, auf den Galapagosinseln, ohne sie aber zu besiedeln.

Die Charles-Darwin-Forschungsstation ist die wohl wichtigste Institution für den Schutz der Inseln. Sie hat es sich zur Aufgabe gemacht, die Artenvielfalt auf Galapagos zu erhalten. Dazu zählen Maßnahmen wie die Auswilderung von Riesenschildkröten.

der Galapagosarchipel daher ein idealer Stützpunkt. Ihnen folgten Walfänger, die hier Pottwale jagten, wenn diese bei den Galapagosinseln ihren Nachwuchs bekamen. Dann fanden sich Pelzjäger ein, die den Seebären nachstellten. 1832 nahm die junge Republik Ecuador die Galapagosinseln in Besitz. Als Charles Darwin dort landete, lebten auf den Inseln gerade einmal 200 Menschen. Die meisten davon waren Strafgefangene. Auch später wuchs die Bevölkerung nur langsam, oft kamen Aussiedler aus Europa nach Galapagos. Erst als in den 1980er-Jahren zunehmend Touristen auf die Inseln reisten, ließen die damit verbundenen neuen Verdienstmöglichkeiten die Bevölkerungszahlen kräftiger ansteigen.

Bewahrung des Paradieses

Während auf nahezu allen anderen der viel früher besiedelten Inseln im Pazifik zwischen Hawaii und Neuseeland sehr viele der einheimischen Tier- und Pflanzenarten längst ausgerottet sind, haben aufgrund der späten Besiedlung rund 95 Prozent der ursprünglichen Spezies auf Galapagos bis heute überlebt. Zum 100. Geburtstag der Evolutionstheorie im Jahr 1959 richtete die Regierung Ecuadors auf den Inseln einen Nationalpark ein, der seit 1968 einen weitreichenden Schutz bietet, da er 97 Prozent der Landflächen umfasst.

Aber trotz der Errichtung des Nationalparks drohten einige Arten auszusterben. Zwar war der Einfluss des Menschen auf die Inselwelt vergleichsweise gering, doch reichten schon teils unbeabsichtigte Eingriffe, um existenzielle Gefährdungen für manche Tierart auszulösen. So hatten schon die ersten Piraten lebende Haustiere mit auf die Inseln gebracht. Die verwilderten Haustiere aber fraßen den einheimischen Arten bald die Lebensgrundlage weg.

In ihren Bemühungen um die Riesenschildkröten der Insel Española kamen die Naturschützer der Zoologischen Gesellschaft Frankfurt, die Mitarbeiter der Charles-Darwin-Forschungsstation sowie die Ranger des

Nationalparks beinahe zu spät: Genau zwölf Weibchen und zwei Männchen lebten noch auf dem Eiland, als zwischen 1963 und 1974 alle Schildkröten dort eingefangen und in eine Zuchtstation bei der Charles-Darwin-Forschungsstation auf Santa Cruz gebracht wurden. Denn auf natürlichem Weg vermehrten sie sich in ihrer Heimat nicht mehr. Wohl aber in der Zuchtstation: 1971 schlüpfte das erste Schildkrötenbaby aus dem Ei. Nachdem die Naturschützer alle Ziegen auf Española ausgerottet hatten, wurden dort mehr als 1000 junge Schildkröten ausgewildert. Die Rettung dieser Unterart gilt als einer der größten Erfolge des Naturschutzes auf Galapagos.

Der Archipel wurde 1978 von der UNESCO zum Welterbe der Menschheit erklärt und 1985 zum Weltbiosphärenreservat. 1980 gründete die ecuadorianische Regierung das Nationale Galapagosinstitut (INGALA). Sein Ziel ist es, die biologische Vielfalt auf Galapagos zu schützen, beispielsweise durch eine strenge Einreisekontrolle.

Meeresnationalpark

Gerade auf kleineren Inseln liegen die Lebensgrundlagen vieler Arten im Meer. Die Galapagosmeerechsen weiden die Algenteppiche in der Brandungszone ab, Blaufußtölpel und Seelöwen jagen wie viele andere Arten des Archipels im Meer, das vor Leben überzuquellen scheint. Um diese Lebensgrundlagen zu schützen, richtete die Regierung 1996 zwischen den Inseln ein riesiges Meeresreservat ein.

Dieser Schutz kam gerade rechtzeitig, denn längst hatten Fischer die Gewässer entdeckt.

Fischer vor den Galapagosinseln im Jahr 1950. Solange der Fischfang nur der Ernährung der wenigen Insulaner diente, stellte er keine Gefahr für die Artenvielfalt dar. Doch mit dem Wachsen der Bevölkerung und der Gewinnung neuer Märkte auf dem Festland konnten nur staatliche Maßnahmen die Überfischung eindämmen.

Sie interessierten sich vor allem für Seegurken und Haiflossen, die sie bevorzugt nach Asien verkauften. In wenigen Jahren wuchs die Fangflotte von ein paar Dutzend einheimischen Booten auf mehr als 800; bald war das Meer überfischt und die Nahrungsgrundlage für die Menschen und zahlreiche Tiere des Galapagosarchipels drohte wegzubrechen. Zehn Jahre schwelte ein Kampf, bei dem Mitarbeiter des Nationalparks und der Charles-Darwin-Stiftung als Geiseln genommen und schwer verletzt wurden. Am Ende siegte der Rechtsstaat und seit 2006 hört man von Konflikten mit den Fischern deutlich weniger.

Für die zutraulichen Tiere wie diese Riesenschildkröte geht von Touristen keine direkte Gefahr aus. Doch birgt der Tourismus an sich ökologische Risiken.

Gefahr durch den Tourismus

Heute bereitet ein ganz anderes Thema den Naturschützern Sorgen: Der Tourismus boomt. Zählten die Behörden 1990 noch 40 000 Touristen auf den Inseln, waren es 2006 bereits 145 000. Dabei ist weniger das Verhalten der Touristen das Problem, als ihre Bedürfnisse. Die meisten Nahrungsmittel, jede Flasche Bier oder Sonnencreme und jede Rolle Toilettenpapier müssen vom Festland auf die Inseln gebracht werden. Damit wächst auch der Verkehr zwischen dem Festland und den Inseln.

Jedes Frachtschiff und jedes Flugzeug aber kann blinde Passagiere in Form von Organismen an Bord haben, die nicht auf die Inseln gehören. Das können Samen sein oder Insekten und kleine Reptilien, die unbemerkt auf den Schiffen mitreisen. Solche Neuankömmlinge können gerade auf bisher weitgehend isolierten Inseln die Natur völlig verändern und dabei die einheimischen Arten verschwinden lassen.

Die mit den Touristen ankommenden fremden Organismen sind für das Ökosystem der Galapagosinseln so gefährlich, dass die Zoologische Gesellschaft Frankfurt als einer der größten Geldgeber für den Naturschutz auf Galapagos einen großen Teil ihrer Hilfsgelder in die Bekämpfung dieser Invasoren steckt.

Zu einer Zeit, als der Galapagostourismus noch in seinen überschaubaren Anfängen steckte, hielt sich die Biologin Carmen Rohrbach ein Jahr lang auf den Galapagosinseln auf, um das Leben der Meerechsen zu erforschen. Von ihren spannenden Erlebnissen berichtet sie auf den folgenden Seiten. Im Anschluss daran kommt zudem jener Forscher zu Wort, dessen Reise nach Galapagos in eine wissenschaftliche Revolution mündete: Charles Darwin.

Carmen Rohrbach

Inseln aus Feuer und Meer

Galapagos –
Archipel der zahmen Tiere

Ankunft

Mit hellen Augen blickt er mich an. Sein faltiger Kehlsack zittert leicht. Ein Brauner Pelikan – er ist das erste zahme Galapagostier, das mir begegnet. Mit meterweiten Schwingen kam er angesegelt und ließ sich dicht neben mir auf einem Lavablock nieder.

Neugierig schaue ich mich nach weiteren Tieren um. Auf einer ins Meer ragenden Klippe sitzen drei Blaufußtölpel. Ich erkenne sie an ihren Füßen. Kein anderes Lebewesen hat so unglaublich blaue Füße. Schwarze Fregattvögel mit weit gegabelten Schwanzfedern gaukeln am tiefblauen Himmel. Galapagos! „Ich bin auf Galapagos", sage ich laut. „Ich bin tatsächlich angekommen!"

Ich ging noch nicht in die Schule, da spielte ich in dem verwilderten Garten hinter unserem Haus schon Abenteuer und träumte von Reisen in ferne Länder.

War es wirklich erst vor vier Tagen gewesen, dass mich an einem spätwinterlichen Märztag mit trübgrauem Himmel und schmutzigen Schneeresten Freunde zum Flughafen begleitet hatten? Ihre Aufregung und die vielen guten Ratschläge ließen mich unsicher werden. Mir war, als hätte ich etwas Entscheidendes, Wichtiges vergessen, das noch ganz zuletzt die Abreise verhindern würde. Doch in demselben Augenblick, in dem ich durch die Sperre trat, fiel jeder Zweifel, jede Unsicherheit von mir ab. Ich flog meinem Traumziel Galapagos entgegen!

Das Flugzeug, das ich in Guayaquil bestiegen hatte, landete auf Baltra, einer der Galapagosinseln. Zusammen mit einem Teil der Touristen stieg ich in den bereitstehenden Geländewagen, der uns zur Meerenge brachte.

Am gegenüberliegenden Ufer kann ich Santa Cruz, die zweitgrößte Insel des Archipels, erkennen. Die anderen steigen in die Fähre. Ich bleibe zurück, denn ich will auf mein Gepäck warten, das in einem zweiten Geländewagen folgen wird.

Die Fähre nach Santa Cruz legt ab, wird langsam kleiner. Endlich allein! Ruhe. Stille. Tief atme ich die salzige Meeresluft ein. Neben mir noch immer der Pelikan. Den mächtigen Schnabel tief auf den Hals gesenkt, hockt er dösend in der Sonne. Die drei Blaufußtölpel sind weggeflogen. Die Fregattvögel segeln jetzt weiter oben am Himmel.

Ein Jahr werde ich auf Galapagos bleiben und das Verhalten der Meerechsen untersuchen, einer Tierart, die es nur auf Galapagos gibt. Finanziert wird dieser Forschungsauftrag von der Deutschen Forschungsgemeinschaft und beauftragt wurde ich vom Max-Planck-Institut für Verhaltensforschung. Denn über die Lebensgewohnheiten dieser seltsamen Tiere, der einzigen Echsen der Welt, die sich an ein Leben im Meer angepasst haben, wissen die Wissenschaftler noch sehr wenig. Doch die Inseln sind für mich mehr als ein Ort zur Forschungsarbeit. Ich habe das Gefühl, in meinem Galapagos angekommen zu sein.

Wann es angefangen hat mit Galapagos, weiß ich gar nicht mehr genau. Ich ging noch nicht in die Schule, da spielte ich in dem verwilderten Garten hinter unserem Haus schon Abenteuer und träumte von Reisen in ferne Länder. Dass ich von diesen „fernen Ländern“ wusste, noch bevor ich lesen konnte, verdanke ich den Erzählungen unseres Nachbarn. Der zeigte mir Bilder von fremdländischen Menschen, exotischen Tieren und Pflanzen. Später holte ich mir Nahrung für meine Fantasie aus vielen Büchern.

Und dann sah ich einen Film mit riesigen schwarzen Reptilien, hohen weiß gischtigen Brandungswellen, einer bizarren Lavaküste und rot glühenden Vulkanen – Galapagos! Ich war elf Jahre alt und voll der Überzeugung, dass man nur für mich diesen Film in unsere Kleinstadt gesandt hatte. Ich empfand ihn als Aufforderung, diese geheimnisvollen Inseln kennenzulernen. In dem Film wurden auch Wissenschaftler bei ihrer Forschungsarbeit gezeigt. Also war das der Weg, den ich gehen musste – ich würde Wissenschaftlerin werden, Biologin. Irgendwann würde man mich auswählen und nach Galapagos schicken.

So einfach, wie ich es mir als Kind vorgestellt hatte, war es dann nicht. Denn ich wurde in der DDR geboren und ein DDR-Institut hätte mich nie nach Galapagos entsenden können. Mein Wunsch wäre für immer ein Traum geblieben.

Ich lehne mich fest mit dem Rücken an den Lavablock, streiche mit den Händen über das raue Gestein. Ich bin müde, erschöpft von der langen Anreise. Ausgerechnet bei der russischen Fluglinie Aeroflot, mit Zwischenlandung auf Kuba, hatte mein Institut einen Flug für mich gebucht. Als ich in Frankfurt in die Maschine stieg, schlug mir süßlicher Fuselgeruch betäubend entgegen, vermischt mit beißendem Machorkaqualm. Die Passagiere waren hauptsächlich Männer, die von Moskau nach Lima flogen, um dort im Hafen zu arbeiten, wie ich von meinem Platznachbarn, einem apfelbäckigen Russenburschen, erfuhr.

Das erste Tier, das die Autorin auf Galapagos sieht, ist ein Brauner Pelikan. Er ernährt sich von Fischen, die er tauchend mit seinem dehnbaren Kehlsack fängt, den er wie einen Kescher einsetzt.

In Lima – ich nahm verschwommen eine in Staub gehüllte Stadt wahr, sah kahle Lehmhügel, an die sich graue Lehmhäuser schmiegten – war ich in eine Maschine einer südamerikanischen Fluglinie eingestiegen, die nach Quito flog, der Hauptstadt Ecuadors.

Dort suchte ich Juan Black auf, den Beauftragten des Galapagos-Nationalparks, um das Visum für den einjährigen Aufenthalt zu beantragen. Irgendwie schaffte ich es, mein Anliegen verständlich vorzubringen. Señor Black nahm ein Formular aus seiner Schublade, forderte mit inquisitorischer Stimme meinen Pass, raufte sich heftig die Haare und fragte entrüstet, wer mich da falsch informiert habe, denn die Formalitäten für die Aufenthaltsgenehmigung hätte ich auch von Galapagos aus regeln können. Doch da ich nun schon mal da sei, wolle er sich meiner annehmen – und er rief sogleich bei der TAME-Fluggesellschaft an. Da sich niemand meldete, knallte

Nur fünf der Galapagosinseln sind besiedelt. Zum Archipel gehört aber auch eine Vielzahl kleiner Inseln wie Bainbridge Rock (im Bildvordergrund) nahe der größeren Insel Santiago.

er den Hörer so auf die Gabel, dass er wieder heruntersprang, stürzte wutentbrannt aus dem Zimmer, kam im Eiltempo wieder, schrie mir entgegen: „*Mañana!* Morgen können Sie fliegen! Ein Platz ist noch frei!"

Über zwei Stunden dauerte der Flug vom Kontinent bis nach Galapagos. Ich presste mein Gesicht an das dicke Fensterglas. Nichts als Meer! Über dieser blauen Weite schwebten Wolken, hingetupft wie weiße Zuckerhäubchen. Wann werden sie endlich auftauchen und wie werden sie aussehen – meine Inseln?

Ich sah ein Schiff, klein wie ein Spielzeug, aber gestochen scharf, und auch die Bugwellen, die es vor sich herschob. Und dann, plötzlich eine Insel, ein Fleckchen Land mitten im Meer! Öde schaute sie aus, graubraun zerfurcht, mit konzentrischen Vulkanen wie mit Pockennarben übersät. Sollte das schon die erste Galapagosinsel sein? Plötzlich verspürte ich Angst, jetzt gleich zu landen. Gern hätte ich den Augenblick der Landung hinausgezögert, wäre in die Unendlichkeit geflogen, immer weiter. Bis jetzt hatte ich mir Galapagos immer neu, immer anders gestalten können,

alle meine Wünsche und Sehnsüchte in dieses Wort hineinfließen lassen. Mir war klar: Sobald ich meinen Fuß auf dieses Inselland setzte und meine Augen öffnete, würde sich der Traum in Realität verwandeln und der unbegrenzten Möglichkeiten meiner Fantasie beraubt sein.

Eine neue Insel tauchte unten auf. Deutlich sah ich eine schwarze Steilküste, an die weiße Brandungswogen schlugen. Dann ging alles sehr schnell. Eine kurze Betonpiste. Die Flugzeugmotoren heulten auf. Ein kurzes Vibrieren. Die Maschine rollte langsam aus.

Auf die Öde der Insel Baltra war ich aus Büchern vorbereitet. Hier befand sich während des Zweiten Weltkriegs ein amerikanischer Militärflugplatz. Galapagos war damals ein strategisch günstiger Stützpunkt im Pazifik. Bei Kriegsende wurde der Flugplatz gesprengt. Es blieb jedoch genug übrig, dass er wiederhergerichtet werden konnte. Heute dient er als Piste für die Flugzeuge vom südamerikanischen Festland.

Das Pflanzen- und Tierleben auf Baltra wurde von der Besatzung des Militärflughafens fast völlig vernichtet. Die spärliche Busch-

und Strauchvegetation verbrannte unter den Kesseln der Soldatenküchen, den Rest fraßen verwilderte Ziegenherden. Die Soldaten vertrieben sich die Langeweile, indem sie den zahlreichen Landleguanen nachstellten. Heute gibt es auf ganz Baltra keinen einzigen Leguan mehr. Eine leere, tote Insel war entstanden, ein warnendes Beispiel dafür, wie das sensible ökologische Gleichgewicht, das sich während Jahrtausenden herausgebildet hatte, in wenigen Jahren menschlicher Einflussnahme für immer vernichtet werden kann.

Baltra wirkte auf mich wie die verlassene Kulisse aus einem abgedrehten Film. Einige verstaubte mannshohe Opuntienkakteen standen zwischen rostroten Lavablöcken. Knallige Hitze strahlte herab, wurde vom Beton der Flugpiste und des kahlen Officegebäudes reflektiert. Das deprimierende Bild der zerstörten Landschaft mit der Betonpiste hat sich mir tief eingeprägt. Doch jetzt, allein am Meer sitzend, sind wieder Freude und Neugier wach geworden. Ich bin bereit und begierig, mehr von den Inseln zu sehen.

Ein zweiter Touristenschub rollt an und auch mein Gepäck ist dabei. Die Fähre legt ab und wir schwimmen auf das Ufer von Santa Cruz zu. Hier steht ein Fahrzeug bereit, um uns zu der an der Südseite gelegenen Ortschaft Puerto Ayora zu bringen. Die Straße ist eine mit rotem Lavakies befestigte Fahrpiste. Nach einer Fahrtzeit von knapp einer Stunde kommen wir in der Ortschaft an. Sie ist größer und dichter besiedelt, als ich angenommen hatte. Viele kleine Geschäfte gibt es da, Restaurants, Wohnhäuser, ein Kino, Hotels, Straßen- und Souvenirläden, eine Tanzgaststätte und sogar elektrisches Licht.

In der Ortschaft halte ich mich nicht auf, sondern mache mich gleich auf den Weg zur Charles-Darwin-Station. Zu Fuß ist sie etwa 20 Minuten entfernt. Sie ist eine Stiftung der UNESCO. Hier finden Wissenschaftler aus aller Welt die notwendige Unterstützung, um

Während ihres einjährigen Aufenthalts besuchte Carmen Rohrbach einige der Galapagosinseln. Dazu zählten Baltra, Santa Cruz, Plaza, Isabela und Fernandina. Die meiste Zeit verbrachte die Autorin auf der kleinen, unbesiedelten Insel Caamaño vor der Südküste von Santa Cruz.

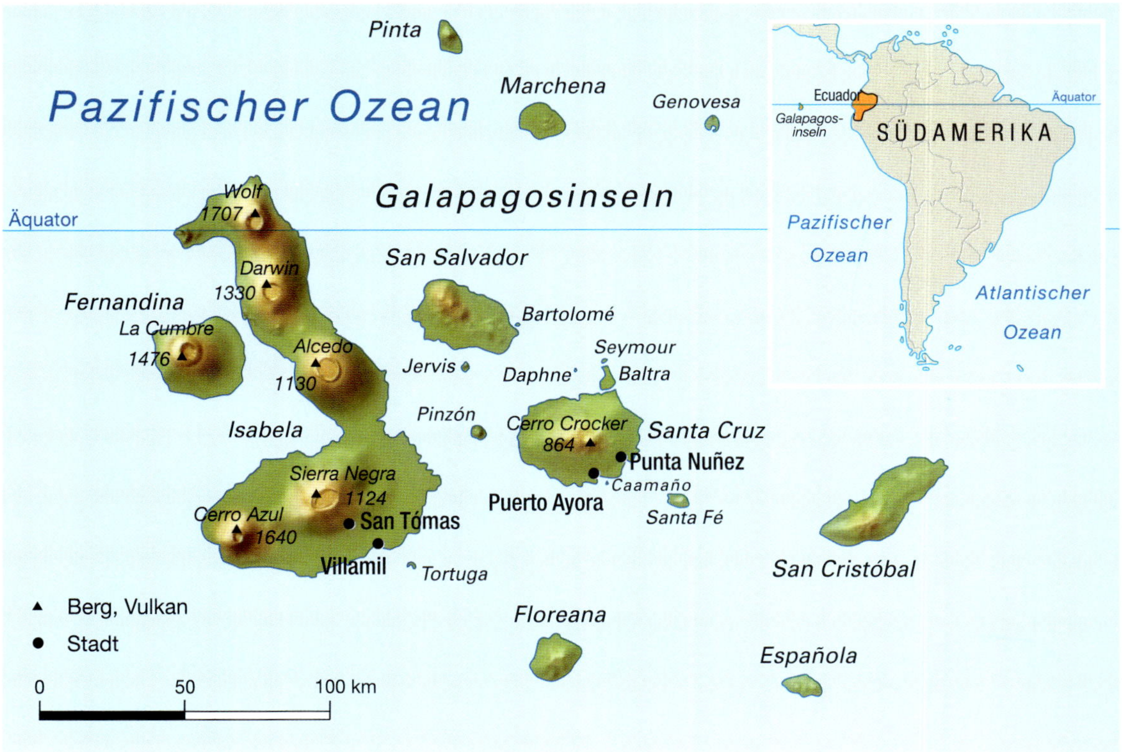

die Pflanzen- und Tierwelt von Galapagos zu untersuchen. Die Station wurde 1959 gegründet. Ihre wissenschaftlichen Projekte müssen von der ecuadorianischen Verwaltung des Nationalparks genehmigt werden. Bei oft gleicher Zielsetzung, nämlich die ursprüngliche Lebenswelt von Galapagos zu erhalten, ergibt sich eine vielfältige Zusammenarbeit zwischen Park und Station. So war eine ihrer ersten Unternehmungen die Rettung der Elefantenschildkröten. Ihr Überleben war durch verwilderte Schweine und eingeschleppte Wanderratten bedroht worden, weil diese die Gelege vernichteten und die Jungtiere töteten. Deshalb zieht man jetzt die jungen Schildkröten künstlich auf, bis sie in einem Alter von etwa vier Jahren auf ihrer jeweiligen Heimatinsel freigelassen werden.

In der Station soll ich zunächst Unterkunft erhalten und von dort die Fahrt zu meiner Insel vorbereiten. Ich hoffe, auch Wissenschaftler anzutreffen, die seit Längerem auf Galapagos sind und mir Ratschläge und Tipps geben können. Der hitzeflimmernde Weg zur Station ist gesäumt von mannshohen Baumkakteen. Die Szenerie erscheint mir wie das Innere eines ausgeglühten Hochofens. Roter Lavastaub legt sich wie Puder auf die Haut. Die Station ist eine Anlage aus einzelnen, weiß gestrichenen Baracken. Manche sind hinter hohen Baumkakteen und Buschwerk halb verborgen und durch schmale Wege miteinander verbunden. Ich irre zwischen den Gebäuden umher, alles ist menschenleer. Da gibt es eine lange, schmale Verwaltungsbaracke, eine zweite mit aneinandergereihten Schlafräumen, genannt *Dormitorio*, eine Bibliothek, ein Laboratorium und ein Versammlungsgebäude.

Schließlich treffe ich in der Werkstatt doch noch jemanden, einen Ecuadorianer, der mir den Weg zu dem an der Küste gelegenen Wohnhaus des Direktors weist. Der jedoch kann keine Zeit erübrigen, um mich einzuweisen, denn er muss packen. Am nächsten Tag schon fliegt er weg. Zusammen mit seiner Familie verlässt er Galapagos wieder. Einen Nachfolger aber gibt es nicht. Und es sollte wegen organisatorischer Schwierigkeiten noch fast ein Jahr vergehen, bis einer eingesetzt wurde.

Die Charles-Darwin-Forschungsstation ist der ausführende Arm der Charles-Darwin-Stiftung, die ihren Sitz in Belgien hat. Oberstes Ziel von Stiftung und Station ist der Erhalt der Flora und Fauna der Galapagosinseln.

Gegen Abend treffe ich dann zwei nordamerikanische Wissenschaftler, von denen ich einige Auskünfte erhalte: In der Station arbeiten meist ecuadorianische Angestellte und nur sehr wenige ausländische Wissenschaftler, die einen mehrjährigen Vertrag haben. Da heute Freitag sei, könne ich erst Montag damit rechnen, jemanden anzutreffen. Die wichtigste Person überhaupt sei Don Ramos An ihn müsse man sich wenden, wenn es darum gehe, Verpflegung und Wasser für den Aufenthalt im Untersuchungsgebiet oder Transportmöglichkeiten zu organisieren. Er mache auch das Unmögliche immer noch möglich.

Ich ziehe in einen der leer stehenden Schlafräume ein: zwei Pritschen an den Wänden, ein schmaler Gang dazwischen, unter dem Fenster Tisch und Stuhl, in der Ecke ein Spind. Selbst jetzt in der Nacht ist es noch immer feuchtheiß, das Thermometer zeigt fast 30 Grad. Trotz feinmaschiger Gaze vor Fenster und Tür umsurren mich die Moskitos.

Erste Eindrücke

Meine Insel, auf der ich ein Jahr lang leben will, heißt Caamaño. Ich habe mich schon in Deutschland für sie entschieden, da es auf ihr besonders viele Meerechsen gibt. Mit ihrem knappen Quadratkilometer ist sie leicht zu überblicken und deshalb als Beobachtungsgebiet gut geeignet. Mich stört nur, dass sie so nahe bei Santa Cruz liegt, sogar mit bloßem Auge kann ich sie sehen. Mein Wunsch wäre eine Insel, die einsam und allein daliegt. Jedoch hat Caamaño für mich den großen Vorteil, dass sie von Touristen nicht betreten werden darf.

Schwarz und bewegungslos liegen die Meerechsen in der Sonne, einem Stück Lava ähnlicher als einem lebendigen Tier. Sie scheinen Lebewesen aus einer anderen Welt zu sein.

Die Befürchtung, dass ich mich allein auf einer Insel langweilen könnte, habe ich nicht. Da ist zunächst das Beobachtungsprogramm zu absolvieren, das heißt, die Verhaltensweisen der Meerechsen müssen protokolliert, die Tiere individuell markiert, Gewicht und Größe gemessen und die Veränderungen monatlich festgestellt werden. In meiner Freizeit will ich viel fotografieren und filmen. Ich habe neben zwei Fotoapparaten eine 16-mm-Filmkamera dabei, sogar mit Unterwassergehäuse. Außerdem befinden sich in meinem Gepäck mehrere Skizzen- und Zeichenblöcke und viel Papier zum Schreiben.

Wegen des Wochenendes kann ich nichts für meinen Aufenthalt auf Caamaño organisieren. Deshalb beschließe ich, Santa Cruz zu erkunden. Mit Wasser und etwas Essen ausgerüstet, springe ich seit Sonnenaufgang von Lavablock zu Lavablock die Südküste entlang, in Richtung Osten.

Santa Cruz ist die zweitgrößte Insel des Archipels, dessen Landmasse insgesamt 7812 km^2 beträgt, das entspricht etwa einem Zehntel der Fläche Bayerns. Die Umrundung von Santa Cruz würde sicher mehrere Wochen dauern, doch das ist sowieso nicht möglich, denn an der Küste gibt es nirgendwo Süßwasser. Der Küstensaum besteht aus schwarzem und schiefergrauem Lavagestein von Faustgröße bis zu meterhohen Blöcken. Von den Flutwellen sind sie rundgeschliffen und liegen locker übereinander. So lebensfeindlich diese nackte, kahle Küste aus erkalteter Lava auch erscheint, so beherbergt sie doch eine unglaublich große Anzahl von Tieren: Seelöwen, Seebären, Echsen, feuerrote Klippenkrabben und die verschiedensten Seevögel leben hautnah zusammen. Sie alle holen sich ihre Nahrung aus dem Meer. Nur weil das Meer um Galapagos besonders fischreich ist, können hier so viele Tiere existieren.

Ich setze mich in die kühle Nische zwischen zwei großen Lavablöcken. Auch die Tiere haben vor der Mittagsglut Zuflucht gesucht. Schwarz und bewegungslos liegen die Meerechsen in der Sonne, einem Stück Lava ähnlicher als einem lebendigen Tier. Sie scheinen Lebewesen aus einer anderen Welt zu sein. Ihr Äußeres betont noch diesen Eindruck: die stumpfe kurze Schnauze, auf dem Kopf eine zerklüftete Landschaft kegelförmiger Hörner, über Nacken und Rücken bis zum hochkantigen Ruderschwanz zieht sich ein Dornenkamm. Mit adlerartigen Krallen verankern sie sich in der porösen Lava. Sie sind die einzigen Echsen der Welt, die sich ihre Algennahrung vom Meeresgrund holen; sie tauchen und schwimmen vorzüglich. Und sie gehören zu den wenigen Tieren, die Meerwasser trinken können, denn sie besitzen in der Nasenregion Drüsen, mit denen sie das überschüssige Salz wieder ausscheiden.

Woher kommen diese eigenartigen Tiere, die man nirgendwo sonst, nur hier auf Galapagos findet? Ihre Vorfahren lebten wahrscheinlich wie heute noch die Grünen Leguane in Urwaldgebieten Südamerikas und man nimmt an, dass sie über das Meer drifteten. Noch heute werden bei schweren Regenfällen Uferränder losgerissen und von den Urwaldflüssen hinaus in den Pazifik geschwemmt. Als vor langer Zeit die Strömung Treibholz oder eine solche Pflanzeninsel über 1000 km an die dunkle Küste von Galapagos getrieben hatte, befand sich wohl manchmal darauf auch ein Leguan, der trotz Sonnenglut und Wassermangel am Leben geblieben war.

Jedoch war er noch keinesfalls gerettet, denn das an den tropischen Urwald angepasste Tier war nun an einen Platz geraten, wie man ihn sich lebensfeindlicher kaum vorstellen kann: erstarrte Lavaströme, die in der Glut der Äquatorsonne wie in einem Backofen erhitzt werden. Keine Vegetation außer meterhohen Baumkakteen. Und nirgendwo Wasser! Wie viele der Gestrandeten mögen zugrunde gegangen sein?

Niemals werden wir mit Sicherheit wissen, was sich in der Vergangenheit tatsächlich abgespielt hat. Doch das Puzzle, das die Wissenschaftler aus einzelnen Bruchstücken zusammensetzten, vermittelt eine Vorstellung, wie es gewesen sein könnte, auch wenn manche Fragen unbeantwortet bleiben.

Meerechsen erinnern an Drachen, sind aber friedfertige Pflanzenfresser. Sie ernähren sich von Tang und Algen.

Auf Tauchgang in einer schillernden Unterwasserwelt

Skorpionfische saugen ihre Beute durch blitzartiges Aufreißen des Mauls ein.

Galapagos ist zwar vor allem für seine Landtiere berühmt, unter der Meeresoberfläche aber verbirgt sich eine ebenso einzigartige und faszinierende Welt. Warmes Wasser aus den Tropen trifft hier mit dem kalten und nährstoffreichen Wasser des Humboldtstroms zusammen – eine Kombination, die ein vielfältiges Meeresleben hervorbringt. Meeresströmungen haben nicht nur Arten aus den tropischen und subtropischen Gewässern Mittel- und Südamerikas hierher transportiert, sondern auch solche aus dem Indopazifik, einer Großregion, die aus dem indischen Ozean, dem Pazifik und einigen Nebenmeeren besteht. Diese Arten finden rings um Galapagos günstige Lebensbedingungen.

Viele kleinere Ozeanbewohner brauchen Verstecke, in denen sie Schutz vor Feinden finden – die Korallenriffe der Tropen sind unter anderem deshalb so artenreich, weil sie so viele dieser Rückzugsmöglichkeiten anzubieten haben. In den Gewässern um Galapagos wo es nur wenige Riffe gibt, übernimmt der zerklüftete Lavauntergrund eine ähnliche Funktion: Viele kleine Fische und Wirbellose leben in den Rissen und Spalten und dieses Angebot lockt wiederum zahlreiche schwimmende Räuber an.

So schwimmen in den Gewässern mehr als 300 Fischarten, von denen rund ein Viertel nirgendwo sonst auf der Welt vorkommt. Allein sechs Rochenarten und zwölf verschiedene Haiarten tummeln sich in den Gewässern, darunter so eindrucksvolle Tiere wie der Hammerhai und der Walhai. Wale, Delfine und Meeresschildkröten sind in den Gewässern des Archipels ebenso zu finden wie ein großes Heer von wirbellosen Meeresbewohnern, von der Seegurke bis zum Seestern. Um diese Vielfalt zu schützen, wurde 1998 rings um die Inseln das 133 000 km² große Galapagos-Meeresreservat eingerichtet. Als eines der größten Schutzgebiete der Welt mit einer Fläche so groß wie Griechenland zählt es seit 2001 zum Weltnaturerbe.

Der Galapagos-Doktorfisch gehört zur Gattung der Sägedoktorfische. Mit seinen unbeweglichen „Skalpellen" an der Schwanzwurzel kann er Angreifer verletzen.

Die urweltlichen Meerechsen, die mich umgeben, regen meine Fantasie an, das aus Büchern entlehnte Wissen in Bilder umzusetzen: Vom Hunger gequält, ernährte sich eine der angetriebenen Echsen von den bei Ebbe freiliegenden Algen. Sie überlebte, wurde alt. Jedoch ihre Lebensfrist verrann, bevor ein Partner andriftete. Die Fähigkeit, sich von Algen zu ernähren, konnte sie nicht weitervererben. Eine Chance war vertan. Irgendwann jedoch haben die Urwaldleguane sich vermehrt und zu Meerechsen entwickelt. Die Natur hat Zeit. Sie „will" nicht gezielt etwas erreichen, sondern überlässt alles dem großen Spiel des Zufalls, eines Zufalls, der von Gesetzmäßigkeiten gelenkt und begrenzt wird.

Ein Ergebnis dieses Spiels der Evolution liegt dicht neben mir. Wenn ich mich mit der Hand ganz sacht nähere, kann ich mit den Fingern über die raue, trockene Schuppenhaut der Meerechse streichen. Nach Jahrtausenden der Entwicklung ist aus dem südamerikanischen Leguan eine völlig neue Art entstanden, die es nur auf Galapagos gibt. Ich freue mich, dass es meine Aufgabe ist, mich mit diesen Tieren zu beschäftigen. Es ist nicht nur wissenschaftliches Interesse, sondern ich spüre Sympathie und Bewunderung für diese schwarzen, drachenähnlichen „Ungeheuer", die entgegen ihrer äußeren Erscheinung friedfertig und harmlos sind. Das Gefühl, das bei der ersten Begegnung mit ihnen entstand, sollte sich später noch verstärken: Die Meerechsen werden für mich ein Symbol von Galapagos.

Auch ein anderes typisches Galapagostier ist nicht zu übersehen. Es sind die Klippenkrabben. Feuerrot leuchten sie wie Warnsignale auf dem schwarzen Gestein. Eine besonders große zieht meine Aufmerksamkeit auf sich. Hoch aufgerichtet auf langen Laufbeinen stolziert sie mit betonter Langsamkeit auf einen Lavablock zu, auf dem sich eine Unzahl kleinerer Krabben zusammendrängt. Die hellblau schillernden Stielaugen des großen Tieres vollführen kreisende Bewegungen. An den dicken kirschroten Scheren identifiziere ich es als Männchen. Als es den Block erreicht, richtet es sich noch höher stelzenhaft auf.

Die anderen geben hastig den Weg frei. Nur ein Tier, ein etwas kleineres Weibchen, flüchtet nicht, sondern reckt sich ebenfalls empor. Aber es hütet sich, in den Fangbereich der großen Scheren zu kommen. Langsam rückwärts gehend weicht es dem verfolgenden Männchen aus. Es wirkt wie ein neckisches Fangspiel. Schließlich bleibt das Männchen stehen und vollführt kreisende Bewegungen mit den Scheren – Brautwerbung unter Klippenkrabben.

Die herandrängende Flut vertreibt mich aus der schattigen Steinnische. Auch die Meerechsen, Krabben, Seelöwen und Seevögel haben auf den obersten, noch trockenen Steinen Zuflucht gefunden. Ich balanciere, von Stein zu Stein hüpfend, zwischen ihnen hindurch. Sie reagieren nicht mit Flucht auf meine Annäherung und Bewegung, denn es gibt für sie – fast – keine Feinde. Ungestört durch Raubtiere, gleicht das Leben auf Galapagos einem friedfertigen Paradies. An Land lebt kaum ein Tier auf Kosten eines anderen, deshalb hat sich im Lauf der Jahrtausende das Fluchtverhalten zurückgebildet

Die Flut bedeckt nun die Lavaküste völlig. Aber ich bin begierig, noch mehr zu sehen, und zwänge mich zwischen Baumkakteen und Buschwerk hindurch. Hier komme ich nur langsam voran. Die scharfkantigen Steine sind manchmal hoch aufgetürmt, dann wieder haben sie tiefe Einschnitte.

Eine weite Bucht ist mit Mangroven bewachsen. Mühevoll gelingt es mir, in das elastische, wirre Geäst der Mangrovenbäume einzudringen. Wie ein grünes Gewölbe umschließen mich diese Pflanzen. Leise gluckert

Rote Klippenkrabben beim Paarungsspiel. Diese Krabbenart ist nicht nur auf Galapagos sehr häufig anzutreffen, sondern auch an den süd- und mittelamerikanischen Pazifikküsten.

das Wasser zwischen den Wurzeln. Plötzlich sehe ich mich einem großen, schlanken Vogel mit riesenhaften Augen gegenüber. Es ist ein Nachtreiher, aber noch ein Jungtier, wie ich später anhand von Bestimmungsbüchern herausfinde. Bewegungslos starrt er mich an, kaum einen Meter von mir entfernt. Vorsichtig schleiche ich an ihm vorbei. Vor Aufregung habe ich ganz vergessen, dass die Galapagostiere keine Furcht kennen.

Hinter dem Mangrovendickicht steigt die vorher flache Küste zu senkrechten, etwa 200 m hohen Klippen empor. Eindrucksvoll sieht es aus, wenn mit ohrenbetäubendem Gebrüll die Meereswellen an der schwarzen Wand zerschmettern und in weiß schäumender Gischt zerstäuben. Millionen winziger Wassertröpfchen tanzen in der Luft. Tief atme ich sie ein und schmecke das Salz.

Ich möchte hierbleiben auf Galapagos. Ein Jahr, wie lang ist das? Ich bin erst einen Tag da – dennoch, diese schwarze Küste, das gegen sie anrennende Meer, die nie zuvor gesehenen skurrilen Lebewesen, sie sind mir vertraut, als hätten sie schon immer zu meinem Leben gehört.

Das Hochland von Santa Cruz

Die Straße ins Hochland ist dieselbe, die ich bei meiner Ankunft vor zwei Tagen mit dem Auto entlanggefahren bin. Noch gibt es auf der Insel nur diese eine Straße, die von der Anlegestelle der Fähre bis zur Ortschaft Puerto Ayora führt. Schon beim ersten fahlen Schimmer am Horizont bin ich unterwegs. Am Äquator geht die Sonne schnell auf. In nur wenigen Minuten ist das Schauspiel beendet und die Sonne brennt schon wieder erbarmungslos vom wolkenlosen Himmel.

Kein Lufthauch weht. Es ist schwül und drückend heiß. Die Vegetation verändert sich abrupt. Von hohen Bäumen hängen Flechten wie lange Bärte herab.

Etwa zwölf Kilometer lang durchzieht die Straße die Trockenzone: Es ist eine zerrissene, ausgebrannte Lavawüste mit baumhohen Kakteen und blätterlosen Trockenbäumen. Wie abgestorben strecken diese Palo-Santo-Bäume ihre kahlen Zweige wirr und zerzaust nach allen Seiten. Und doch, bei ein wenig Feuchtigkeit treiben sie nach Jahren wieder aus. Dann durchstoßen kleine grüne Blätter die verdorrte Rinde. Auch Tiere haben es vermocht, sich an diese extreme Trockenheit anzupassen. Bunten Pfeilen gleich beleben die Lavaechsen (Kielschwanzleguane) die Einöde. Es sind kleine schlanke Tiere, etwa 20 cm lang, mit leuchtend roter, schwarzer und gelber Körperzeichnung.

Wo sich der Berghang steiler emporhebt, verschwindet die Sonne hinter einem Dunstschleier. Kein Lufthauch weht. Es ist schwül und drückend heiß. Die Vegetation verändert sich abrupt. Von hohen Bäumen hängen Flechten wie lange Bärte herab. Moose umhüllen die Zweige wie tropfnasse Schwämme. Während es in der Trockenzone zu wenig Wasser gibt, ist es hier im Überfluss vorhanden. Durch den Temperaturunterschied zwischen der sonnenaufgeheizten Landmasse und dem wegen der Humboldtströmung kalten Meerwasser bilden sich Nebelbänke, die sich als feiner, aber ausgiebiger Nieselregen an den Abhängen niederschlagen. Die Sonne, die darum kämpft, die grauen Schwaden zu durchdringen, verwandelt den Wald in ein dampfendes Treibhaus.

Es gibt zwei sehr kleine Ortschaften im Hochland: Bellavista und Santa Rosa. Hier wohnen ecuadorianische Siedler, die mühevoll ein Stück Land gerodet haben. Wenn der Boden erst einmal urbar gemacht worden ist, gedeiht so ziemlich alles: von Zitrusfrüchten, Kaffee und Ananas über Kartoffeln bis zu Bananen und Avocados. Sogar Stöcke, die als Zäune in den Boden gerammt wurden, treiben aus. Die Arbeit ist hart, immer wieder muss die nachwachsende Wildnis zurückgedrängt werden. Deshalb baut man fast nur zum Eigenbedarf an. Viele der Holz- und Bretterhütten stehen auf Pfählen, zum Schutz vor der Feuchtigkeit.

Ich sehe einige Frauen vor ihren Hütten sitzen. Sie rufen mich freundlich und neugierig heran, aber ich kann noch zu wenig Spanisch, um mich mit ihnen zu unterhalten. Zahlreiche kleine nackte Kinder spielen auf

Wie viele andere Pflanzen wurden Pampelmusenbäume vom Festland nach Galapagos eingeführt und stellen nun eine Gefahr für die einheimische Flora dar.

der Straße, bespritzen sich mit dem Schlamm aus den Pfützen. Dazwischen grunzen und quieken vergnügt braune Ferkel. Ein kräftiger Hahn scheucht seine Hühnerschar und stolziert dann kampfesmutig vor einem schläfrig blinzelnden, dürren Hund hin und her. Rot blühender Hibiskus wuchert zwischen den Hütten. In diesem Klima, das so fruchtbar für Pflanzen ist, gedeihen auch die Krankheitskeime. Amöbenruhr und Hakenwürmer fordern vor allem unter den Kindern viele Opfer.

Ich habe einen weiten Weg vor mir, denn ich möchte bis auf den obersten Hügel des ehemaligen Kraters steigen, der schon lange erkaltet, abgerundet und bewachsen ist. Links von der Ortschaft Bellavista abzweigend, stapfe ich einen schlammigen Pfad entlang. Manchmal verliert er sich und ich schlage

mich weglos durchs Dickicht, bis ich wieder einen neuen finde.

Pampelmusenbäume mit ballgroßen Früchten leuchten mir entgegen. Sie sind so süß und saftig, wie ich noch nie zuvor eine Frucht geschmeckt habe. Dann wieder finde ich Maracujas, Ananas, Apfelsinen, Bananen. Wie im Schlaraffenland fühle ich mich, denn ich muss nur meine Hand nach den Köstlichkeiten ausstrecken. Ich nehme diese Früchte niemandem weg, es sind die Überbleibsel von gescheiterten Besiedlungsversuchen. In nur wenigen Jahren hat der Urwald alles wieder überwuchert. Die Parkverwaltung wacht darüber, dass kein neues Siedlungsgebiet gerodet wird, denn die von den Siedlern eingeführten Kulturpflanzen sind oft widerstandsfähiger und breiten sich schneller aus als die ursprüngliche Flora, die dadurch verdrängt wird.

Es ist still in diesem Bergwald, nur ab und zu das Fallen eines Tropfens. Es fehlt der akustische Eindruck eines Urwaldes, der erfüllt ist von Papageien- und Affenkreischen, Froschgesang und Insektensirren – der Urwald auf Galapagos ist stumm. Gerade deswegen wirkt er geheimnisvoll. Vorsichtig pirsche ich durch die dichte Vegetation. Obwohl ich genau weiß, welchen Tieren ich hier begegnen könnte – sie sind an ein paar Fingern aufzuzählen –, habe ich das Gefühl, dass ich ein ganz ungewöhnliches, noch nie gesehenes Lebewesen entdecken werde.

Da! Ein lautes Krachen und Brechen von Ästen. Ein brauner zottiger Körper schiebt sich mit gewaltiger Kraft durch die dichten Zweige. Da steht er vor mir – ein dunkelbrauner, riesiger Stier mit glänzenden, weit ausladenden Hörnern. Bewegungslos verharre ich, beobachte ihn, um bei einem Angriff schnell reagieren zu können. Es ist ein schönes Tier, erinnert so gar nicht an unsere domestizierten, braven Rinder. Dieser Stier verkörpert geballte Kraft und Wildheit. Gleichmütig hebelt er einen morschen Baumstamm hinweg und zieht weiter durch den Urwald.

Später erfahre ich, dass Rinder und Pferde ohne Zaun und Abgrenzung auf großen, freigerodeten Weidegebieten leben und mitunter in den Wald eindringen. Diese halbwilden und verwilderten Tiere – außer Rindern und Pferden gibt es noch Ziegen, Esel, Schweine, Hunde und Katzen – stellen ein großes Problem für die einheimische Tierwelt dar. Sie bringen das über Jahrtausende gewachsene Gleichgewicht durcheinander. Die bisher isolierte heimische Tierwelt ist diesen entwicklungsgeschichtlich jüngeren und leistungsfähigeren Tierarten im Konkurrenzkampf um Nahrung und Lebensraum nicht gewachsen. Wegen ihrer Furchtlosigkeit sind die Galapagostiere zudem eine leichte Beute für verwilderte Hunde und Katzen. Die unbewohnten Inseln – auf ihnen hatten früher Seeräuber vor allem Ziegen freigelassen – konnten von den Parkangestellten fast alle mit großen Anstrengungen von den gefährlichen Mitbringseln der Menschen wieder befreit werden. Wo jedoch wie hier auf Santa Cruz Siedlungen existieren, findet sich immer neuer Nachschub.

Wieder durchdringen knackende Geräusche den stillen Urwald, diesmal schleichender, zielbewusster. Und dann Menschenstimmen. Zwei Männer mit Gewehren. Es sind Siedler. Lautmalerisch und mit pantomimischer Darstellung verdeutlichen sie, dass sie auf der Jagd nach verwilderten Schweinen sind. Es ist paradox, dass auf Galapagos die wilden Tiere zahm und geschützt, die Haustiere dagegen scheu und furchtsam sind und abgeschossen werden.

Ich trete aus dem Urwald heraus in hüfthohes Grasland, das durch Rodungsarbeiten des Menschen entstanden ist, und folge einem bequemen, meterbreiten Weg. Wie mit einer Walze ist das Gras zu Boden gedrückt. Schrittchenweise pirsche ich mich vor. Dann sehe ich einen dunklen glänzenden Hügel – es ist eine Elefantenschildkröte. Fotos und Filme hatten mir eine Vorstellung von diesen Tieren vermittelt, dennoch bin ich überrascht, dass sie wirklich so groß sind. Bei meinem vorsichtigen Näherkommen zieht die Schildkröte laut fauchend ihren Kopf in den Panzer zurück und schiebt ihre dicken krallenbewehrten Vorderfüße schützend davor. Dieses große Exemplar ist nicht von Feinden bedroht, aber es hat wohl schlechte Erfahrungen mit Menschen gemacht und ist deshalb vorsichtig.

Die hochbeinigen Hausschweine wurden von den Siedlern auf die Inseln mitgebracht. Verwildert sind sie eine Gefahr für die einheimische Tierwelt.

Die Reptilien sind die Namensgeber der Inseln. Galapágo bedeutet auf Spanisch „Landschildkröte". Im Erdmittelalter, bis vor etwa 60 Mio. Jahren, waren diese Riesenschildkröten weit über die Erde verbreitet, bevölkerten Europa, Asien, Amerika. Heute gibt es sie nur noch an zwei Stellen: auf Galapagos und auf Aldabra, das im Westindischen Ozean, in der Nähe von Madagaskar, liegt. Die Schildkröten haben sich also nicht wie die Meerechsen als eine neue Tierart auf Galapagos entwickelt, sondern hier ein Rückzugsgebiet gefunden. Denn dort, wo es Säugetiere gibt, konnten sie nicht überleben und starben aus.

Durch die Isolation auf den Inseln sind verschiedene Schildkrötenarten entstanden, insgesamt 15 konnten die Biologen feststellen.

Vier davon sind allerdings inzwischen ausgerottet. Es war vor allem der Mensch, der die harmlosen Elefantenschildkröten vernichtete. Segelschiffe, meist Walfänger, ankerten vor der Küste. Die Seeleute sammelten die Riesenreptilien und brachten sie an Bord. Zu Hunderten wurden sie lebend monatelang im Schiffsraum gestapelt, als Proviant für die Besatzung. Später fing man sie, um aus ihnen Öl zu gewinnen. Solange es genügend gab, ein einträgliches Geschäft: Bis zu 15 Liter feines Öl presste man aus nur einem dieser Riesen. Doch nicht nur von den Menschen wurden die Schildkröten verfolgt, auch Ratten und Schweine fraßen die Eier und Jungtiere. So vielen Gefahren ausgeliefert, waren die Schildkröten zum aussterben verurteilt. Gerade noch rechtzeitig wurden der Nationalpark und die Charles-Darwin-Station gegründet, die sich der Rettung dieser Tiere annahmen.

Ich komme an einen kleinen See, dessen Oberfläche völlig mit rötlichen Schwimmpflanzen bedeckt ist. Ein dunkles Gewölbe ragt aus dem Wasser. Es ist der mächtige Panzer einer badenden Schildkröte. Weit streckt sie den faltigen Hals vor, senkt den Kopf unter Wasser. Schlammbedeckt, eine Pflanze mit den kräftigen Hornkiefern zermahlend, taucht sie wieder auf.

In Ufernähe setze ich mich ins Gras. Ich brauche mich nicht selbst zu kneifen, um zu wissen, dass ich nicht träume. Und doch, wie kann ich glauben, dass das, was ich erlebe, Wirklichkeit ist? Jahrelang war Galapagos für mich ein unerreichbares Wunschziel. Ich träumte einen Traum. Jetzt kann ich die Traumbilder mit der Galapagoswirklichkeit vergleichen. Ich stelle fest, dass meine Fantasie eine realistische Vorstellung geschaffen hatte, deshalb kommt mir alles auf Galapagos bekannt und vertraut vor. Es gibt kein Tier auf dem Inselarchipel, dessen Anblick mir eine Überraschung bereiten würde. Ich kenne sie alle schon im Voraus. Was mich überrascht, ist, dass ich sie tatsächlich sehe, dass sie wirklich existieren.

Wieder senkt die Schildkröte den Kopf unter Wasser, holt ein neues Pflanzenbündel herauf. Ich habe das Gefühl von Zeitlosigkeit. Niemand kann sagen, wie alt diese urweltlichen Tiere werden können. Als Höchstalter vermuten die Biologen etwa 200 Jahre. Vielleicht schlüpfte diese Schildkröte, die ich gerade beobachte, im 18. Jahrhundert aus dem Ei?

Die Sonne hat den Nebel besiegt. Ein großblättriger Baum schützt mich mit seinem Schatten. Lichtflecken malen Muster auf den Boden. Ich sitze noch immer am Ufer des Sees. Eine kleine Ente dümpelt im Wasser. Es ist eine Unterart der südamerikanischen Bahamaente. Ein zitronengelber Vogel hascht nach Art der Fliegenschnäpper seine Beute im Flug. Mit seinem leuchtend gelben Gefieder ist dieser Goldwaldvogel eines der wenigen farbenprächtigen Galapagostiere, ansonsten herrschen meist braunschwarze Farbtöne vor.

Ich verlasse den Schildkrötensee. Als ich weiter oberhalb über das Grasland gehe, sehe ich Kühe, die bis zum Bauch in einem Bach stehen. Erst als sich einer der drei großen Felsbrocken neben ihnen im Wasser bewegt, erkenne ich, dass es Schildkröten sind. Sie stillen zusammen mit den Kühen ihren Durst und suchen Kühlung im Bach.

Am Waldrand steht ein Datura- oder Stechapfelstrauch mit schneeweißen Blütenglocken, die schwer nach unten hängen. Sie verströmen einen süßen, betäubenden Duft. Die Pflanze, die in vielen südlichen Ländern wächst, wurde von Siedlern mitgebracht. Keine dieser schönen Blüten wird jemals eine Frucht bilden, da auf Galapagos die Bestäuber fehlen, die Nachtschmetterlinge mit besonders langen Rüsseln. Trotzdem können sich die Pflanzen vermehren, weil abgebrochene Zweige Wurzeln treiben.

Aus der Kühlkammer der Erde: der Humboldtstrom

Der kalte, nährstoffreiche Meeresstrom kühlt in Küstennähe die unteren Luftschichten ab, sodass sich keine Wolken, allenfalls Nebel bildet. Dieser schlägt sich schon auf den ersten Kilometern landeinwärts nieder. Das dahinter liegende Land erhält keine Niederschläge und es entsteht eine Wüste wie hier in Peru.

Der Humboldtstrom, eine kühle Meeresströmung, die bis in die Gewässer der Galapagosinseln reicht, wurde benannt nach Alexander von Humboldt: Der deutsche Naturforscher führte in Südamerika Messungen der Wassertemperatur dieses Stroms durch.

Der Humboldtstrom entsteht in der Antarktis: Hier lassen die gigantischen Eismassen die Temperaturen bis unter –80 °C absacken. Diese eiskalte Luft kühlt das Meerwasser kräftig ab. Im Winter lassen die eisigen Stürme um die Antarktis einen breiten Wassergürtel zu Packeis gefrieren, der im Antarktis-Sommer wieder schmilzt. Das Schmelzwasser bildet dann eine sehr kalte, 150–250 m dicke, salzarme Schicht an der Oberfläche des Südpolarmeers. Die heftigen Winde aus dem Inneren der Antarktis treiben diese relativ leichte Wasserschicht erst einmal nach Norden. Bald aber lenken die kräftigen Westwinde dieser Breiten den Strom nach Osten ab. So entsteht schließlich ein eiskalter Strom, der wie ein gigantischer Ring um die Antarktis fließt.

Die nördlichen Bereiche des Ringstroms aber werden von den Küsten Südamerikas abgelenkt. Deshalb fließt ein Strom eiskalten Wassers an der Pazifikküste von Chile und Peru nach Norden und kühlt dort das Küstenklima um 7–8 °C ab, sodass dort kaum einmal 30 °C erreicht werden. Der Humboldtstrom gelangt beinahe bis zum Äquator, bevor er in Richtung des offenen Pazifiks abbiegt und dort auch den Galapagosinseln ein relativ kühles Klima mitten in den Tropen beschert.

Klimaforscher befürchten, dass sich solche Strömungen und das von ihnen gesteuerte Klima ändern, wenn sich der Salzgehalt der Meere verändert, weil etwa der Klimawandel in anderen Regionen mehr Regen fallen lässt.

Da von dem eisigen Wasser rund um die Antarktis wenig verdunstet, ist die Luftfeuchtigkeit dort sehr gering, sodass kaum Niederschläge fallen. Die Antarktis gilt daher als größte Wüste der Welt.

Die Galapagosflora ist arm an Blütenpflanzen, denn deren Samen sind meist zu groß und schwer, als dass sie 1000 km vom Festland durch die Luft transportiert werden könnten. Die winzigen Sporen von Farnen sind dazu viel besser geeignet. So sind die meisten Pflanzen, die bunte große Blüten haben, Mitbringsel der Siedler. Auch die südamerikanische Guave, ein kräftiger, kleiner Baum mit säuerlich-süß schmeckenden Früchten, wurde eingeschleppt. Dieser Baum ist gefährlich für die Galapagospflanzen. Er breitet sich äußerst schnell aus und verdrängt weniger widerstandsfähige Arten. So herrscht auch im Pflanzenreich ein Existenzkampf zwischen den Galapagosarten und den neu eingeführten. Für unsere menschliche Sichtweise ist er allerdings weniger sensationell als derjenige im Tierreich.

Nur die oberste Region des Berglandes ist noch frei von der fremden Konkurrenz. Nebelschwaden umwallen die Hügelflächen. Mannshohes Miconia-Buschwerk mit rötlichen Blättern erschwert mir das Vorwärtskommen. Baumfarne breiten ihre palmenartigen Wedel aus. Wassertümpel sind halb überwachsen mit Riedgras, Farnen und Bärlappgewächsen. Plötzlich fühle ich, wie mich jemand beobachtet. Erschrocken zucke ich zusammen und sehe zwei große, runde Augen. Sie gehören zu einer Eule. Sie starrt mich an, ich starre zurück. Zunächst wage ich nicht, mich zu bewegen, um sie nicht zu verscheuchen. Ich kann mich noch nicht so schnell daran gewöhnen, dass auf Galapagos die Tiere keine Angst kennen. Es ist eine Ohreule, auch sie eine galapagoseigene Art, die sich jedoch nur wenig von ihren Verwandten auf dem Kontinent unterscheidet. Da sie außer dem Galapagos-Bussard keine Feinde hat, ist sie auf den Inseln, wo dieser Greifvogel fehlt, auch tagsüber aktiv und macht Jagd auf Kleintiere.

Die Galapagos-Ohreule kennt kaum Feinde und ist überwiegend am Tag aktiv. Charakteristisch für diese nur hier anzutreffende Art sind ihre Federohren.

Ich habe eine besondere Zuneigung zu Eulen, darum ist es für mich ein großes Erlebnis, dass sie nicht wegfliegt, sondern furchtlos sitzen bleibt. Immer näher gehe ich an sie heran. Es bedeutet für mich viel, als ich mit den Fingerspitzen ihre Füße streichle. Ein wildes Tier, das nicht vom Menschen gezähmt, sondern furchtlos ist, weil es noch keine Gefahren kennengelernt hat! Ich erlebe einen uralten Wunschtraum der Menschheit, bin in dem Paradies, wo es keine Feindschaft, keine Verfolgung und keine Angst gibt.

In der Talsenke unter mir dehnt sich ein Wald aus. Schon von Weitem wirkt er auf mich sehr eigenartig. Solche Bäume habe ich noch nie gesehen. Schlanke gerade Stämme, die sich 10–15 m über dem Erdboden zu einer Krone ausbreiten, noch am ehesten vergleichbar mit den afrikanischen Schirmakazien. Aber irgendwie sehen sie nicht wie richtige Bäume aus.

Beim Näherkommen fällt mir wieder ein, was ich gelesen habe. Das sind sicher die berühmten Scalesien, die in Wirklichkeit keine Bäume, sondern Blumen sind, Korbblütler, also Verwandte von Gänseblümchen, Margeriten, Astern und Löwenzahn. Die Scalesia hat sich auf Galapagos, dort, wo es genügend

In den feuchten Lagen zwischen etwa 300 und 600 m Höhe gedeihen Scalesiapflanzen, die bis zu 15 m hoch werden. Einst beherrschten die Bäume diese Zone auf den Galapagosinseln, durch menschliche Einflüsse ist ihre Zahl jedoch enorm zurückgegangen.

Feuchtigkeit gibt und wenig Konkurrenz durch andere Pflanzenarten, zu Riesenwuchs entwickelt. Wenn die Bäume blühen, sind sie mit kleinen Blüten bedeckt, die einen gelben Blütengrund und weiße Blütenblätter haben. Unter dem geschlossenen Gewölbe ihrer Kronen herrscht grüne Dämmerung. Dunkle Moosbärte hängen herab, Lianen haben ihre Schlingen gelegt, Farne und Bromelien wuchern üppig. In diesem geheimnisvollen Scalesiawald gibt es nur langsames Ineinander-Aufeinander-Wachsen, grünes Miteinander-verschmelzen. Ich empfinde mich als das einzige Lebewesen an diesem verwunschenen Ort. Nebel streift an den Bäumen vorbei. Mit bleichen Fingern verfängt er sich in den Moosvorhängen und dem Flechtenfiligran.

Da erscheint ein blutroter Vogel, so unglaublich rot, dass er überhaupt nicht echt sein kann. So plötzlich, wie er da war, ist er wieder verschwunden. Ein Spuk? Ein Schabernack, den mir meine Sinne vorgaukeln, weil sie in der kurzen Zeit seit meiner Ankunft auf Galapagos durch all das Ungewöhnliche überfordert worden sind? Da ist er wieder! Er sitzt auf einem moosumwachsenen Zweig, schwingt sich in die Luft, erbeutet ein Insekt und kehrt im Bogen zu seiner Sitzwarte zurück. Natürlich ist es kein Märchenvogel. Nun fällt mir auch ein, dass ich ihn schon auf Fotos gesehen habe; es ist ein Rubintyrann. In Mittel- und Südamerika ist dieser lebhafte Insektenfänger weit verbreitet. Nur hier auf Galapagos, wo leuchtende, bunte Farben fehlen, wirkt er so ungewöhnlich.

Mit dem Rückweg muss ich mich beeilen, denn um sechs Uhr wird es in Minutenschnelle dunkel. In Bellavista werde ich von einem Lastwagen mitgenommen, der hinunter nach Puerto Ayora fährt. Die Ladefläche ist nicht für den Transport von Menschen ausgestattet, trotzdem klammern sich über ein Dutzend Leute oben fest und werden bei der holprigen Fahrt gegeneinandergeschleudert. Eine junge Frau hält einen nackten Säugling im Arm. Rote Staubfahnen ziehen hinter uns her.

Unerwartete Schwierigkeiten

Das Boot ist startklar, um nach Caamaño zu fahren. Ich bin schon sehr ungeduldig. Seit vier Tagen bin ich da und habe meine Insel noch nicht einmal sehen können. Es soll zuerst eine Inspektionsreise werden. Ich will sehen, was mich dort erwartet, damit ich die Ausrüstung für die Dauer eines Jahres zusammenstellen kann. Ich möchte nicht wie die anderen Wissenschaftler häufig zur Darwin-Station zurückkehren müssen. Denn ich will ausprobieren, wie das ist, ein ganzes Jahr allein zu sein, ohne Kontakt zu anderen Menschen.

Don Ramos merkt meinem Gesicht an, dass etwas Unangenehmes passiert sein muss. Väterlich klopft er mir auf den Rücken.

Zuerst verstehe ich nicht, warum sich Don Ramos weigert loszufahren. Zwar habe ich, seitdem ich wusste, dass ich auf Galapagos arbeiten würde, in Deutschland einen Spanischkurs besucht, aber das nützt mir jetzt wenig. Man spricht südamerikanisches Spanisch, und ich kapiere rein gar nichts. Don Ramos bemüht sich sehr, und schließlich wird mir klar, dass ich wegen einer Erlaubnis zur Parkverwaltung gehen muss. Jeder, der sich in die Schutzzone begibt, braucht die Genehmigung der Nationalparkverwaltung.

In der Parkverwaltung lächeln mir freundlich zwei Mädchen hinter ihren Schreibmaschinen entgegen. Dann winkt mich Fausto in sein Zimmer. An einem breiten, schwarzen Schreibtisch sitzt er mir in militärischer Haltung gegenüber. Ich habe vorher die entsprechenden Begriffe aus dem Wörterbuch herausgesucht, weil man mir gesagt hat, ohne Spanischkenntnisse verscherze man sich alle Sympathien. Aber Fausto achtet gar nicht auf mein Gestammel, sondern fragt mich auf Englisch, was ich überhaupt hier auf Galapagos wolle. Ich erzähle ihm von den Meerechsen und dem Institut, das mich geschickt hat.

Lässig schüttelt er den Kopf: „Nein!" Es gebe keine Genehmigung für mein Projekt, also könne ich nicht arbeiten, und auf Caamaño schon gleich gar nicht, weil diese Insel zur absoluten Schutzzone gehöre.

„Was? Wie? Das ist doch nicht möglich! Ich habe doch ein Forschungsprogramm geschrieben und im Detail aufgeführt, warum, wo und welche Arbeiten ich durchzuführen gedenke, und auch eine positive Antwort auf mein Schreiben bekommen."

„Ja, ja", Fausto nickt und zieht aus einer Schreibtischlade meine Projektbeschreibung hervor. Doch sie sei von der Zentrale des Nationalparks in Quito nicht genehmigt worden.

„Warum denn nicht?" will ich aufgeregt wissen.

Weil man es noch nicht hingeschickt habe, ist die gleichmütige Antwort. Fassungslos starre ich den Mann an. Erklärend fügt er hinzu, er habe keine entsprechenden Hinweise vom Direktor der Station erhalten. Außerdem sei er erst vor kurzem zum Intendente, also zum Leiter des Nationalparks, befördert worden.

In tröstendem Ton, vielleicht, weil ich gar zu niedergeschlagen wirke, sagt er: „Kein

Problem! Das Projekt wird in jedem Fall genehmigt!" Es dauere höchstens drei Wochen, bis mein Antrag den administrativen Weg durchlaufen habe, und dann könne ich mit der Arbeit beginnen.

Auf mein mit bezwingender Logik vorgebrachtes Argument, dann könne ich doch sofort anfangen, wenn es sowieso genehmigt werde, will er sich nicht einlassen. „Nein! Ordnung muss sein! Schön eins nach dem anderen!" Ich kann ihm nur das Zugeständnis abringen, den Informationstrip nach Caamaño durchführen zu dürfen.

Ich laufe zur Station zurück. Drei Wochen, das ist eine so lange Zeit! Inzwischen werden die jungen Meerechsen aus den Eiern schlüpfen. Ich hatte die Zeitplanung so berechnet, dass ich einen ganzen Fortpflanzungszyklus würde beobachten können: Im Mai kriechen die Jungen aus den Eiern, im Oktober werden die Männchen territorial, das heißt, sie besetzen und verteidigen ein Gebiet, im Dezember findet die Paarung statt und Ende Februar graben die Weibchen einen Meter tiefe Gänge und legen wieder Eier. Drei Wochen, was soll ich nur so lange tun? Ich stelle es mir sehr langweilig vor, mich noch drei Wochen in der Darwin-Station aufhalten zu müssen.

Don Ramos merkt meinem Gesicht an, dass etwas Unangenehmes passiert sein muss. Väterlich klopft er mir auf den Rücken. Als ich ihm den Genehmigungsschein zur Fahrt nach Caamaño zeige, hellt sich sein Gesicht freudig auf. Für heute sei es schon zu spät, sagt er bedauernd. Es ist Ebbe und bei Niedrigwasser kommt man nicht über die riffartig vorgelagerten Felsen von Caamaño. „*Mañana!*" ruft er mir fröhlich zu. „*Mañana!*"

Am Abend findet im Versammlungsgebäude der Darwin-Station ein Fest statt. Plötzlich erscheinen viele Leute. Da sind zum Beispiel Trevor und Steve, die das Fortpflanzungsverhalten der Darwin-Finken auf der Insel Daphne untersuchen. Die beiden sind gerade aus Amerika eingetroffen. Sie kommen jedes Jahr für einige Monate zur Brutzeit der Vögel. Heidi und Howard Snell dagegen untersuchen die Landleguane auf Plaza und sind schnell mal mit ihrem Boot hergekommen. Derek, der sich den Seeschildkröten widmet, lebt schon seit sieben Jahren auf Galapagos und finanziert sich durch sparsamste Lebensweise und gelegentliche Stipendien. Lago, Manuel und Maria, Biologiestudenten aus Guayaquil, machen hier ein Praktikum. Ruth, eine Ärztin aus Neuseeland, blieb während einer Weltreise auf Galapagos hängen und ist inzwischen wegen ihrer Tüchtigkeit vielgefragte Assistentin. David, Warwick und Tom gehören zum kleinen Stab der für einige Jahre fest angestellten Wissenschaftler der Station.

Zunächst ist es für mich interessant, so viele Menschen kennenzulernen und etwas über ihre Forschungsarbeit zu erfahren. Aber dann überfordert mich bald die ständige Konzentration, die ich aufbringen muss, um den Gesprächen zu folgen. Mein Englisch ist zwar gut genug, jeden wissenschaftlichen Text fast ohne Wörterbuch zu lesen und auch eine einfache Konversation zu führen, hier aber wird gewandt mit englischen und spanischen Wörtern jongliert. Ich fühle mich diesem Sprachwirrwarr hilflos ausgeliefert und verstumme.

David, ein Nordamerikaner, scheint meinen sprachisolierten Zustand zu bemerken, und beginnt ein Gespräch. Seinem genuschelten Slang meine ich zu entnehmen, dass ich einen Assistenten brauchen würde. Ich versichere ihm, dass ich die Arbeit allein schaffen kann, doch er lässt nicht locker. Ich wehre lässig seine vermeintliche Besorgnis ab. Was ich damals nicht ahnen konnte: Ihm waren vorübergehend die Befugnisse des Direktors übertragen worden und er wollte mich von der neuen Bestimmung in Kenntnis setzen, dass kein Wissenschaftler mehr allein auf einer Insel sein dürfe.

Don Ramos und zwei seiner Söhne warten am nächsten Morgen auf mich. Endlich werde ich meine Insel sehen, die von Santa Cruz aus nur als schmaler Landstreifen am Horizont erkennbar ist! Der Motor springt an. Wir fahren hinaus. Tiefblau leuchtet das Meer zwischen den Felsklippen. Weit draußen stoppt Don Ramos plötzlich den Motor und deutet auf einen im Wasser treibenden dunklen Körper. Im ersten Moment sieht er aus wie ein toter Seelöwe. Dann entdecke ich zwei Köpfe: Seeschildkröten bei der Paarung. Langsam tuckern wir weiter.

Ein weißer Brandungsgürtel liegt um Caamaño. Ich sehe einen hellen Sandstrand, eingerahmt von schwarzen Steinen. Darüber eine Hecke grüner Büsche. Seelöwen spielen um unser Boot. Don Ramos steuert auf eine schmale Lücke in der gefährlichen Brandung zu. Ein glatter Felsvorsprung fällt hier steil ins Meer ab. Ich soll, wenn die nächste Welle das Boot auf gleiche Höhe mit dem Felsen hebt, auf ihn hinüberspringen. Erwartungsvoll schauen mich die zwei Kinder an, als ich mich zum Sprung bereithalte. – Es klappt! Nur die Hände habe ich mir an den Seepocken etwas aufgerissen, die dort auf dem Stein wachsen. Don Ramos fährt das Boot inzwischen in ruhiges Wasser hinaus, ankert und wirft die Angel aus.

Ein Seelöwenbulle nähert sich einem Weibchen seines Harems. Heute gibt es im Archipel etwa 50 000 Galapagos-Seelöwen.

Allein kann ich meine Insel betreten. Ich habe das Gefühl, als würde ich ein neues Stück Erde entdecken, und wahrscheinlich sind wirklich bisher nur wenige Menschen auf dem winzigen Eiland gewesen. Seelöwen lagern auf den glatt geschliffenen Steinen. Sie heben nur kurz den Kopf und schniefen, als ich an ihnen vorbeigehe. Auf dem Strand liegen noch mehr von ihnen. Wie Urlauber aalen sie sich in der Sonne, bewerfen ihre Körper und den der nächstliegenden Nachbarn mit dem feinkörnigen Sand.

Als ich den Sandstrand schon fast überquert habe, verfolgt mich ein junger Seelöwe. Eilig, seine Flossen in den Sand stemmend, hoppelt er mir nach. Ich bleibe stehen. Er auch. Ich gehe weiter. Er hinterher. Jetzt drehe ich mich um und hocke mich nieder. Vorsichtig, seinen Kopf mit gesträubten Barthaaren hin und her schwingend, nähert er sich. Aus seinem Verhalten ist klar, dass er nicht angreifen will. Er ist nur neugierig. Also halte ich ganz still, auch als seine Barthaare meine Hände und Zehen kitzeln. Es ist eine sanfte, ja zärtliche Berührung. Der Seelöwe hoppelt davon, hebt eine große Vogelfeder auf, trägt sie im Maul herbei und überreicht sie mir. Wir spielen gegenseitiges Federnüberreichen und dann jagen und haschen wir uns übermütig, sodass der Sand hoch aufstiebt. Andere Seelöwen kommen neugierig näher, wollen mitspielen. Auch Weibchen mit ihren Jungen finden sich als Zuschauer des Spektakels ein. Nur das große Seelöwenmännchen bleibt unten an der Wasserkante und beäugt misstrauisch, wer ihm da wohl seinen Harem verführt.

Was ich mir erträumt habe, ist Wirklichkeit geworden. Mein Traumparadies existiert wirklich! Neugierig auf weitere überraschende

Meerechsen suchen das Wasser nur zur Nahrungsaufnahme auf, ansonsten bevölkern sie den zerklüfteten Strand.

Erlebnisse gehe ich ins Innere der Insel. Sie ist schulterhoch mit stacheligen, ineinanderverwachsenen Croton- und Cryptocarpusbüschen bewachsen, doch die Seelöwen haben ein gut begehbares Wegenetz durch das Dickicht gebahnt. In der Mitte der schüsselartig eingesenkten Insel liegt ein kleiner grasgrüner See. Ich freue mich über den reizvollen Anblick, doch als ich das Wasser probiere, ist es bittersalzig. Es ist, wahrscheinlich wegen der starken Verdunstung, noch viel salziger als Meerwasser. Trotzdem gedeihen Algen darin. In konzentrischen Kreisen angeordnet, bilden sie grünfarbene Muster. Am Seeufer steht ein einzelner knorriger Baumkaktus mit drei dicken säulenartigen Stämmen. An den breiten Blättern sitzen knallgelbe Blüten.

Wenige Schritte genügen, um die kleine Insel zu durchqueren. Ich besteige den Steinwall auf der gegenüberliegenden Seite. Im ersten Moment kann ich gar nicht fassen, was ich sehe: Die Küste ist übersät mit Meerechsen! Eine neben der anderen bedecken sie die Steine. Es sind so viele, dass man kaum einen Fuß zwischen sie setzen kann. Es müssen Tausende sein! Ich setze mich zwischen die Tiere. Ihre große Anzahl erschreckt mich. Wo mit der Arbeit beginnen?

Theoretisch ist alles klar: Zuerst muss ich die Küste in einzelne Abschnitte einteilen und dann möglichst viele Tiere fangen, sie markieren, messen und wiegen. Diese Aktion muss in monatlichen Abständen wiederholt werden. Bei den mit einer Nummer markierten Tieren stelle ich so die Gewichtszu- und -abnahmen und das Größenwachstum während eines Jahres fest. Durch den Vergleich der Gewichtskurven vieler Tiere erfahre ich dann, mit wieviel Jahren die Meerechsen sich fortpflanzen können und wie alt sie werden. Bisher gibt es darüber nur Vermutungen. Es ist auch nicht bekannt, ob sie genug Nahrung finden und ob überhaupt genügend Jungtiere aufwachsen und wie viele Weibchen, Männchen und Jungtiere sich in einer Meerechsenkolonie befinden. Solche Kenntnisse sind wichtig, um Schutzprojekte zu entwickeln.

Diese Untersuchungen jedoch bedeuten, dass ich massiv das Leben dieser friedlichen Tiere stören muss. Bis jetzt kannten sie noch keine Furcht vor dem Menschen, durch mich werden die Meerechsen sie kennenlernen. Viel lieber würde ich, ohne sie zu stören, ihr Verhalten beobachten und beschreiben. Doch ich habe den Auftrag, mit exakten Zahlen ihre Entwicklung zu belegen.

Plaza, die Insel der Landleguane

Wie gern würde ich gleich auf meiner Insel bleiben! Ich spüre einen heftigen Widerstand in mir, mich den Anordnungen des Parks zu fügen. Es fiel mir schon immer schwer, mich an Vorschriften zu halten. Diesmal jedoch muss ich vernünftig sein. Gegen die Gesetze des Parks zu verstoßen könnte bedeuten, dass ich Galapagos verlassen muss.

Howard und Heidi Snell, die ich auf dem Fest kennengelernt habe und die mit Landleguanen arbeiten, haben mich eingeladen, sie auf Plaza zu besuchen. Sie wollen mir zeigen, wie sie die Leguane markieren, sodass trotz der häufigen Häutungen der Tiere die Markierungszeichen sichtbar bleiben.

Plaza liegt östlich von Santa Cruz, durch einen 400 m breiten Kanal getrennt. Von Puerto Ayora ist es allerdings etwa zwei Bootsstunden entfernt. Ich darf auf dem kleinen Motorschiff der Station mitfahren, das den Wissenschaftlern Verpflegung und Wasser bringt. Gemächlich tuckert es durch das leicht gewellte Wasser. Außer mir sind noch vier Ecuadorianer an Bord, mit denen ich mich bei langsamer Sprechweise schon ganz gut verständigen kann. Ich genieße diese Fahrt und finde es zum ersten Mal nicht mehr ganz so schlimm, dass ich noch nicht auf Caamaño sein kann. So habe ich wenigstens den Vorteil, ein wenig mehr von Galapagos kennenzulernen.

Zitronengelb und orange gefärbt, die bekrallten Pfoten wie eine Sphinx vor die Schnauze gelegt, sitzt das Tier im Schatten der Pflanze.

Wir erreichen die der Santa-Cruz-Küste vorgelagerten Plaza-Inseln. Sie bestehen aus zwei Teilen, die durch eine schmale Wasserstraße getrennt sind. Die Snells haben Süd-Plaza zu ihrem Stützpunkt erwählt. Ich staune, wie praktisch und gleichzeitig gemütlich sie sich eingerichtet haben. Ein Zelt steht zwischen den Kakteen. Daneben ist ein großes Sonnensegel an vier Holzpfählen aufgespannt, unter dem man im Schatten arbeiten kann. Aus Treibholz haben sie sich Tische, Regale und Hocker gebastelt. In einer ebenfalls mit einem Leintuch abgeschatteten Küche stehen sorgfältig und übersichtlich aufgereiht die Wasserkanister – lebensnotwendig auf der trinkwasserlosen Insel –, Vorratskisten, Kochgeschirr, Konserven und der Gaskocher. Als ich ihr Lager lobe, meint Heidi: „Wenn man mehrere Monate jährlich draußen arbeitet, muss man sich schon etwas Gemütlichkeit schaffen."

Die beiden Biologen sind mit mehrmonatigen Unterbrechungen schon das dritte Jahr auf Galapagos. Heidi, groß, blond und braungebrannt, macht einen selbstbewussten und zielstrebigen Eindruck auf mich. Ich kann mir vorstellen, dass sie sehr ehrgeizig und fleißig darum bemüht ist, Anerkennung mit ihrer wissenschaftlichen Arbeit zu erlangen. Howard wirkt verträumt, etwas verschlossen, fast so, als sei es ihm gleichgültig, ob er hier auf Plaza oder an einem beliebigen anderen Ort ist.

Später zeigt Howard mir bei einem Rundgang die Insel. Süd-Plaza ist bedeckt mit rot flammenden Sesuviumpflanzen und einzelnen Baumkakteen. In farbenprächtigem Kontrast leuchtet dazu das tiefblaue Meerwasser. Weit kann man die Inselfläche überblicken. Ein idyllischer Ort, ganz anders als mein Caamaño, das im Vergleich hierzu herb und karg wirkt.

Zuerst sehe ich sie nicht. Howard muss sie mir zeigen. Er deutet auf einen rot-gelb blühenden Sesuviumbusch: „Da, dort sitzt eine!" Wie beim genauen Betrachten eines Vexierbildes erkenne ich plötzlich eine große Echse. Zitronengelb und orange gefärbt, die bekrallten Pfoten wie eine Sphinx vor die Schnauze gelegt, sitzt das Tier im Schatten der Pflanze. Nachdem sich meine Augen an das Suchbild gewöhnt haben, sehe ich unter fast jedem Strauch und Kaktus einen dieser bis zu zwei Meter langen Minidrachen.

Die Landleguane sind mit den Meerechsen eng verwandt, wie man durch Blut- und Enzymuntersuchungen feststellen konnte. Man nimmt deshalb an, dass sie vom gleichen Vorfahren abstammen. Während sich die Meerechsen an ein amphibisches Leben in der Gezeitenzone und an Algennahrung angepasst haben, entwickelten die Landleguane die Fähigkeit, in der wüstentrockenen Kaktuszone zu überleben. Sie ernähren sich von den sukkulentenartigen Sesuviumpflanzen, die viel Feuchtigkeit enthalten, und von den ebenfalls saftigen Kakteen. Besonders gern mögen sie die gelb leuchtenden Blüten und die auch für unseren Geschmack köstlichen Kakteenfrüchte. Nur sind gerade diese Früchte mit unzähligen metallharten Stacheln bewehrt. Die Landleguane haben eine besondere Methode der Entstachelung entwickelt. Sie rollen mit ihren unverletzbaren Krallen die Früchte so lange über die Lava, bis auch der letzte Stachel abgebrochen ist.

Die Lieblingsnahrung des bis zu 1,3 m langen Galapagos-Landleguans, der auch als Drusenkopf bezeichnet wird, sind Kakteen.

Plötzlich hält mich Howard am Arm zurück und weist auf eine Echse, die sich hochbeinig emporstemmt. Ich sehe, dass auf ihrem Rücken mehrere Darwin-Finken sitzen, selbst an den Beinen hängen zwei und picken an der schuppigen Haut herum. Die Echse scheint sich davon nicht belästigt zu fühlen. Sie verharrt bewegungslos unter dem Ansturm der Vögel.

„Die Finken befreien sie von den lästigen Zecken, die sich an den Reptilien festsetzen", erklärt Howard.

Ein solches Zusammenwirken von zwei verschiedenen Tierarten bezeichnet man als Symbiose. Sie ist für beide Arten von Vorteil. Die Landleguane werden von den Plagegeistern erlöst und die Finken finden eine wertvolle eiweißreiche Nahrung. Auch die Galapagos-Schildkröten genießen es, von den Finken geputzt zu werden.

Putzsymbiosen gibt es zwischen vielen Tierarten. In Afrika werden Kaffernbüffel, Giraffen und Zebras von den Madenhackern, einem etwa starengroßen Vogel, abgesucht. Sie hüpfen sogar im geöffneten Rachen der Krokodile herum. Haie und andere große Meerestiere werden von Putzerfischen gesäu-

Reptilien – Kriechtiere mit uralter Geschichte

Reptilien, auch Kriechtiere genannt, gehören zur Klasse der Wirbeltiere. Die ersten Spuren von Reptilien fanden Wissenschaftler in einem 315 Mio. Jahre alten Gestein. Die Tiere stammen von Amphibien ab, von denen sie sich aber in einer wichtigen Eigenschaft stark unterscheiden: Amphibien entwickeln sich normalerweise über Larven zu erwachsenen Tieren – so entstehen aus dem Froschlaich zunächst Kaulquappen. Reptilien aber pflanzen sich durch an Land abgelegte Eier fort, aus denen später die bereits voll ausgebildeten Jungtiere schlüpfen. Reptilien zählen zu den ersten Wirbeltieren, die vollständig auf dem Land lebten.

Später spalteten sich die Reptilien in verschiedene Gruppen auf, von denen viele längst wieder von der Erde verschwunden sind. Eine Entwicklungslinie waren beispielsweise die Dinosaurier. Zu den heute noch lebenden Ordnungen zählen Schildkröten, Krokodile, Brückenechsen und Schuppenkriechtiere (Echsen und Schlangen).

Die Haut von Reptilien verhornt oft stark und es entstehen Hornschuppen. Die meisten Reptilien haben einen Schwanz und vier Beine, die jedoch – wie bei Schlangen und einigen Echsen – vollständig zurückgebildet sein können. Normalerweise tragen die Füße fünf Zehen.

Reptilien atmen über Lungen. Fast alle heute lebenden Kriechtiere sind wechselwarme Tiere, ihre Körpertemperatur ist abhängig von der Temperatur der Umgebung. Die Tiere regulieren ihre Körpertemperatur durch bestimmte Verhaltensweisen: Manche Tiere auf Galapagos, beispielsweise die Meerechsen, wärmen sich in der Sonne auf. Andere Arten kühlen sich im Wasser ab oder suchen den Schatten auf, wenn Überhitzung droht, wie beispielsweise die Riesenschildkröten. In gemäßigten Breiten überdauern viele Reptilien den Winter in Kältestarre.

Für moderne Evolutionsforscher, die eine Region suchen, welche noch von urtümlichen Reptilien dominiert wird, stellen die Galapagosinseln das ideale Forschungsobjekt dar. Neben der gut erforschten Riesenschildkröte und der Meerechse leben weitere Arten dort, unter anderem die Galapagos-Lavaechse *(Microlophus albemarlensis)*.

Die Galapagos-Lavaechse gehört zur Familie der Leguane. Bei Gefahr, die ihr vor allem von Vögeln, Ratten und verwilderten Haustieren droht, kann sie einen Teil ihres Schwanzes abwerfen.

Eine Grüne Meeresschildkröte vor einer der Galapagosinseln. Sie ist zudem bei einigen anderen Inselgruppen im Pazifik sowie an den Pazifikküsten Nord- und Südamerikas beheimatet.

bert. Die Meerechsen lassen sich gleich von zwei verschiedenen Saubermachern von der Zeckenplage befreien: Neben den Finken krabbeln auch die roten Klippenkrabben auf den Echsen herum.

Howard hat eine Bambusstange mit einer daran befestigten Schlinge mitgenommen und führt mir vor, wie er damit die Leguane fängt. Wie eine Angel hält er den Stock und nähert die Schlinge vorsichtig dem Kopf eines Leguans. Das Tier kann die dünne Schnur nicht erkennen und lässt sie sich ahnungslos überstreifen. Sobald die Schlinge richtig sitzt, zieht Howard vorsichtig an.

Wie mit einem Lasso ist das Tier nun gefangen und kann sich nicht vom Fleck bewegen. Die Schnur gestrafft haltend, fasst der Wissenschaftler den Leguan mit festem Griff. Es ist ein noch junges Tier, nur etwa 30 cm lang. Howard steckt es in einen Leinensack, um es später im Lager zu messen, zu wiegen und mir die Markierungsmethode zu zeigen.

Am Rand des Steilufers gehen wir zurück. An der senkrecht ins Meer fallenden Wand nisten Goldschwanzmöwen. Howard zeigt mir auch einige in schattigen Felsnischen verborgene Tropikvögel. Später, als ich sie fliegen sehe, bin ich bezaubert von ihrer feenhaften Schönheit. Sie sind schneeweiß, nur der Schnabel leuchtet blutrot. Die zwei äußeren Schwanzfedern sind langgezogen und wippen beim Flug elegant wie eine Schleppe. Die Tropikvögel ähneln im Aussehen den Möwen, sind aber verwandt mit Pelikanen, Tölpeln, Fregattvögeln und Kormoranen.

Wieder im Lager angekommen, zeigt mir Howard, wie er die Echsen dauerhaft, wahrscheinlich lebenslang, in jedem Fall aber über mehrere Jahre hinweg markiert. Dünner Draht, so gebogen, dass sich die Zahlen von 0 bis 9 ergeben, wird in der Flamme eines Gasbrenners erhitzt. Dann drückt er die rot glühenden Nummern auf die Brustschilder der Echse. Dieses Brandmal wird später als helle, millimeterdünne Kontur sichtbar sein. Da das Zeichen so klein ist und sich außerdem an der Unterseite befindet, muss man die Echse jedes Mal fangen, um sie zu identifizieren. Der Biologe malt ihr daher mit weißer Farbe große Nummern auf beide Körperseiten, sodass er sie auch von Weitem erkennen kann. Mit der nächsten Häutung sind die Nummern verschwunden und müssen wieder neu gemalt werden.

Als ich bei Howard wegen dieser drastischen Maßnahme Einwände vorbringe, meint er: „Obwohl die Brandmarkierung brutal erscheint, schadet sie den Tieren nicht. Wir haben die Leguane nach dem Markieren untersucht und nie eine Entzündung festgestellt. Und wahrscheinlich ist es für die Leguane kaum schmerzhaft. Die schuppige Haut von Reptilien ist weniger empfindlich als die von Pferden und Rindern, die man mit dem Brandeisen traktiert."

Trotzdem beschließe ich, bei meinen Versuchstieren eine andere Methode anzuwenden. Zusätzlich zu den aus größerer Entfernung erkennbaren weißen Nummern will ich verschiedenfarbene Perlen am Rücken der Meerechsen befestigen.

Als der Schiffsführer zur Abfahrt drängt – er will noch vor Beginn der Dunkelheit in Puerto Ayora sein – verabschiedet mich Heidi mit herzlichen Worten. Von Howard hatte ich mich zuvor schon verabschiedet, denn er wollte noch ein paar Leguane fangen.

Ankunft auf Caamaño

Zwei Wochen sind seit meiner Ankunft vergangen. Endlich erhalte ich die Genehmigung zur Forschungsarbeit. David hat jedoch durchgesetzt, dass ich nicht ohne Assistenten fahren darf. Er trägt mir wohl nach, dass ich ihn nicht respektvoll genug behandelt habe.

Vergeblich bemühe ich mich um einen Helfer. Niemand hat Zeit. In Puerto Ayora begebe ich mich auf die Suche nach Rucksacktouristen, die keinen eng begrenzten Reiseplan haben. Die Station würde dafür sorgen, dass das Visum verlängert wird, das normalerweise nur für einen Galapagosaufenthalt von 30 Tagen gilt. Sooft ich auch das Restaurant „Las Ninfas", den Treffpunkt aller Galapagosbesucher und der Einheimischen, am Hafen von Puerto Ayora aufsuche, ich begegne leider nur Touristen, die schon eine fest gebuchte Reise haben.

Schließlich ist Karin, eine Deutsche, die ich in der Stationsbibliothek kennengelernt hatte, bereit mitzukommen. Mit ihr habe ich mich in den zwei Wochen Wartezeit angefreundet. Sie hatte an der Küste der Insel Isabela Seeschildkröten untersucht, die von einem parasitierenden Käfer befallen werden. Karin hat allerdings nur drei Tage Zeit, dann geht ihr Flugzeug nach Deutschland. Irgendwie hoffe ich, dass sich David dann beruhigt hat und ich allein auf Caamaño bleiben kann.

Das Motorboot ist schwer beladen mit der Ausrüstung: 20 Kanister mit je 25 Liter Wasser, eine große Gasflasche zum Kochen, Zelt und lange Stangen, um ein Schattendach zu bauen, und Nahrungsmittel, die für etwa drei Monate berechnet sind.

Da, jetzt taucht aus der Gischt der Stein auf! Hinter mir höre ich es schreien: „Salta, salta – spring, spring!"

Hohe Wellen mit weißen Kämmen branden gegen die Insel. Das Meer zeigt sich viel wilder als bei meinem ersten Besuch. Doch Don Ramos steuert ungerührt auf den Landefelsen zu. Wieder gelingt es ihm, den Durchschlupf durch die Brandung zu finden. Jedoch der Wellengang ist diesmal auch unmittelbar an der Küste noch sehr stark. Mit Schaudern beobachte ich, wie das Meer wuchtig gegen die schwarze Lava knallt. Ein weißer Schaumbrei verhüllt die Sicht, doch schon wird das Wasser von einer gewaltigen Kraft zurückgesaugt. Ein imposantes Naturschauspiel, das ich genießen könnte, wenn ich nicht eine so heillose Angst vor dem Sprung hätte. Nicht auszudenken, wenn ich den Stein verfehle und in diesen Abgrund zwischen Felswand und anschlagenden Wellen hineinfalle ... Es sind bestimmt drei Meter, die ich springen muss, und das ohne Anlauf. Don Ramos muss mit dem Boot einen größeren Abstand halten als beim ersten Mal, damit es nicht an den Felsen zerschmettert. Zuerst übt er das Heranfahren, lernt, wie er die Bewegung der Wellen und die Kraft des Motors gegeneinander ausspielen muss. Nun nickt er mir zu. Es ist soweit.

Ich verlasse meinen Platz an der Bordkante, krieche auf allen vieren über den vollgestopften Innenraum des heftig schaukelnden Bootes und stelle mich an der Bugspitze auf. Ich vermute, dass ich aussehe wie ein Gladiator vor dem Kampf, der über Leben und Tod entscheidet: die Knie leicht federnd eingeknickt, ein Bein vorgestellt, die Arme in den Ellenbogen angewinkelt, den Oberkörper wie eine gespannte Feder nach vorn geneigt. Da, jetzt taucht aus der Gischt der Stein auf! Hinter mir höre ich es schreien: „*Salta, salta* – spring, spring!"

Doch der Moment ist verpasst. Schon wird das Boot vom Sog zurückgezogen. Noch mal! Ich weiß, dass ich es nie und nimmer schaffe, aus dem Stand drei Meter weit zu springen, selbst mit größter Willensanspannung nicht. Ich habe nur dann eine Chance, wenn sich das Boot auf dem Kamm einer besonders hohen Welle über dem Stein befindet, sodass ich von oben schräg herunterspringen kann. Don Ramos hat Geduld. Dann endlich kommt meine hohe Welle – ich springe, fühle, wie meine Füße auf festes Gestein treffen, und falle vornüber, den Schwung mit den Händen auf dem mit Seepocken gesprenkelten Stein abfangend. Dann springt Karin. Nicht weit genug! Im letzten Moment bekomme ich sie zu fassen und kann sie herüberziehen. Sie schlägt sich dabei die Knie blutig. Es bleibt keine Zeit, uns mit unseren Verletzungen zu befassen. Schon wirft uns der Junge, den Don Ramos als Helfer mitgenommen hat, schwungvoll die leichteren Gepäckstücke zu. Die Wasserkanister können wir mit einem Seil herüberziehen. Rätselhaft ist mir, wie es mit der Ausrüstung gehen soll, die nicht mit Meerwasser in Berührung kommen darf. Es wird ein dramatisches Geschicklichkeitsspiel. Don Ramos weiß inzwischen so gut die Kraft der Wellen und die des Motors zu berechnen, dass er immer mehr riskiert. Ganz dicht steuert er das Boot an die Felsen. Wie ein Gummiball tanzt es in der Brandung. Ist es im Moment noch in meiner Augenhöhe, saust es in der nächsten Sekunde mehrere Meter tiefer. Es ist gefährlich, das Boot der Gewalt der Brandung auszuliefern. Während des kurzen Augenblicks, wenn es sich auf gleicher Höhe mit dem Stein befindet, reicht mir der Junge die Gepäckstücke zu. Nicht jedes Mal gelingt es, oft ist der Abstand zu weit, das Boot saust nach unten und wird vom Sog weit ins Meer hinausgerissen.

Ich stehe an der Felskante, konzentriere mich völlig auf die Arbeit. Deshalb habe ich

Donnernd schlägt die Brandung an die Lavaküste der Insel Caamaño. Heute nutzen Tauchtouristen die Gewässer rund um die Insel.

nicht bemerkt, dass die Flut gestiegen ist. Die Brandung ist jetzt noch gewalttätiger. Eine riesige Welle rauscht heran. Sie überrollt mich. Reißt mich mit sich. Ich sehe nur Wasser, doch kann ich mich mit den Händen noch irgendwo am Fels festklammern. Drei der schon angelandeten Wasserkanister schwimmen im Meer. Die Bootsbesatzung fischt sie wieder auf. Karin beeilt sich, das Gepäck die Küste hinauf in Sicherheit zu bringen.

Fast ist das Ausladen des Bootes geschafft. Mir will scheinen, dass wir Stunden dazu gebraucht haben. Nur die schwere Alukiste mit der Foto- und Filmausrüstung muss noch herüber. Ich kann den Griff gerade mit drei Fingern grabschen, da saust das Boot schon wieder nach unten. Die Kiste hängt frei in der Luft. Ich schaffe es nicht, sie auf den Felsen zu ziehen, sie ist viel zu schwer. Ich darf nicht loslassen, verkrampfe die Finger um den Griff.

Die Alukiste schützt zwar die Fotoausrüstung vor Feuchtigkeit, doch sie ist nicht ganz wasserdicht, und in dieser gewalttätigen Brandung könnte man sie auch kaum bergen. Ich rufe Karin um Hilfe, doch sie ist weit oben am Strand. Wo bleibt das Boot? Es ist hinter den Wellenbergen nicht sichtbar. Doch Don Ramos schafft es, mit der nächsten Welle wieder in die Höhe des Steines zu kommen. Mit einem kräftigen Stoß schiebt der Junge die Kiste auf den Fels.

Gerade geboren ist dieses Seelöwenbaby. Etwa ein Jahr lang wird seine Mutter es säugen.

Als das Boot in Richtung Santa Cruz abdreht, blicken wir uns an und lachen – nun sind wir Robinsons. Und wie echte Robinsons machen wir uns sogleich daran, unsere Existenz zu sichern. Die Seehunde schauen interessiert zu, wie zwei Menschen mit roten, blauen, gelben Wasserkanistern den Sandstrand emporstapfen. Im Inneren der Insel errichten wir das Lager mit der bewährten Raumaufteilung: im Zelt der Schlafplatz, unter dem Sonnensegel der Arbeitsraum und dann noch das Lebensmittellager mit der Küche. Wir brauchen den ganzen Tag, bis alles seine Ordnung und seinen richtigen Platz gefunden hat.

Dann haben wir uns ein kräftiges Essen verdient. Als es fertig gekocht ist und wir den Tisch, eine am Strand gefundene Holzplanke, decken, robbt ein Seelöwe in unsere Küche. Zuerst stolpert er über den Eimer mit Seewasser, darüber erschrickt er so unmäßig, dass er sich schwungvoll gegen den Kocher wirft. Die Töpfe springen in die Höhe – und kippen um. Reis und Bohnen kullern über sein Fell. Mit unserem Abendessen auf dem Rücken, flieht er zum Meer.

Die Seelöwen, die am Tag sonnenbadend am Strand liegen, werden am Abend lebhaft. Grunzend und schniefend robben sie ins Innere der Insel. Wahrscheinlich haben wir mit dem Aufbau unseres Lagers einige ihrer Stammplätze belegt. Die Augen der Seelöwen sind an die Unterwasserjagd angepasst. An Land sehen sie sehr schlecht. Erst wenn sie sich bis auf 1 m genähert haben, bemerken sie uns. Dann werfen sie erschrocken grunzend den Kopf auf und verharren eine Weile verwirrt. Da wir nicht weichen, bleibt ihnen schließlich nichts übrig, als sich einen anderen Schlafplatz zu suchen.

Im Lichtschein der Petroleumlampe schreibe ich Tagebuch. Karin hat ihre Gitarre mitgebracht und spielt leise zum Rhythmus des rauschenden Meeres. Ein großer Seelöwenbulle robbt langsam immer näher. Mit emporgestemmtem Oberkörper pendelt er hin und her. Die langen, starren Schnurrbarthaare sind weit gespreizt, als wolle er mit ihnen die Schwingungen der Musik ertasten. Ein samtschwarzer Himmel mit unzähligen flimmernden Sternen wölbt sich über uns. Karin hat aufgehört zu spielen. Wir lauschen hinein in die Nacht. Jetzt erst fühle ich, dass ich angekommen bin, auf Galapagos.

Am nächsten Tag umrunde ich meine Insel. Bevor ich mit der Arbeit beginne, muss ich ja genau über meine Umgebung Bescheid wissen. Obwohl die ellipsenförmige Insel nur knapp 3 km Umfang hat, brauche ich wegen der Unwegsamkeit des Geländes mehrere Stunden. An der Nord- und Südseite gibt es je ein etwa 300 m langes Sandstück. Die Ost- und Westküste bestehen aus wild übereinander getürmter Lava. Tosend wirft sich die Brandung ihr entgegen. Mein kleines Eiland ist uneinnehmbar von einem weißkronigen Schutzwall umgeben. Wie eine Burg ist diese Insel, von der Außenwelt abgeschlossen, unerreichbar.

Doch einsam ist sie nicht. Da sind so viele Tiere. Drei Arten fallen durch die große Anzahl sofort auf: Seelöwen, Meerechsen und die roten Klippenkrabben. Außerdem entdecke ich zwei Lavamöwen, zwei Nachtreiher, etwa vier Lavareiher, Darwin-Finken und Goldwaldsänger. Blaufußtölpel, Brauner Pelikan und Galapagos-Graureiher landen ab und zu, um sich zwischen ihren Fischzügen auszuruhen.

Blaufußtölpel beim Balzen. Weibchen bevorzugen Männchen mit starker Blaufärbung der Füße – sie ist ein Zeichen für Gesundheit und gute Ernährung.

Anders als Robinson, könnte ich nicht autark auf meiner Insel leben, denn es gibt keine essbaren Pflanzen. Die Früchte des einzigen Baumkaktus sind bald verspeist. Zwar könnte ich mich notfalls von den handtellergroßen Krabben, den Meerechsen und Seelöwen ernähren und Fische fangen, aber da kein Trinkwasser vorhanden ist, gäbe es keine Überlebenschance.

Am dritten Tag kommt Don Ramos und holt Karin ab. Keine Nachricht von David …

Allein auf „meiner“ Insel

Wenn ich wissen will, wie viele Tage vergangen sind, muss ich sie in meinem Tagebuch nachzählen. Die Zeit, sie interessiert mich nicht mehr. Wozu die Tage zählen? Ich lebe einfach, spüre den an- und abschwellenden Rhythmus der Gezeiten, den steten Wechsel von Tag und Nacht, und alles fließt in einem ewig schwingenden Kreis.

Ich werde ganz von diesem Rhythmus aufgenommen, werde ein Teil von ihm. Ohne aufs Meer zu schauen, fühle ich, wann Ebbe und wann Flut ist. Jeden Tag geht die Sonne um sechs Uhr auf und genau dann werde ich wach. Nach zwölf Stunden wird es wieder dunkel. Denn Galapagos liegt am Äquator und so sind Nacht und Tag von gleicher Länge.

Das Leben ist so einfach, so klar. Fragen, die mich zu Hause quälten, stellen sich hier gar nicht. Das Paradoxe, das Absurde des Lebens hat auf Caamaño keinen Platz. Es gibt hier keine Gefahr, kein Leid, keine Unsicherheit, keine Probleme, keine Zweifel, keine Fragen. Ich bin einfach da. Es ist nicht wichtig, dass ich lebe, aber es ist schön. Es ist schön, den Sonnenaufgang zu sehen. Es ist schön, die heißen Strahlen auf dem nackten Körper zu fühlen und den Wind. Es ist schön, zwischen den Meerechsen zu sitzen und aufs Meer zu schauen, immer weiter zu schauen, endlos. Es ist schön, nachts die flimmernde Sternenkuppel über sich, mit den Zehen im warmen Sand zu spielen. Es ist schön, allein zu sein! Ich fühle mich überhaupt nicht einsam. Sicher, ich kann mit niemandem sprechen. Dafür entstehen in mir selbst viel mehr Gedanken als sonst. Als wären in mir mehrere Personen mit verschiedenen Ansichten verborgen, kann ich mir selbst Fragen stellen, Antworten geben, Meinungen austauschen, Ideen erörtern. Auch meine Gefühle, Empfindungen und Sinne verstärken sich. Als wäre ein Dunstschleier von den Augen genommen, erkenne ich klarer, tiefer, intensiver.

Meine Gefühle, Empfindungen und Sinne verstärken sich. Als wäre ein Dunstschleier von den Augen genommen, erkenne ich klarer, tiefer, intensiver.

Je mehr die Luft, die Sonne, der Wind, der Sand und das Meer ungehindert auf mich einwirken können, desto mehr entfernen sich gefühlsmäßig die abgrenzenden Trennschichten. Einbezogen zu sein in den Kreislauf von Ebbe und Flut, von Helligkeit und Dunkel, von Vergehen und Neuentstehen, bewirkt eine große Sicherheit, eine unendliche Geborgenheit.

Obwohl ich ein Mensch bin, empfinde ich mich nicht als etwas anderes als die Tiere. Wir haben dieselben Bedürfnisse. Wie sie bin ich auf Nahrung und Wasser angewiesen. Nur durch meine Beschäftigungen unterscheide ich mich. Besonders intensiv ist der Kontakt mit den Seelöwen. Viele erkenne ich an ihrem Aussehen. Auch ihr Verhalten ist sehr verschieden. Manche kommen regelmäßig unter das Sonnensegel, um während der Mittagsglut im Schatten Schutz zu suchen. Sie sind inzwischen so an mich gewöhnt, dass sie

Ein Jahr verbringt Carmen Rohrbach auf den Galapagosinseln. Ihr Lager auf Caamaño hat sie meist für sich allein.

nicht mal den Kopf heben, wenn ich in Armeslänge an ihnen vorbeilaufe. Oscar, der junge Seelöwe, der mir bei meinem ersten Besuch auf Caamaño die Feder schenkte, legt sich unter den Tisch und ich darf meine Füße auf seinen Rücken stellen. Er ist aber der einzige, der mir den Körperkontakt erlaubt.

Die Mütter mit ihren Kindern robben nur selten in mein Lager. Sie sind dabei nervös und knurren, wenn ich die Distanz nicht einhalte. Oft liegen sie malerisch gruppiert am kleinen Salzsee. Es sieht kurios aus, wenn einjährige Jungbullen, die schon größer als die Mutter sind, noch an ihr saugen. Einer dieser frechen Jungbullen passt jedes Mal den Moment ab, wenn ich zum Waschen ins Meer gehe. Im Galopp stiebt er dann durch den Sand. Das erste Mal war ich recht erschrocken. Weiter ins Meer hinein konnte ich nicht wegen der Brandung und zur Flucht zurück blieb keine Zeit, weil er schon zu nah war. So richtete ich mich möglichst hoch auf und klatschte laut in die Hände. Erst einen Meter vor mir stoppte er ab. Ihm scheint es so viel Spaß gemacht zu haben, mir Angst einzujagen, dass das Spiel nun jeden Abend stattfindet. Besonders aufdringlich ist er beim Geschirrabwaschen. Dann muss ich aufpassen, dass er nicht Teller und Töpfe stiehlt.

Soweit ich mich zurückerinnern kann, hatte ich immer einen sehr engen Kontakt zu Tieren. Unwiderstehlich fühlte ich mich zu ihnen hingezogen. Es hat nie ein Tier gegeben, vor dem ich mich ekelte oder fürchtete. Natürlich befällt mich Angst, wenn ein wehrhaftes Tier, wie dieser Seelöwe, mich plötzlich angreift. Jedoch ist es nicht die Angst vor dem Tier als solchem, sondern vor der gefährlichen Situation. Ich habe gelernt, dass man sich in den meisten Fällen durch richtiges Verhalten retten kann. Vor allem darf keine Panik aufkommen. Man muss das Tier beobachten, sich in seine Gefühlswelt hineindenken.

Mein Umgang mit Tieren läuft nicht bewusst ab, eher intuitiv. Ich glaube, dass jedes Kind die Fähigkeit besitzt, Tiere gefühlsmäßig zu verstehen. Nur verliert es im Lauf der Zeit dieses Verständnis, und zwar meistens deswegen, weil ihm die Eltern schon in den ersten Lebensjahren Angst- und Ekelgefühle davor vermittelt haben. Meine Eltern waren zwar fassungslos und auch besorgt, mit welcher Selbstverständlichkeit ihre Tochter mit allem möglichen Viehzeug umging, allein in den Wald lief, um Ameisen oder Wild zu beobachten, sogar Schlangen fing und nach Hause brachte, aber sie haben nie versucht, mir meine Begeisterung gewaltsam auszutreiben. Ich hatte eigentlich immer nur Interesse an Wildtieren. Um Hunde, Katzen, Wellensittiche und andere Heim- und Streicheltiere habe ich mich nie gekümmert. Ich glaube, weil sie zu menschenähnlich, zu sehr vom Leben mit dem Menschen geprägt sind und ihr Verhalten dem seinen angepasst haben.

Jeden Morgen verlasse ich beim ersten Lichtschimmer das Zelt und beziehe Beobachtungsposten auf einem großen Lavablock, von dem aus ich die Echsenkolonie gut überblicken kann. Ich will den Tagesablauf der Meerechsen kennenlernen und feststellen, ob und wie er von den Gezeiten beeinflusst wird. Um statistisch gesicherte Aussagen machen zu können, wie es für eine wissenschaftliche Arbeit notwendig ist, muss ich möglichst viele Individuen beobachten. Dabei helfen mir die großen weißen Nummern, die ich auf ihre schwarzen Körper gemalt habe. In bestimmten zeitlichen Abständen trage ich in eine Liste ein, wo sich welches Tier befindet und was es tut. In dieser frühen Morgenstunde ist noch keine einzige Echse sichtbar. Denn die Nacht verbringen sie in Spalten und Höhlungen unter den Lavablöcken.

Der Sonnenaufgang ist eine berauschende Farborgie, die aber in wenigen Minuten verglüht. Es ist still. Die Seelöwen, die während der Nacht in den verschiedensten Tonlagen gegrunzt, geschnieft, gehustet und geblökt haben, sind zum morgendlichen Fischejagen im Meer verschwunden. Der frische Seewind lässt mich frösteln. Ich schlinge die Arme um die Knie und warte geduldig, dass die Sonne höher steigt. Es ist nichts zu hören außer den anrollenden Wellen. Die schwarze Lava sieht so frisch, so neu aus, als sei die Insel eben erst aus dem Meer emporgewachsen und noch kein Leben auf ihr entstanden.

Man weiß nicht genau, wann die Inseln aus dem Meer geboren wurden. Vielleicht war es vor zehn Millionen Jahren, als der Meeresboden zu beben begann. Dicke Schichten von Grundsedimenten wurden gehoben und zerbrachen. Rot glühende Lava presste sich hervor, ergoss sich dampfend und zischend in das kalte Meer. Über Jahrmillionen setzte sich der vulkanische Prozess fort. Es dauerte lange, bis die unterseeischen Lavaberge 2000 m hoch gewachsen waren und ihre Spitzen aus dem Wasser ragten. Vor etwa drei Millionen Jahren war es wahrscheinlich soweit. Seevögel waren die Ersten, die die dunklen Inseln aus Lava und Asche entdeckten. Sie düngten sie mit ihrem Kot und brachten im Gefieder Pflanzenkeime mit, die sich in der verwitternden Lava ansiedelten. Von diesen Pflanzen wiederum ernährten sich die andriftenden Landtiere.

Vielmals jedoch wurde das unter ungeheuren Anstrengungen, Opfern und Zufällen sich entwickelnde Leben wieder vernichtet, wenn sich plötzlich erneut glühende Lava aus den Feuerschlünden ergoss oder der Meeresspiegel stieg und die Inseln überflutete. Denn es ist kein Prinzip der Natur, das Leben zu erhalten, sondern dort, wo es möglich ist, Leben entstehen zu lassen. Die Lebewesen haben nur die Chance zu überleben, wenn sie sich durch fortwährende Veränderung an die ebenfalls ständigen Wechseln unterworfenen Umweltbedingungen anpassen. Dazu müssen sie sich vermehren, so zahlreich wie nur irgend möglich. Es ist ein Spiel mit ungewissem Ausgang, ein Spiel ohne Mitleid. Doch niemand wird bevorzugt und niemand benachteiligt. Alle Lebewesen sind gleichermaßen von den Gesetzmäßigkeiten der Natur betroffen. Die Natur beschützt keines ihrer

Geschöpfe. Sie stellt Bedingungen. Wer es schafft, sie zu überleben, hat gesiegt, aber nur vorerst, bis zum nächsten Umschwung.

Der Mensch dagegen will bewahren, beschützen, erhalten, aber nur das, was ihm gefällt und nützt. Im Gegensatz zur Natur wählt er aus, welche Lebewesen überleben dürfen und welche nicht. Dabei geht er so unsinnig vor, dass er die Raupe ausrottet, weil sie seine Anpflanzungen auffrisst, aber den Schmetterling schützen will, weil er schön ist. Er bedauert es als einen persönlichen Verlust, wenn der Frühling stumm wird, weil die Singvögel aussterben, und er sehnt sich nach den bunten Wiesen seiner Kindheit. Wie paradox, dass gerade er es ist, der wegen seiner Fähigkeit, die Umweltbedingungen zu manipulieren, die wahrscheinlich bisher größte Katastrophe hervorrufen wird. Vielleicht wird alles Leben vernichtet. Doch solange ein Raum vorhanden ist, wird es wieder entstehen, neu und anders und doch von den gleichen Gesetzmäßigkeiten bewegt. So wie auf Galapagos nach jedem vernichtenden Vulkanausbruch das Leben wieder erblühte. Das ist tröstlich, wenn man nicht an die eigene Betroffenheit denkt, aber erbarmungslos traurig, wenn man sich dessen bewusst wird, dass all das untergeht, was man kennt und lieben gelernt hat.

Plötzlich sitzt vor mir die erste Meerechse. Lautlos ist sie aus einem Spalt hervorgekrochen. Breit bietet sie ihren Körper der Sonne dar, um so die Kühle der Nacht aus den Gliedern zu treiben. Sie schmiegt sich eng an den von der Sonne erwärmten Untergrund, auch um dem Seewind weniger Angriffsfläche zu bieten. Nach und nach erscheinen auch die anderen. Bizarr, wie aus erstarrtem Stein geformt, hocken sie bewegungslos da – und warten! Ich dagegen habe jetzt viel zu tun. Eifrig schreibe ich die Nummern der Echsen in der Reihenfolge, wie sie hervorkriechen, in meine Tabellen. Mein Respekt und meine Bewunderung für diese schwarzen Reptilien wächst, je länger ich unter ihnen lebe. Ich kenne kein anderes Tier, das so sehr Teil seiner Umwelt ist. Als wären sie lebendig gewordene Lava, verschmelzen die Meerechsen harmonisch mit ihrem Lebensraum.

Es ist neun Uhr, die Sonne steht hoch am Himmel. Am Äquator steigt sie sehr schnell empor und brennt den ganzen Tag senkrecht herab. Auf über 50 °C erhitzen sich die Steine. Je wärmer es wird, um so höher richten sich die Echsen auf ihren Füßen empor und wenden sich frontal zur Sonne, sodass diese nur einen geringen Teil des Körpers trifft, Nacken und Rücken lassen sie sich vom kühlen Seewind befächeln. Wird es gar zu heiß, ver-

Um ihre Tauchzeit in den kalten Strömungen zu verlängern, können die wechselwarmen Meerechsen die Frequenz ihres Herzschlags senken und so Wärmeverluste vermeiden.

schwinden sie in einer der zahlreichen schattigen Lavaspalten. Obwohl die Meerechsen wie alle Reptilien wechselwarme Tiere sind, das heißt, ihre Körpertemperatur ist von der Umgebungstemperatur abhängig, schaffen sie es, ihre Eigentemperatur meist bei etwa 37 °C konstant zu halten. Nachts, wenn die Lufttemperatur bis zu 17 °C absinkt, kriechen sie gemeinsam in Hohlräume unter den Steinen und wärmen sich gegenseitig.

Die Echsen werden sich bis zu Beginn der Ebbe nicht von ihren Sonnensteinen entfernen. Zeit genug für mich, um zu baden und zu frühstücken. Vom Landestein aus springe ich ins Wasser. Die Kälte verschlägt mir den Atem. Die Temperatur von 22 °C entspricht gar nicht der eines tropischen Gewässers am Äquator und das Wasser erscheint noch viel kälter, da die Lufttemperatur so hoch ist. Es ist Wasser von der Antarktis, das die Humboldtströmung an Galapagos vorbeiführt. Kaltes Wasser bindet mehr Sauerstoff, deshalb können sich Planktonorganismen zahlreich entwickeln, die Nahrungsquelle für viele Fische. So verdanken die Seelöwen und

Lautstark verteidigt der Seelöwenbulle sein Revier und seinen Harem.

Seevögel der kalten Humboldtströmung, dass für sie der Tisch immer reich gedeckt ist.

Im Wasser umspielen mich die Seelöwen. Wie Torpedos schießen sie heran. Schnellen dicht vor meinem Gesicht kerzengerade aus dem Wasser. Ein kurzer spitzbübischer Blick aus ihren großen Kinderaugen. Schon werfen sie ihren stromlinienförmigen Körper herum, tauchen unter und im nächsten Moment wasserspritzend hinter mir wieder auf. Ich versuche sie nachzuahmen, tauche ebenfalls, lege die Hände an den Körper und bewege mich schlängelnd durchs Wasser. Aber ach, wie plump, wie schwerfällig! Diesen eleganten Schwimmern kann ich es nicht gleichtun. Beobachte ich sie dagegen an Land, wie sie die schweren Körper mühsam über die Steine und den Sand schleppen, mit den kurzen Vorderflossen um Halt bemüht, die Schwanzflossen in hoppelnder Gangart unter den Körper gestemmt, dann kann ich mir kaum vorstellen, zu welch artistischer Leichtigkeit sie im Wasser fähig sind.

Es sind vor allem die Ein- bis Zweijährigen, die mit mir spielen. Der Leitbulle dagegen, der sich anfangs bei meinem Anblick an Land immer aufrichtete, den Kopf hob, das Maul mit den kegelförmigen gelben Zähnen aufriss und markerschütternd brüllte, hat mich inzwischen als harmlos eingestuft und kümmert sich nicht mehr um mich. Nur als ich das erste Mal im Meer badete, hatte er mich sehr erschreckt. Er war eine weite Strecke unter Wasser geschwommen und ich wusste daher nicht, dass er sich mir näherte. Plötzlich teilte sich vor mir das Wasser und ein riesiger Kopf stieg vor meinem Gesicht empor. Tiefschwarz glänzte das Fell. Die großen, dunklen Augen, von dem hohen Stirnhöcker überwölbt, blickten mich drohend an. Mir schoss der Schreck in die Glieder, denn ich hätte mich nicht verteidigen können. Der Bulle schüttelte den

Kopf. Die Wassertropfen, die an seinen borstigen Schnurrhaaren hingen, spritzten mir ins Gesicht. Als er das Maul öffnete, sah ich seine gelben dolchartigen Fangzähne. Er stieß einen kurzen, rauen Laut aus. Fast klang es wie Lachen. Dann wendete er sich entschieden ab und schwamm würdevoll ans Ufer zurück.

Aber nicht immer sind die Leitbullen so friedfertig. Gefährlich wird es, wenn sie den Menschen mit einem Rivalen verwechseln. Das kann leicht geschehen, da die Seelöwen eben nicht scharf sehen können. An Land hilft es manchmal, wenn man sich hoch aufrichtet, damit man den Bullen an Größe überragt, und laut in die Hände klatscht. Vielleicht fühlt er sich aber gerade dann erst zu einem Kräftemessen herausgefordert. An Stellen, wo es viele Touristen gibt, sind die Tiere nervös und überreizt und reagieren oft unvermittelt aggressiv. Deshalb sollte man sich durch die Zutraulichkeit und harmlose Neugier der Halbwüchsigen nicht täuschen lassen und gegenüber erwachsenen Weibchen mit Babys und großen Bullen vorsichtig sein, das heißt, genügend Abstand wahren, sodass sich die Tiere nicht provoziert fühlen.

Beim Baden setze ich jetzt immer eine Taucherbrille auf, denn ich will nicht noch einmal nichtsahnend im Wasser überrascht werden. Und sogleich entdecke ich eine neue Gefahr – einen Hai! Interessiert umkreist er mich. Er ist über zwei Meter lang. Der erste lebende Hai, dem ich begegne! Mir ist unheimlich zumute. Zwar wird behauptet, dass die Haie in Küstennähe von Galapagos die Menschen nicht angreifen, aber man kann ja nie wissen. Außerdem hatte ich bei Seelöwen und Meerechsen schreckliche Bisswunden von Haien gesehen. Ich bemühe mich, keine heftigen Bewegungen zu machen. Immer den Hai im Blickwinkel, schwimme ich zurück und atme auf, als ich mich auf den Felsen emporziehen kann. Soll ich jetzt wegen ihm auf das Baden verzichten? Ich denke nicht daran! Wie könnte ich es aushalten, immer das Meer vor Augen zu haben und niemals ins Wasser zu gehen? Das nächste Mal nehme ich ein Holzstöckchen mit, um ihm damit energisch auf die Nase zu schlagen, sollte er Appetit auf mich bekommen.

Mit der Zeit gewöhne ich mich an „meinen" Hai. Jedes Mal, wenn ich ins Wasser springe, scheint er schon auf mich zu warten. Wie schwebend liegt sein länglicher dunkler Körper im blaugrünen, kristallklaren Wasser. Wer vor Angst nicht blind ist, erkennt, wie faszinierend schön so ein Hai ist. Haie haben eine perfekte Körperform – modelliert wie von einem genialen Künstler. Nichts ist überflüssig, nichts stört, alles fließt zu einem harmonischen stromlinienförmigen Körper zusammen. Eine Schönheit, die so vollendet, so vollkommen ist, dass sie mich jedes Mal wieder neu in Bann schlägt. Ohne dass ich eine Bewegung seiner Flossen und seines Körpers wahrnehme, schießt er blitzschnell einige Meter vor, als würde das Wasser ihm keinen Widerstand bieten. Dann steht er wieder bewegungslos still, nur seine Augen beobachten mich aufmerksam. Wenn ich meine Schwimmstrecke zurücklege, begleitet er mich. Immer bleibt er an der Seite zum offenen Meer, als wolle er mich vor den Gefahren der Tiefe schützen. Natürlich habe ich schon längst keinen Stock mehr dabei.

Die Küste fällt steil in die Tiefe ab. An der schwarzen Felswand tummeln sich farbenprächtige Fische. Je tiefer ich hinabtauche, um so geheimnisvoller wird die Meerlandschaft. In den Höhlungen und Klüften halten sich die seltsamsten Tiere verborgen. Bei jedem Abtauchen entdecke ich etwas Neues. Zuerst sind es die Fische, die durch ihre Farben und Bewegungen auffallen: Papageifische, Schmetterlingsfische, Zackenbarsche

Die Unterwasserwelt vor den Galapagosinseln ist spektakulär. Im Bild zahlreiche Exemplare des bis zu 18 cm großen Galapagos-Kissensterns.

und viele, viele andere, deren Namen ich gar nicht weiß. Dann sind da noch Seeigel, violett und schwarz, Seesterne in Purpurrot, Orange und Blau und die grazilen Haarsterne. Nie reicht meine Luft aus, um all diese Wunder lange genug zu bestaunen.

Beim nächsten Tauchen entdecke ich eine Meerechse. Sie hat die Vorder- und Hinterfüße eng an den Körper gelegt, der seitlich abgeplattete Schwanz funktioniert wie ein Antriebsruder. Das Tier sinkt hinunter auf einen Korallenstock, wo dichter Algenrasen wuchert. Mit ihren langen Krallen hält sich die Echse am Untergrund fest und weidet mit kräftigen Bissen die Algen ab. Meerechsen sind die einzigen Echsen der Welt, die im Wasser ihre Nahrung aufnehmen. Sie tauchen über zehn Meter tief und bleiben meist drei Minuten unten, bevor sie zum Luftschnappen an die Oberfläche müssen. Man will aber auch schon Meerechsen beobachtet haben, die länger als eine halbe Stunde tauchten.

Als ich wieder auf die Felsen klettere, spüre ich erst, wie kalt mir ist. Vor Zittern kann ich mich nicht bewegen und schmiege mich zum Aufwärmen wie die Meerechsen an die backofenheißen Steine.

Klappern und Scheppern im Lager. Es klingt, als würde jemand mit meiner Kücheneinrichtung Ball spielen. Jetzt treiben sie's aber zu bunt, die Seelöwen, denke ich und stürme ins Lager, um sie durch Händeklatschen zu vertreiben. Aber kein Seelöwe ist zu sehen. Trotzdem hat da jemand gewütet. Vor allem die Bananen hat's erwischt. Von der großen Staude, die ich grün mitgenommen hatte und die langsam ausreifte, sind nur zermatschte Schalen übrig geblieben. Die Seelöwen waren das bestimmt nicht. Plötzlich wirbelt hinter einer der Vorratskisten Sand hoch, und in voller Flucht stiebt der Übeltäter ins Cryptocarpus-Gebüsch. Ich natürlich hinterher, und tatsächlich – es ist ein Landleguan. Er ist größer als meine Meerechsen, ein imposanter quittengelber Minidrache.

Ich hatte nicht damit gerechnet, dass auf der kleinen Insel auch Landleguane leben. Wahrscheinlich hatte ich sie durch meine Anwesenheit verschreckt, und nur der Duft reifer Bananen hatte sie dazu verführt, das Versteckspiel aufzugeben. Die Erklärung für ihre Scheu, bei den sonst vertrauensseligen Galapagostieren, kann nur sein, dass sie schon einmal mit Menschen zu tun hatten. Die Bestätigung für diesen Verdacht liefert ein kleines Blechblättchen mit einer Nummer, das im Rückenkamm des Männchens steckt. Trotz meiner Nachforschungen fand ich in der Darwin-Station keinerlei Hinweise darauf, wer die Landleguane gefangen und nach Caamaño gebracht haben könnte, noch woher sie stammen, wie viele man verfrachtet und zu welchem Zweck man das Experiment durchgeführt hat. Der Mensch hat die Allmacht, mit den Tieren umzuspringen, wie er will, auch auf Galapagos, nur bemäntelt man es hier mit dem Alibi der Wissenschaft und dem Vorwand, dem Naturschutz zu dienen.

Ich kehre zu meinem Beobachtungsplatz an der Küste zurück. In der Meerechsenkolonie ist alles unverändert. Gleich ausgerichtet, mit dem Blick auf das Meer, hocken die Tiere auf ihren Sonnensteinen. Das Wasser ist merklich zurückgegangen. Die Ebbe beginnt. Meerespflanzen, vorher unter dem Wasser verborgen, werden nun sichtbar: Rotalgen, braunschwarze Tange und die bei den Meerechsen besonders beliebte salatähnliche grüne Ulva. Etwa 50 m Küste liegen schon frei. Die roten Klippenkrabben sind allesamt an die Wasserkante gewandert und stürzen sich eifrig in die „Schlacht am kalten Büfett". Der Tisch in der Spritzwasserzone ist für sie reichlich gedeckt. Mit ihren pinzettengleichen Scheren zupfen und stochern sie zwischen den Algen herum und führen kleinste Nahrungspartikel zum Mund.

Wie gebannt starren die Echsen auf das zurückweichende Meer. Sie kommen mir vor wie Sportler, die in ihren Startlöchern gespannt auf den Startschuss warten. Ich weiß nicht, ob sie sehen, wie weit das Wasser sich zurückgezogen hat oder ob sie an dem weiter entfernten Brandungsgeräusch hören, wann der richtige Zeitpunkt herangekommen ist. Jedenfalls setzen sie sich plötzlich wie auf ein geheimes Kommando in Bewegung, langsam, aber zielbewusst, programmierten Automaten gleich. Je mehr sie sich dem feuchtkalten Element nähern, umso häufiger und länger schalten sie Aufwärmphasen dazwischen, strecken sich platt auf der sonnenglühenden Lava aus. Denn sie müssen genügend Wärme speichern, um den stundenlangen Aufenthalt im kalten Wasser zu überstehen. Es fällt mir auf, dass die Meerechsen höchst ungern ins Wasser gehen. Nur der Hunger zwingt sie dazu, denn die bei Ebbe trockenliegenden Flächen sind natürlich von den vielen Tieren der großen Kolonie total abgeweidet. So müssen sie in die Brandung hinaus und immer weiter drängt sie der Hunger ins Wasser, damit sie noch ihre grünen Ulvablättchen finden. Die stärkeren Tiere schwimmen bis zu den vorgelagerten Felsklippen, deren Spitzen bei Ebbe das Wasser überragen.

Während der Mittagszeit, wenn es am heißesten ist, schwimmen die Echsen los und tauchen zur Nahrungssuche hinunter auf den Meeresgrund. Die kurzen stumpfen Schnauzen der Meerechsen sind sehr gut dazu geeignet, noch an den niedrigsten Algenrasen heranzukommen. Seitlich packen sie die Pflanzen mit ihrem Kiefer, in dem unzählige spitze Zähnchen sitzen, und reißen sie mit kurzer heftiger Kopfbewegung ab. Aber sie haben nicht viel Zeit, denn nach drei Stunden kommt die Flut zurück. Nahrung für den ganzen Tag muss gefasst werden und, wenn die Ebbe ungünstig fällt, auch Vorrat für die folgenden Hungertage. Denn die Echsen haben einen festen Zeitplan: Erst ab zehn Uhr, wenn sie genügend erwärmt sind, und bis fünfzehn Uhr, wenn noch Zeit ist zum Wiederaufwärmen, gehen sie zum Fressen. Kommt die Ebbe früher oder später, ziehen sie es vor zu hungern. Zweimal im Monat, jeweils vor Neu- und Vollmond, gibt es fünf bis sieben Tage, während der die Ebbe in einer für die Meerechsen ungünstigen Zeit stattfindet. In dieser Fastenzeit nehmen die Tiere bis zu einem Drittel ihres Körpergewichts ab. Nur die größten Männchen mit einem Gewicht von über einem Kilogramm sind völlig unabhängig von Ebbe und Flut.

Während die Meerechsen ihre Mägen füllen, habe ich viel zu tun. Ich will genau wissen, wie lange die einzelnen Tiere zur Nahrungsaufnahme brauchen und wie lange für den Rückweg und ob es da Unterschiede gibt in Abhängigkeit von Körpergewicht, Größe, Geschlecht und Alter. Ich wiege sie bevor sie ins Wasser gehen und hinterher, um die aufgenommene Nahrungsmenge festzustellen.

Mit dem Fernglas beobachte ich, wann sie fressen und wann sie sich ausruhen. Da die Meerechsen auf Caamaño keine Feinde haben, wird das Anwachsen der Kolonie allein durch die zur Verfügung stehende Nahrung begrenzt. Wenn ich jetzt feststelle, wovon die Nahrungsaufnahme beeinflusst wird – Wassertemperatur, Wasserstand, Lufttemperatur, Windstärke usw. –, bekommt man ein Maß, um Aussagen über Wachstum, Stagnation oder Abnahme der Populationsdichte zu machen. Außerdem ist es aufschlussreich zu untersuchen, welche Strategien einzelne Tiere bei der Nahrungsaufnahme anwenden. Ich will die Vor- und Nachteile dieser unterschiedlichen Verhaltensweisen erkennen und beobachten, ob die Tiere ihre Strategie wechseln, falls sich die Umweltbedingungen verändern. Da es nur wenige und dazu gut messbare Faktoren sind, kann man relativ einfach die Gesetzmäßigkeiten enthüllen, wie Tiere und Umwelt sich gegenseitig beeinflussen und zusammenwirken.

Diese Stunden der Ebbe sind die erlebnisreichsten des ganzen Tages. Ich muss nicht nur eifrig Notizen machen, mit dem Fernglas den Echsen nachspüren, sie fangen, messen und wiegen, sondern es gibt noch so vieles zu sehen und zu bestaunen.

Reizvolle kleine Wasserbecken sind an der vom Meer freigegebenen Küste zurückgeblieben. In ihnen wimmelt es von allerlei Meeresgetier: Flinke Korallenfische huschen farbenfunkelnd zwischen den Steinen und Korallenblöcken umher, Muscheln klappen blitzschnell ihre Schalen zusammen, Schnecken ziehen ihre Muskelfüße zurück, wenn ich sie berühre. In manchen Schneckenschalen sitzen kleine Einsiedlerkrebse. Es sieht lustig aus, wenn sie vorsichtig tastend ihre Beine und Scheren herausstrecken und mit dem Haus auf dem Rücken spazierengehen. Meeresanemonen breiten ihre Tentakel aus und ziehen sie pulsierend wieder ein. Kleine Kraken schießen wie Raketen durch die Wasserbecken und verstecken sich scheu in einem Unterschlupf.

Auch die Seelöwen lieben diese Gezeitentümpel. Nicht um Fische zu fangen, denn die zurückgebliebenen sind viel zu kleine Häppchen, sondern um zu spielen. Ungefährdet

Bereits im Alter von etwa zwei Wochen lernen junge Seelöwen in stillen Buchten oder Gezeitentümpeln das Schwimmen. Im Spiel vervollkommnen sie ihre Technik.

von der Brandung und von Haien können hier die Jüngsten das Tauchen und Schwimmen üben. Übermütig planschen sie im Wasser herum, balgen sich, liefern sich Scheinkämpfe und wilde Verfolgungsjagden, tauchen sich gegenseitig unter, lassen sich auf der Seite liegend treiben, eine Flosse wie ein Segel aus dem Wasser gestreckt.

Aber nicht lange. Kaum sieht ein anderer den gemütlich Ruhenden, kommt er wie ein Kobold von hinten angeschossen und taucht den Kameraden unter. Ich bekomme Lust mitzuspielen, lege Fernglas und Schreibblock beiseite und lasse mich in das badewannenwarme Wasser gleiten.

Sofort steuert das Geschwader der Halbstarken auf mich zu. Sie bilden einen Kreis, nehmen mich in die Mitte und beäugen mich abwartend aus großen Kinderaugen. Besonders angetan sind sie, wenn ich Stöckchen oder Holzstücke mitgebracht habe. Begeistert apportieren sie wie gut abgerichtete Hunde. Dann will jeder das Holz besitzen. Eine wildspritzende Verfolgungsjagd beginnt. Jeder hascht jeden. Um mich kümmert sich niemand und bald ist auch das Holz uninteressant geworden, weil ein neues, anderes Spiel beginnt.

Das Meer kommt zurück! Die Echsen müssen jetzt mit dem Fressen aufhören und zusehen, dass sie die rettende Küste wieder erreichen. Das Wasser steigt von Minute zu Minute. Die Entfernung von den Klippen zur Küste vergrößert sich schnell. Die See ist aufgewühlt und schlägt hart an die Steine. Die Brecher überrollen die Felsen, wo die Echsen sich wie Schiffbrüchige festkrallen. Es ist unglaublich, wie sie der Wucht der Wellen widerstehen. Mit adlerartigen Krallen verhaken sie sich im Gestein, ducken sich tief und lassen die Brandung über sich hinwegrasen. Nur kurz können sie Atem schöpfen, dann kommt schon weißgischtig die nächste Welle. Bei diesem Anblick erst begreife ich, wie groß die Gefahr für die Tiere ist. Mit prallgefüllten Mägen sind sie schwer und unbeweglich und ihre Muskeln sind durch die Auskühlung erstarrt. Denn das Blut kreist nur noch im Körperkern und versorgt und wärmt dort die lebenswichtigen inneren Organe. Das ist der gleiche physiologische Mechanismus, der auch bei uns Menschen in der Winterkälte zuerst Nase, Ohren, Hände und Füße erfrieren lässt.

Immer enger wird es auf den Klippen. Unentschlossen hocken die schwarzen Tiere dichtgedrängt in der weißen Gischt. Ein dramatischer Anblick. Ich habe das Gefühl, ihnen irgendwie zu Hilfe kommen zu müssen. Da, die erste Echse wagt es. Sie löst sich vom Felsen und wird zugleich von der Brandung erfasst und herumgewirbelt wie ein willenloses Stück Holz. Kräftig schlägt sie mit ihrem Ruderschwanz. Doch der Sog des zurückflutenden Wassers macht ihre Anstrengungen zunichte. Trotzdem folgen jetzt viele ihrem Beispiel und stürzen sich in die Fluten. Unter Aufbietung all ihrer Kräfte nähern sie sich dem Ufer. Ich sehe, dass es unterschiedlich befähigte Schwimmer gibt. Manche nutzen geschickt Strömungen aus. Doch alle sind erschöpft, wenn sie endlich die Steine erreichen. Wie Schiffbrüchige, die sich mit letzter Kraft gerettet haben, bleiben sie halb im Wasser liegen. Die Flut lässt ihnen nicht viel Zeit zur Erholung, sie müssen weiterkriechen. Sobald sie die trockenen Steine erreichen, fallen sie, alle viere von sich gestreckt, platt auf den Boden und bleiben lange so liegen.

Mich erschüttert es jedes Mal aufs Neue, wie die Seelöwen die erschöpften Tiere zum Spiel benutzen. Den erwachsenen Seelöwen kann die Brandung nichts anhaben. Das Meer ist ihr Element. Die aalglatten, muskulösen Körper surfen in Bauch- oder Rückenlage auf der Gischt, tauchen durch die Wellen hin-

Skelett einer Meerechse. Heute sind sie nicht mehr nur durch Seevögel bedroht, sondern auch durch ausgewilderte Haustiere wie Katzen.

durch und kommen hinter dem Brandungssog wieder an die Wasseroberfläche. Es ist ein schwereloses Spiel. Wenn sie nun die schwimmenden Echsen entdecken, fangen sie sich eine, nehmen deren Schwanz in die Schnauze, ziehen das arme Tier unter Wasser, wirbeln es im Kreis herum, lassen es dann los, aber nur um das flüchtende Reptil mit einem Satz wieder einzuholen, und das „Katz-und-Maus-Spiel" beginnt von Neuem. Den Seelöwen macht das offensichtlich Spaß. Für die Meerechsen muss es furchtbar sein. Zum Glück sind die Seelöwen nicht sehr ausdauernd in ihrer Spielleidenschaft, sodass alle Meerechsen das grausame Spiel überleben.

Die jungen Meerechsen schlüpfen! Nach den Informationen, die mir in Deutschland bei der Abfassung meines Arbeitsprogramms vorlagen, hätte dies schon einen Monat früher stattfinden müssen. Jeden Tag sind es mehr Schlüpflinge, die in der Kolonie erscheinen. Die Weibchen hatten die Eier, in der Regel sind es zwei Stück pro Tier, etwa einen halben Meter tief im Sand vergraben und der Sonnenwärme zum Ausbrüten überlassen. Mit eigener Kraft wühlen sich die Jungen nach dem Verlassen des Eis durch den Sand und finden allein den Weg zur Küste. Es sind zartgliedrige Geschöpfe, etwa so groß wie eine Zauneidechse, mit anthrazitfarbenem Schuppenkleid, das apart mit grauen Punkten und Streifen gemustert ist. Der schlanke Hals trägt ein Köpfchen, an dem die späteren skurrilen Schuppendornen und Fortsätze angedeutet sind. Nacken und Rücken schmückt ein zierlicher Kamm.

Die Kleinen suchen zwar die Nähe der erwachsenen Tiere, bilden aber eine eigene Kinderkolonie. Selten wagen sie sich bis zum Wasser vor. Sie sind noch zu empfindlich. Eine länger andauernde Auskühlung könnten sie nicht überstehen. Deshalb ernähren sie sich vom Kot der erwachsenen Echsen, der alle notwendigen Nährstoffe und außerdem die Bakterien enthält, die die Echsen zum Verdauen der Pflanzenzellulose benötigen. Den Babymeerechsen drohen Gefahren vonseiten der Seevögel. Ich sehe, wie Reiher kleine Meerechsen fangen. Ein Baby wird sogar von einer Lavamöwe verschlungen. Fast eine halbe Stunde würgt die Möwe, bis sie es schließlich hinuntergeschluckt hat.

Für meine Arbeit ist es sehr günstig, dass ich den Schlupf mitverfolgen kann. So ist es möglich, die genaue Anzahl festzustellen und zu vergleichen, wie viele nach einem Jahr überlebt haben und wie schwer und groß sie geworden sind. Alles sehr wichtige Daten als notwendige Basis für weitere Forschungsarbeit.

Das Beobachtungsprogramm ist für diesen Tag beendet. Ich bin froh, mich unter das Sonnensegel setzen zu können. Nach den vielen Stunden in der prallen Sonne ist der Schatten sehr angenehm. Zu tun gibt es auch genug. Ich muss die Notizen und Messwerte ergänzen und in Tabellen eintragen und mit den bisherigen Werten vergleichen. Indem ich die gesammelten Daten durchsehe, ergeben sich neue Ideen für weitere Beobachtungen.

Eins mit der Natur

Am Nachmittag hänge ich mir den Fotoapparat um und umwandere Caamaño. Ich tue das jeden Tag. Es gehört einfach zu meiner Verbundenheit mit der Insel, nachzuschauen, ob alles noch an seinem Platz ist. Inzwischen kenne ich jeden Lavablock, jeden Blickwinkel, weiß, wo sich welche Tiere aufhalten. Mit jeder Rundwanderung verstärkt sich das Gefühl, dazuzugehören, ein Teil dieser Insel zu sein. Außerdem verschafft es mir neben dem Schwimmen die notwendige Bewegung.

Inzwischen kenne ich jeden Lavablock, jeden Blickwinkel, weiß, wo sich welche Tiere aufhalten. Mit jeder Rundwanderung verstärkt sich das Gefühl, dazuzugehören, ein Teil dieser Insel zu sein.

Mir fällt auf, dass es auf Caamaño nur sehr wenige Farben gibt. Die düsteren Töne überwiegen: Die Meerechsen sind rußschwarz wie die Lava, auf der sie hocken und auch die Seevögel, Pelikane, Fregattvögel, Lavamöwen, Tölpel, Lava- und Nachtreiher sind braun-schwarz-grau gefärbt. Die Seelöwen sind schwarz, wenn ihr Fell nass ist, und dunkelbraun, wenn sie trocken sind.

Tiere spiegeln immer dann perfekt die Farben ihrer Umgebung wider, wenn sie von vielen Fressfeinden verfolgt werden. Denn auffällig Gefärbte werden sofort entdeckt und gefressen. Übrig bleiben die, die am besten getarnt sind. Doch auf Galapagos haben die Tiere kaum Feinde.

Warum sind sie dann trotzdem so gefärbt wie die Lava? In ihrem Verhalten haben sie sich an die feindlosen Inseln angepasst und das Fluchtverhalten verloren, jedoch neue, buntere Farben entwickelten sich nicht. Es muss außer dem Feinddruck noch andere Ursachen geben, die die Tiere zwingen, sich ihrer Umgebung anzupassen. Möglicherweise existiert eine Art Harmoniebestreben, das die Tiere dazu bewegt, in farblichem Einklang mit ihrer Umwelt zu leben. Im Fall der Meerechsen ist es leicht, eine Erklärung zu finden: Ihnen verhilft die schwarze Farbe zu mehr Wärme, denn dunkle Flächen absorbieren das Sonnenlicht stärker.

Aus dem Muster der angepassten Tiere fallen die Klippenkrabben heraus. Man kann sich kaum etwas Auffallenderes vorstellen als diese feuerroten Farbtupfer auf schwarzem Untergrund. Noch aus weitester Entfernung sieht man sie leuchten.

Dabei haben gerade sie Feinde, vor denen sie sich in Acht nehmen müssten. Der Lavareiher ist ein ausgesprochener Krabbenspezialist, und auch der Nachtreiher verschmäht sie nicht. Warum sind dann gerade diese Tiere so auffällig gefärbt?

Um das Rätsel noch zu vergrößern: Klippenkrabben leben auch an den Küsten Südamerikas und Polynesiens – allerdings haben sie dort einen schwarz-grünen Panzer. Diese Tarnung ist lebensnotwendig, denn dort sind ihre Feinde um vieles zahlreicher als auf Galapagos. Nur zur Paarungszeit verfärben sich die Scheren der Männchen dunkelrot – ein optisches Signal für die Balz. Die Männchen

Zu den natürlichen Feinden der Roten Klippenkrabbe zählen Seevögel wie dieser Reiher. Aufgrund ihrer Wendigkeit und Schnelligkeit sind die Krabben für die Vögel aber keine leichte Beute.

unterstreichen die Wirkung, indem sie die Scheren kreisend bewegen. Rot ist also wichtig, um das Interesse des Partners zu wecken, andererseits werden rote Krabben eher entdeckt. An Küsten mit vielen Feinden erröten deshalb nur die Scheren.

Auf Galapagos ist es weniger gefährlich, und weil es hier so viele Krabben gibt, ist es notwendig, den Rivalen auszustechen. Die Tiere wurden allmählich röter und röter, bis der ganze Körper wie mit Farbe übergossen zu einem einzigen optischen Signal geworden ist. Die Weibchen standen den Männchen nicht nach, nur die Jungtiere tragen noch die schwarz-olivgrüne Tarnfärbung.

Schnell senkt sich am Äquator die Nacht herab. Ich schaue noch einmal bei der Echsenkolonie vorbei. Die Tiere sitzen immer noch auf ihren Steinen und fangen die letzten wärmenden Sonnenstrahlen auf. Wie bei einem Scherenschnitt heben sich ihre Silhouetten gegen den orangefarbenen Abendhimmel ab.

Ich gehe zum Nordstrand, setze mich in den warmen Sand und beobachte, wie die Sonne im Meer versinkt. Die Farbsinfonie besteht aus nur wenigen Tönen: Rot, Orange, Blau und Violett – und doch welch unendliche Vielfalt zeigt sich kaleidoskopartig am Abendhimmel. Niemals wiederholt sich ein Bild. In ständig fließender Bewegung mischen sich die Farben, gehen ineinander über, wandeln und verwandeln sich. Wolken segeln in diesem Farbenmeer, kontrastieren als rosa Federwölkchen vor dunkelviolettem Hintergrund, andere türmen sich zu blendendweißen Haufen, die sich an den Rändern langsam golden verfärben. Wieder andere, dunklen Speeren gleich, stechen ins blutrote Firmament.

Das Farbenspiel läuft weiter, auch nachdem die Sonne untergegangen ist. Es wird sogar intensiver. Jetzt, da die Sonne nicht mehr alles überstrahlt, können sich die Farben ungehemmt entfalten, glutvoll und leuchtend. Wie hatte ich vorher nur leben können ohne diese Sonnenuntergänge?

Unaufhaltsam kommt die Nacht. Aber so langsam und fließend naht sie, dass es nicht weh tut, die Schönheit erlöschen zu sehen. Und sie erlischt ja auch nicht, sie verändert sich nur. Die Farben kommen sanft zur Ruhe, werden eingebettet in die samtene Dunkelheit. Vereinzelt leuchten Sterne auf und je schwärzer die Nacht, desto mehr funkeln und flimmern sie.

Noch nie in meinem Leben war ich so glücklich, so heiter und ausgeglichen. Ich spüre, dass ich an meinem Platz bin und mit mir und meiner Umwelt ganz in Übereinstimmung lebe. Ich weiß, dass ich Galapagos wieder verlassen muss, und ich möchte auch gar nicht für immer hierbleiben. Es gibt noch viele Orte für mich auf der Erde. Ich will sie suchen, eine Weile mich heimisch fühlen und dann weiterwandern. Nichts anderes hat eine so starke, seltsame Anziehungskraft auf mich wie der Horizont. Von der grenzenlosen Weite fühle ich mich aufgefordert zu laufen, immer weiter.

Unter diesem Wunsch, durch die Welt zu ziehen, habe ich lange gelitten, denn er passte ganz und gar nicht zu einem Leben, wie ich es in der DDR hätte führen müssen. Zunächst hatte ich gehofft, man würde mich aufgrund meines Berufes in ein fremdes Land schicken, vielleicht in die Mongolei, nach Kuba oder Sibirien. Als ich aber das Biologiestudium abgeschlossen hatte, merkte ich, dass meine Sehnsucht immer nur ein Traum bleiben würde, unerfüllbar, eine Spinnerei, wie man mir sagte. Man empfahl mir, mit diesen kindischen Träumereien schleunigst aufzuhören, endlich erwachsen zu werden und ein nützliches Glied der Gesellschaft zu sein. Ich fühlte mich verloren, denn wie hätte ich mich ändern sollen, da ich doch gar nicht so sein wollte, wie man es von mir verlangte? Für mich gab es keine andere Lösung, als mein Land zu verlassen.

Natürlich war mir klar, dass ich mein Leben riskierte, als ich versuchte, von Rostock nach Dänemark zu schwimmen. Doch es war ein wunderbares Gefühl, aus eigener Kraft die Grenzen zu überwinden. Als ich im freien Meer schwamm und spürte, dass die Wellen von keinem Ufer mehr zurückgeworfen wurden, durchflutete mich triumphierende Freude. Allerdings, nach 36 Stunden in der Ostsee, war ich überzeugt, für alle Zeiten genug geschwommen zu sein.

Viele ihrer Lebensmittel müssen eigens auf die Insel geschafft werden. Fisch jedoch kann sich die Autorin leicht aus dem Meer beschaffen.

Das Kreuz des Südens steht über dem Weg zum Lager. Es ist kaum acht Uhr. Viel zu früh, um schon zu schlafen. Wieder habe ich vergessen, die Petroleumlampe zu putzen. Der Glaszylinder verrußt sehr schnell.

In der Darwin-Station habe ich mir Bücher ausgeliehen. Zuerst lese ich auf Spanisch etwas über die Reise von Charles Darwin mit der Beagle. Das geht nur sehr mühsam voran. Bei fast jedem dritten Wort muss ich nachschauen, und die Grammatik ist mir ein Rätsel. Erholsamer wird es, als ich mich später der englischen Lektüre von *The Catcher in the Rye* zuwende. Die Seelöwen stimmen sich zur Nachtmusik ein. Ihre Laute sind so vielfältig wie ein ganzes Orchester „Bremer Stadtmusikanten". Da gibt es welche, die wie Schafe blöken, dazwischen bellt und heult es wie eine Hunderotte, es grunzt, muht, schnieft, schnauft, winselt, quäkt, als seien Kühe, Ziegen, Bären auf der Insel. Manchmal klingt es, als wäre auch ein menschliches Baby darunter.

Die ersten Assistenten

Ich bin kein Robinson! Der musste sich um sein Überleben mühen, sich eine Unterkunft bauen, Gerätschaften basteln, für Nahrung sorgen, sich schützen vor möglichen Gefahren. Existieren konnte er nur von dem, was seine Insel ihm spendete und was er von dem gestrandeten Schiff bergen konnte. Ich dagegen habe alles mitgebracht: Zelt, Essen, Trinkwasser. Und ich habe auch keine Ungewissheit über die Länge des Aufenthalts. Auch von den „modernen" Robinsons unterscheide ich mich, von denen, die auf eine Insel gehen aus Abenteuerlust und Experimentierfreude, um sich selbst zu erfahren, oder von denen, die aussteigen, die vor unserer Zivilisation flüchten. Gewiss will auch ich eine Erfahrung machen, möchte sehen, wie das ist, ein Jahr allein auf einer Insel, wie man da so lebt ohne die Errungenschaften unseres Zeitalters und ohne Kontakte zu Menschen, ganz auf sich selbst angewiesen. Und sicher sind diese Erfahrungen auch abenteuerlich, nicht im Sinn von sensationell, sondern im Sinn von erleben, sich selbst und die Natur intensiv erfühlen, erfahren, erkennen. Der Unterschied liegt darin, dass ich eine Aufgabe, eine Pflicht habe und dass man von mir erwartet, diese zu erfüllen. Ich habe also nicht die Freiheit, den ganzen Tag am Strand zu liegen, mich fallen zu lassen, zu versinken in Apathie, mir selbst ausgeliefert, bis es unerträglich wird und so an die Grenzen der Existenz zu gelangen. Ich kann auch nicht plötzlich sagen: So, jetzt reicht's mir, ich habe genug und fahre zurück. Die Aufgabe, die mir gestellt wurde, schränkt meine Möglichkeiten ein, doch sie ist gleichzeitig ein Gerüst, das mein Dasein festigt. Selbst wenn ich stundenlang unter den Meerechsen sitze und auf das Meer hinausschaue, tue ich das auch als Wissenschaftlerin, um das Verhalten der Meerechsen verstehen zu lernen.

Mich umgibt eine Natur, mit der ich mich eins fühle. Das erste Mal in meinem Leben bin ich mit mir und meiner Umwelt in tatsächlicher Harmonie.

Ich kann mir nicht vorstellen, dass mir auf Caamaño langweilig werden könnte. Mir fällt es nicht schwer, isoliert von Menschen, inmitten von Tieren zu leben, nur mit dem Lebensnotwendigsten versorgt. Ich musste diese Lebensart nicht erst lernen. Ohne den geringsten inneren Widerstand habe ich dieses Leben angenommen. Ich genieße es, mich nach niemandem richten zu müssen und mich ungezwungen auf meiner Insel zu bewegen.

Es gibt auch keine Phasen in denen ich mich mal besser, mal schlechter fühle, wie ich es sonst so oft erlebte. Es ist ein gleichmäßiges Leben, bei dem es mir reicht, einfach da zu sein. Mich umgibt eine Natur, mit der ich mich eins fühle. Das erste Mal in meinem Leben bin ich mit mir und meiner Umwelt in tatsächlicher Harmonie. Ich lebe auf einem kleinen Stück Land, vom Meer umgeben. Von jeder Stelle aus höre ich den Wellenschlag. Ich sitze und schaue den Wellen zu und werde nicht gefragt und frage mich selbst nicht, wie lange ich so gesessen und zugeschaut habe. Die Uhren bleiben stehen und ich beginne zu leben.

Eines Tages wird das gleichmäßige Wellenrauschen von lautem Motorenlärm gestört. Ich sitze geschützt im Inneren der Insel und warte erschrocken, dass sich das Geräusch wieder entfernt. Es wird lauter, kommt näher. Da will jemand auf meine Insel! Das kann doch nicht sein. Es ist doch noch gar nicht der Zeitpunkt, zu dem Don Ramos mir neue Verpflegung bringen soll. Es hilft nichts, ich muss nachschauen. Und ich muss mir seit Langem wieder etwas anziehen!

Das Boot ist schon ganz nah. Trotzdem kann ich zuerst gar nicht richtig erkennen, was da vorgeht. So viele Menschen! Ein blonder junger Mann steht schon auf dem Landestein. Er ist pitschnass, reicht einem Mädchen die Hand und zieht sie vom Boot herüber. Und dann so viel Gepäck: Rucksäcke, Kisten, Schachteln. Es scheint, die Leute wollen dableiben. Das Boot dreht auch schon wieder ab. Es bleibt mir nichts übrig, als ihnen entgegenzugehen und sie zu begrüßen. Länger als zwei Monate war ich allein. Es ist seltsam, jetzt plötzlich wieder Menschen gegenüberzustehen.

Die zwei sind Amerikaner. Da sie mich locker und kumpelhaft begrüßen, wird meine Verlegenheit und Verstörtheit nicht so deutlich. Sprechen, nach Wörtern suchen, Sätze bilden. Erst jetzt, da ich sie benutzen muss, wird mir bewusst, dass ich ohne Sprache gelebt habe.

Den jungen Mann kenne ich von der Station. Es ist Steve, er arbeitet mit Darwin-Finken. Karina kam mit einer Reisegruppe nach Galapagos. Sie hat Steve auf der Insel Daphne kennengelernt. Und jetzt wollen die beiden mir helfen. Aber wieso? Ich brauche doch gar keine Hilfe! Erst nach und nach dämmert mir, was damals auf der Station los war, denn Steve spricht einen solch starken amerikanischen Slang, dass ich mehr errate als verstehe. Jedenfalls schien meine Kalkulation zunächst aufgegangen zu sein. Man hatte gar nicht so richtig realisiert, dass ich allein auf der Insel war. David war beruhigt gewesen, als er sah, dass ich mit Karin zusammen losfuhr, und er hatte nicht mitbekommen, dass sie ohne mich zurückkehrte. Dann war er selbst einige Zeit unterwegs gewesen, um verschiedene Seevögel zu zählen. Leider war es ihm dann irgendwann aufgefallen, dass er von mir nichts sah noch hörte. Also hatte er nachgeforscht und war fast vor Wut geplatzt, als er herausfand, dass ich allein auf Caamaño war. Er ordnete an, mich sofort zurückzuholen. Da stellten sich Steve und Karina als Assistenten zur Verfügung. Sie haben jedoch nur eine Woche Zeit, eine Galgenfrist. Wenn bis dahin niemand gefunden ist, muss ich mit ihnen nach Santa Cruz zurückkehren. Mir ist es unerklärlich, dass man eine wissenschaftliche Arbeit nur wegen einer überflüssigen Vorschrift unterbrechen will. Steve meint, die Auflage, nicht allein auf einer Insel zu sein, würde schon lange bestehen, jedoch hätte sich bis jetzt niemand daran gehalten. Er sei auch schon allein auf Daphne gewesen. David jedoch sei übergenau, weil er nicht nur vorübergehend, sondern rechtmäßiger Direktor der Station werden wolle.

Dieser Galapagosfink hat eine ergiebige und für Caamaño völlig untypische Trinkquelle entdeckt.

Ich muss also froh sein, dass die beiden gekommen sind. Das ist immer noch besser, als von meiner Insel weg zu müssen Obwohl die zwei sehr nett sind, fällt mir die Umstellung nicht leicht. Die Insel ist so klein, dass man sich immerfort begegnet. Wenn ich meinen Rundgang mache und mir plötzlich von der anderen Richtung Steve entgegenkommt, dann erscheint es mir, als sei etwas zerstört. Über meine Insel, die so einsam, so unberühr-

Gestrandetes Leben – Modell der Artenvielfalt

Menschen strandeten – soweit man weiß – nicht auf Galapagos. Eine Robinsonade, wie sie sich hier ein Künstler aus dem 19. Jh. vorstellt, hat auf den Inseln also nicht stattgefunden.

Die Inseln des Galapagosarchipels entstanden als Vulkane fernab des Festlands und bestanden zunächst nur aus ödem Gestein. Sämtliches Leben auf den Inseln musste den etwa 1000 km weiten Weg vom südamerikanischen Festland über den Ozean bewältigen. Das geschah zufällig: Bestimmte Tiere und Pflanzen strandeten und fassten auf den Inseln Fuß. Den Weg absolvierten sie auf unterschiedliche Weise.

Leichte Pflanzensamen wurden vom Wind oder von Luftströmungen über weite Strecken auf die Inseln geweht oder vom Meer an den Küsten angeschwemmt und fanden Halt im kargen Gestein. Schätzungen zufolge wurden zwei Drittel der Pflanzensamen von Vögeln transportiert. Viele Samen überstanden die Reise im Verdauungstrakt der Vögel und wurden wieder ausgeschieden; sperrige Samen verhakten sich im Gefieder der Vögel. Auch in den Erd- und Schlammresten an den Vogelkrallen wurden Samen mitgenommen.

Auf natürlichen Flößen, Treibholz und entwurzelten Bäumen gelangten Tiere auf die Inseln. Da Amphibien eine sehr empfindliche Haut haben, konnten sie die lange Reise nicht überleben. Insekten und Reptilien jedoch trotzten den Elementen und gingen auf den rettenden Inseln an Land. So dürften auch kleinere landlebende Schildkröten vom südamerikanischen Festland mit dem Humboldtstrom die Galapagosinseln erreicht haben. Aus ihnen entwickelten sich später auf jeder Insel eigene Riesenformen.

Singvögel wurden vermutlich von starken Winden übers Meer getrieben und landeten auf Galapagos: Naturforscher zählten 13 verschiedene Arten von Finken auf den einzelnen Inseln. Es ist undenkbar, dass jede dieser Arten auf eigene Faust den langen Flug zu den entfernten Inseln geschafft haben könnte. Als einzige Erklärungsmöglichkeit blieb, dass ursprünglich ein paar Exemplare der gleichen Art von einem Sturm bis zu den Galapagosinseln getragen worden sind. Dort konnten sie überleben, weil sie wegen der diversen Samen genug zu fressen fanden und es in Tümpeln und Pfützen ausreichend Trinkwasser gab.

Die berühmtesten Bewohner des Galapagosarchipels sind zweifellos die Darwin-Finken. Vor allem sie inspirierten Charles Darwin zu seiner bahnbrechenden Evolutionstheorie.

bar im Meer lag, laufen nun kreuz und quer die Menschen. Das hat nichts damit zu tun, dass ich die beiden nicht mag. Nur müssten sie nicht gerade hier auf Caamaño sein.

Kostbar sind jetzt für mich die Morgen- und Abendstunden. Da Karina und Steve erst spät aufstehen und, sobald es dunkel ist, in ihr Zelt gehen, habe ich diese Zeit für mich. Ich sitze noch lange am Tisch, schreibe und lese im Licht der Petroleumlampe, umschwirrt von kleinen Käfern und winzigen Fliegen. Mücken gibt es zum Glück keine auf Caamaño. Dann gehe ich noch einmal an den Strand oder setze mich auf die Klippen, gegen die tosend die See donnert. Aber es war anders, als ich mich allein wusste mit den Seelöwen unter dem südlichen Sternenhimmel, eingewiegt vom Meeresrauschen.

Langsam gewöhne ich mich an die Anwesenheit der beiden und lerne, wieder Kompromisse zu machen. Vielleicht ist es gar nicht gut, zu lange allein zu bleiben... Nach drei Tagen habe ich mich umgestellt. Habe ich die Anwesenheit der beiden zuerst nur notgedrungen akzeptiert, so fühle ich mich nun sogar durch ihre Gegenwart bereichert, und bald suche ich sogar die Gespräche. Mit Steve diskutiere ich über meine Arbeit, dabei werden neue Ideen und Fragen angeregt.

Karina kocht gern. Sie ist verzweifelt, was die Menge und Auswahl meiner Vorräte angeht. Ich habe eigentlich nichts von dem da, was sie brauchen würde. Sie will Pudding machen und findet kein Milchpulver und keinen Kakao. Sie will Brot backen und es ist kein Mehl da, kein Backpulver, überhaupt nichts. Ich hatte ja auch nur für mich gerechnet und mir war gar nicht aufgefallen, wie einseitig ich mich ernährt hatte. Satt bin ich immer geworden. Um nicht zu viel Zeit mit Kochen zu verlieren, hatte ich abwechselnd einen großen Topf entweder mit Reis oder Nudeln angesetzt. Damit konnte ich unterschiedliche Gerichte herstellen, indem ich sie einfach verschieden gewürzt habe: mit Maggi, Ketchup, Zwiebeln, Bananen, Knoblauch, Curry. Aber die beiden wollen zum Frühstück nicht schon Reis oder Nudeln essen. Zum Glück finden sich Haferflocken. Jedoch nur mit Wasser und Zucker angerührt, schmeckt's ihnen auch nicht so recht.

„Wenn doch wenigstens Milchpulver da wäre", jammert Karina. Sie hilft mir, eine Liste mit Nahrungsmitteln aufzustellen, die Don Ramos das nächste Mal mitbringen soll. Denn ich sehe schon ein, dass ich mehr auf die Verpflegung achten muss, wenn ich mit anderen zusammenlebe. Gemeinsam macht es auch Spaß, etwas Gutes zu essen.

Mit der Absicht, von dem Verpflegungsboot möglichst unabhängig zu sein, hatte ich aus Deutschland eine Angelschnur mit Haken mitgebracht. Karina ist glücklich, als sie die Ausrüstung findet, und stürzt sich ins Angelabenteuer. Bald schon kommt sie aufgeregt ins Lager gerannt. Sie hat einen großen Fisch gefangen, kann ihn aber nicht töten. Wir laufen schnell hin. Jedoch die Seevögel hatten den Fang schon erspäht.

Die Woche vergeht schnell und trotzdem scheint es viel länger zu sein, weil wir uns sehr intensiv kennengelernt haben. Plötzlich bleibt kaum noch Zeit zum Abschiednehmen. Karina und Steve hatten gehofft, Don Ramos würde sie erst am Nachmittag abholen und sie haben noch nicht mal das Zelt zusammengepackt. Auch ich habe den Gedanken an das Boot verdrängt. Was soll ich tun, wenn sie keinen Assistenten für mich gefunden haben? Freiwillig meine Insel verlassen wegen so einer unsinnigen Bestimmung? Wenn schon, dann müsste David mich mit Gewalt forttragen.

Don Ramos sitzt nicht allein im Boot. Laurie heißt meine neue Assistentin. Sie ist groß und schlank. Auffallend ist das schmale Gesicht mit den lebhaften dunkelbraunen Au-

Steve hilft der Autorin beim Fangen der Meerechsen.

gen. Sie ist nicht eigentlich schön, besitzt aber eine starke Ausstrahlung und ist voller Grazie. Ich freue mich, eine mir so sympathische Assistentin zu bekommen. Doch dann erfahre ich, dass sie nur zehn Tage bleiben kann. O nein, nicht schon wieder! Von Neuem die Ungewissheit, ob jemand gefunden wird. Und dann werde ich mich wieder anpassen müssen. Es fiel mir schon schwer, mich an Karina und Steve erst zu gewöhnen und dann wieder Abschied zu nehmen.

Laurie ist sehr geschickt. Ich brauche ihr nicht viel zu erklären, sie sieht von selbst, was getan werden muss. Doch eine seltsame Barriere steht zwischen uns. Ich versuche ihr näherzukommen, indem ich von mir erzähle. Sie hört zu, höflich, ohne mich zu unterbrechen, Fragen zu stellen oder ihre Meinung zu sagen. Der einzige Kommentar, den ich hin und wieder von ihr höre, ist der Ausruf: „Incredible!" Über ihr Leben erfahre ich nur Fakten, wie sie in einem Lebenslauf stehen könnten: Sie studierte vier Jahre lang Biologie, hat das Studium jedoch nicht abgeschlossen. Nach Galapagos kam sie wohl deshalb, weil ihr Freund in einem der Hotels auf Santa Cruz arbeitet. Sie hat während der zwei Jahre ihres Galapagosaufenthalts Wissenschaftlern als Assistentin geholfen wie jetzt mir oder als Touristenführerin Reisende während der Inselrundfahrt begleitet. Nach dem Aufenthalt auf Caamaño will sie nach Amerika zurückkehren. Doch ich erfahre nicht, was sie fühlt, was sie denkt, nichts über ihre Wünsche, Hoffnungen, Sehnsüchte.

Die zehn Tage mit Laurie sind vorbei. Wir sitzen am Nordstrand und warten auf Don Ramos. Wird er einen neuen Assistenten mitbringen? Wer wird es sein? Wird es gutgehen? Es ist schlimmer, als Blindekuh zu spielen, doch ich habe keine Wahl. Ein Unbekannter wird auf meine Insel springen und ich muss sehen, wie ich mit ihm zurechtkomme.

Walter aus Quito

Das Meer ist diesmal ruhig und glatt wie ein Spiegel. Don Ramos, breit lächelnd, steuert das Boot bis auf Schrittweite an den Stein heran. Am Bug steht ein Junge, klein, etwas pummelig, mit rotbackigem Kindergesicht. Es ist Walter Leon, mein neuer Assistent aus Ecuador. Mit großen staunenden Augen schaut er sich um. Dann muss er noch mal zurück ins Boot, weil er vergessen hat, seine Sachen, die sich in einem Pappkarton befinden, mitzunehmen.

Jetzt muss ich mich auf einen neuen Menschen einstellen. Er ist so jung, noch kaum erwachsen. Ich spüre, wie mich der Gedanke belastet und ermüdet, unter allen Umständen mit diesem Jungen zurechtkommen zu müssen.

Ich winke Laurie zum Abschied zu. Schnell entfernt sich das Boot. Obwohl sie immer so kühl gewesen ist, bedeutet die Trennung von ihr einen Verlust. Vielleicht – wenn sie länger geblieben wäre, hätte ich sie doch noch kennenlernen können. Doch jetzt muss ich mich auf einen neuen Menschen einstellen. Er ist so jung, noch kaum erwachsen. Ich spüre, wie mich der Gedanke belastet und ermüdet, unter allen Umständen mit diesem Jungen zurechtkommen zu müssen. Auf einer kleinen Insel bleibt keine Möglichkeit, sich auszuweichen. Es ist, als würde man zusammen ein einziges Zimmer bewohnen.

Walter Leon ist zwar Biologiestudent, hat aber immer in der Großstadt Quito gelebt. Er ist das Leben in der Natur nicht gewöhnt und macht den Eindruck eines Jungen, der zu Hause sehr behütet und umsorgt wurde. Doch im Gegensatz zu Laurie verwickelt mich Walter sofort in ein ausuferndes Frage-und-Antwort-Spiel. Für mich ist es schwer, von der englischen Sprache, an die ich mich inzwischen gewöhnt habe, zum Spanischen zu wechseln, und mir fehlen die Wörter, um Walter die Arbeit mit den Meerechsen zu erklären. Denn er gibt sich nicht damit zufrieden zu erfahren, was er zu tun hat, er will auch wissen warum. Er fragt und fragt, und so kommt es, dass ich nicht nur ausführlich über meine Arbeit berichte, sondern mit ihm über Evolution und Soziobiologie diskutiere. Selbst als wir schon längst die Petroleumlampe gelöscht haben und in unseren Schlafsäcken liegen, ebbt sein Redestrom nicht ab. Ich erfahre, dass er das erste Mal überhaupt von zu Hause weg ist. Galapagos ist für ihn eine fremde, faszinierende Welt. Er war mit einer Gruppe von Studenten und Wissenschaftlern auf Isabela, um Seeschildkröten bei der Eiablage zu beobachten und die Nester zu kontrollieren. Danach hatte man ihm den Auftrag erteilt, das Archiv der Stationsbibliothek zu sortieren und neue Kärtchen zu schreiben. Er freut sich, sagt er, dass er statt dieser langweiligen Arbeit zwischen staubigen Büchern noch 17 Tage unter Meerechsen und Seelöwen zubringen kann, bevor er nach Quito zurückkehrt.

Walters Lieblingsthema ist Südamerika! Er redet sich in Begeisterung und vergisst, wie wenig Spanisch ich kann. Ich will ihn aber auch nicht unterbrechen, nach unbekannten

Ein Biologe aus Walters Team misst die Panzerlänge einer Seeschildkröte.

Wörtern fragen und dauernd im Wörterbuch blättern. So versuche ich, ihn intuitiv zu verstehen. Ich erfahre, dass sich an der Uni eine Gruppe von Jugendlichen gebildet hat, die sich engagiert Gedanken macht, wie es mit ihrem Land Ecuador weitergehen soll. Regelmäßig treffen sie sich, werten Bücher und Broschüren aus, verfassen Berichte und Flugblätter, in denen die Regierung kritisiert und die politisch-wirtschaftlichen Beziehungen zwischen Südamerika und den USA beurteilt werden.

Ich entnehme seinen Aussagen, dass sie alle entschiedene Gegner der USA sind. Ein Feuerwerk von agitatorischen Schlagwörtern hagelt auf mich nieder: „Mit uns wächst eine neue Generation heran. Wir werden alles verändern. Dann ist Schluss mit der Korruption! Unser Land wird sich entwickeln und blühen. Südamerika ist der Kontinent der Zukunft. Die Welt wird sich noch wundern über uns."

Der verträumt scheinende Junge mit dem pausbäckigen Kindergesicht ist nicht wiederzuerkennen. Er sprüht vor Temperament und Lebendigkeit. Ich kann natürlich nicht mitreden. Ich bin völlig damit in Anspruch genommen, die Wortkaskaden, Ausrufe und Lobgesänge auf die ecuadorianische Jugend überhaupt zu verstehen. Dann wage ich doch einige Fragen, aber nun ist auch er müde und meint abschließend: „Wir, die Jugend, haben die Zukunft in den Händen. Wir werden es schaffen, *ojalá!*" Mir gefällt dieses Wort *ojalá*, das ich zum ersten Mal höre. Was es bedeutet, will ich wissen. „*Ojalá*, das heißt so viel wie so Gott will", sagt er. Ich muss herzlich lachen. Mir, die ich in einem Land mit kommunistischer Ideologie aufgewachsen bin, erscheint es rührend komisch, revolutionäres Engagement mit einem Gottglauben zu verbinden. Die Nacht wird kurz für mich sein, denn wir haben ausgemacht, dass ich immer die Beobachtungsstunden am Morgen übernehme, weil Walter lieber etwas länger schläft.

Die Sonne steigt empor und bestrahlt das Meer, das je nach Lichtintensität verschiedene Farben annimmt. Tölpel jagen ihren Morgenfisch. Aus Höhen von etwa 30 m lassen sie sich wie Pfeile in die Tiefe fallen. Lautlos erscheinen die ersten Echsen. So sehr gleichen sie in Form und Farbe den Steinen, dass ich sie nur wegen der aufgemalten weißen Nummern erkennen kann. Da sie sich dicht an die Lava schmiegen, sieht es aus, als wäre diese nummeriert.

Walter kommt mich ablösen. Er hat allein gefrühstückt, aber den Tisch für mich mitgedeckt. Alle Frühstücksvorräte sind aufgebaut. In der Mitte steht das Gehäuse einer mit Wasser gefüllten großen Meeresschnecke, in das er grüne Zweige hineingestellt hat.

Die Garuazeit beginnt. „*Garua*“ bedeutet Nieselregen. Der Himmel ist jetzt meist dicht bewölkt, und ständiger, ganz feiner Regen rieselt herab. Der Teich in der Inselmitte tritt schon über seine Ufer. Auch das Meer ist wilder, bewegter. Manchmal steigt die Flut so hoch, dass das Wasser über die Felsen schlägt und in Rinnsalen und Bächen ins Innere läuft. Wir mussten für das Zelt sogar einen neuen Platz suchen.

Abends bleibt mir nun keine Zeit mehr zum Lesen meiner englischen und spanischen Lektüre. Es macht auch mehr Spaß, eine Sprache lebendig zu erlernen. Der Gesprächsstoff geht uns dank Walter nie aus. Ich begnüge mich nach wie vor mit dem zuhörenden Part. Zwischen uns hat sich eine besondere Beziehung herausgebildet. Er hegt eine respektvolle Bewunderung für mich und ich fühle mich für ihn verantwortlich, als wäre er ein jüngerer Bruder von mir. Es gibt keinerlei Spannungen zwischen uns. Jeder versucht, den anderen mit Kleinigkeiten zu überraschen, ihm eine Freude zu bereiten.

Die Garuazeit ist noch nicht vorüber, sie soll bis etwa September andauern. Doch heute hat es die Sonne geschafft, die Regenwolken aufzulösen. Glühend brennt sie herab, als wolle sie die Erde in Flammen setzen. Da kann man eigentlich nur noch im Wasser Zuflucht suchen.

Ich wundere mich, dass ich Walter zum Baden überreden muss. Er kommt dann doch mit, bleibt aber zögernd stehen, während ich schon im Wasser bin. Dann springt er mit kühnem Sprung weit hinaus. Als er auftaucht, schlägt er wild mit den Armen um sich. Seine Augen sind weit aufgerissen. Erschrocken glaube ich, er sei in die Nesselfäden einer Qualle geraten, und greife ihm unter die Achseln.

„Ich kann doch nicht schwimmen“, flüstert er verschämt.

Wer das Verhalten von Tieren untersuchen will, muss sie voneinander unterscheiden können. Eine wichtige Arbeit der Autorin ist daher die Markierung der Meerechsen.

Ich bin perplex: „Aber warum bist du dann gesprungen?“

„Ich konnte dich doch nicht allein im Meer lassen“, stößt er wasserschluckend hervor.

An Land mache ich Trockenübungen mit ihm, dann nehmen wir eine Luftmatratze mit ins Wasser. Walter lernt sehr schnell. Bald können wir schon fast miteinander um die Wette schwimmen. Später borge ich ihm meine Tauchermaske. Mutig stürzt er sich in die Tiefe und taucht atemlos wieder auf.

„Da ist ein tiburón! Ein Hai!“ schreit er entsetzt.

„Ach ja, ich habe vergessen, dir von ihm zu erzählen. Das ist unser Hai. Er passt auf, dass uns die anderen, die menschenfressenden Haie, nicht zu nahe kommen.“

Gläubig, voller Vertrauen schaut er mich an, nickt und taucht wieder unter.

Der letzte Abend. Morgen wird Walter abgeholt. Sogar Walter ist schweigsam. Was sollten wir auch miteinander reden? Wir hatten uns so nah gefühlt, als würden wir uns schon immer kennen. Die Realität, dass wir uns wieder trennen müssen, haben wir bis jetzt verdrängt. Wir wagen uns noch nicht einzugestehen, dass wir uns nie wiedersehen werden,

Diese Lavamöwe gibt es nur auf Galapagos. Heute wird der Bestand der Art auf etwa 1000 Exemplare geschätzt.

trösten uns damit, dass ich ihn vor meiner Rückreise nach Deutschland in Quito besuchen werde. Ich könnte seine Freunde kennenlernen. Er plant mich schon ein bei den Diskussionsabenden mit seiner Gruppe. Doch niemals wieder würde es so sein wie auf Caamaño. Der Zauber dieser Insel hatte uns vorgespiegelt, die letzten oder die ersten, jedenfalls die einzigen Menschenkinder in einer paradiesisch friedlichen Welt zu sein.

Mit überkreuzten Beinen sitzt Walter am Strand. Den Rücken gerade, die Augen starr auf die anrollenden Wellen gerichtet. Ich habe den Wunsch, mich neben ihn zu setzen, den Arm um seine Schultern zu legen, doch ich kann es nicht tun. Der Abschied hat schon begonnen. Jeder ist wieder allein für sich, muss für sich den besten Weg finden, mit der Trennung fertig zu werden. Ich suche mir einen anderen Platz. Oberhalb, zwischen den Steinen verborgen, kann ich die Nord- und Westküste mit dem am Strand sitzenden Jungen überblicken.

Die Sonne versinkt als Feuerball im goldenen Dunst. Der Himmel schimmert wie von Gold überzogen. Ein eigenartiges, nie zuvor gesehenes Licht legt sich über die Insel. Es ist ganz klar und durchsichtig und doch sanft und weich wie eine streichelnde Hand. Dieses golden-transparente Licht lässt alles, das Meer, die Steine, den Sand, die Luft, selbst meine Haut, erstrahlen, als ginge von Innen ein rosig-warmes Licht aus. Drei Seelöwen, die sich verspätet haben, lassen sich von den Wellen an den Strand spülen. Sie verharren dort ganz still, als wären auch sie verzaubert.

Der nächste Tag vergeht mit dem Warten auf das Boot. Ich spüre eine starke Abwehr gegen den Neuen, wer er auch sein mag. Ich bin müde und möchte so gern endlich wieder allein auf meiner Insel sein. Mir bleibt keine Zeit mehr zur Besinnung auf mich selbst. Ich wünsche so stark, sie mögen diesmal niemanden gefunden haben, dass ich schon fast daran glaube. Doch Walter, der mit dem Fernglas das Meer absucht, sagt: „Na, wenigstens ist es kein Amerikaner! Es scheint auch ein Ecuadorianer zu sein, der da im Boot sitzt.“

Mein Paradies wird gestört

Bolivar! Wie ein Hahn mit gespreizten Federn sprang er auf meine Insel. Mit charmanter Herablassung versuchte er mich zu behandeln wie ein Hühnchen. Die Spannung zwischen ihm und mir wird von Tag zu Tag unerträglicher. Das Schlimmste ist, dass er nicht nur für ein paar Tage gekommen ist, sondern mir als ständiger Assistent bis zum Abschluss meiner Arbeit zugeteilt wurde. Das ist noch länger als ein halbes Jahr! Ich bin verzweifelt. Bolivar ist Biologiestudent im letzten Studienjahr, aber er mag keine Tiere. Meine Meerechsen bezeichnet er als hässliche Viecher und bei der Arbeit ist er ungeschickt und missmutig. Nicht nur die Arbeit ist ihm lästig, er empfindet auch das einfache Leben auf der Insel als zu unbequem. Und von einer Frau will er sich schon gleich gar nichts sagen lassen. Meine Anweisungen befolgt er nur zögernd und erst dann, wenn ich sie mit Nachdruck äußere. So ist es mir unmöglich, freundschaftlich-gleichberechtigt mit ihm umzugehen. Ich muss die Chefin hervorkehren und ganz konsequent Befehle erteilen. Ich fühle mich dabei sehr unwohl und unterlasse es schließlich, ihm überhaupt etwas zu sagen. Dadurch erhöht sich die Spannung noch mehr. Er langweilt sich schrecklich und überträgt seine schlechte Stimmung auf mich.

Ich gehe nur noch zum Essen und Schlafen ins Lager. Ich will ihm so wenig wie möglich begegnen. Wenn ich die Beobachtungen beendet habe, flüchte ich mich an die felsige Ostküste und schaue sehnsüchtig über das Meer. Wenn doch ein Schiff käme! Ich fühle mich auf meiner Insel wie gefangen. Ich möchte weg. Aber wohin? Ich sehe den anstürmenden, sich überschlagenden Wellen zu. Ungerührt ragen die Klippen aus dem kämpfenden Meer.

Wenn doch ein Schiff käme! Ich fühle mich auf meiner Insel wie gefangen. Ich möchte weg. Aber wohin?

Die Flut ist heute besonders hoch und ungestüm. Die Wellen rasen auf das Land zu, türmen sich auf zu einer meterhohen, stahlharten blauen Wand. Die Wasserwand krümmt sich säbelartig, schimmert türkis, smaragd, dann hellgrün. Mit donnerndem Schlag bricht sie über den schwarzen Klippen zusammen und erlischt in weiß schäumender Gischt. Immer wieder und wieder, unermüdlich, Tag und Nacht.

Die Betrachtung des Kampfes zwischen Meer und Land wirkt sich beruhigend auf meine Stimmung aus. Ich will es noch einmal mit Bolivar versuchen. Es geht doch nicht, dass wir wie Feinde hier leben. Wenn ich einlenke, wird sich sein Verhalten sicherlich ändern.

Mit solch guten Vorsätzen gehe ich ins Lager. Bolivar liegt im Schatten auf seiner Luftmatratze und stochert mit einem Stöckchen im Sand herum. Heute ist eigentlich sein Tag, für Essen zu sorgen. Auch damit gibt es Schwierigkeiten. Bei den anderen Assistenten war es selbstverständlich, dass wir uns abwechselten. Bolivar behauptet, er könne nicht kochen, das sei Frauensache. Bisher gab es deshalb nur dann warm zu essen, wenn ich gekocht habe, also jeden zweiten Tag. Wenn er dran war, haben wir die übriggebliebenen Reste aus den Töpfen gekratzt oder Haferflocken verspeist.

Da ich mir vorgenommen habe, einen neuen Anfang zu versuchen, bereite ich das Essen. Er setzt sich freudlos an den Tisch, klagt über starke Kopfschmerzen, weil er den ganzen Tag nichts zu essen bekommen habe. In den Spaghetti stochert er nur herum, jammert, dass zu viel Knoblauch drin sei, und außerdem gebe es keinen Nachtisch. Nach dem Essen legt er sich wieder auf die Luftmatratze. Ob er denn nicht abwaschen wolle? „Nein, du hast ja gekocht. Dann ist es auch deine Sache, alles wieder sauberzumachen."

Ich schlucke den Ärger hinunter. Na ja, wahrscheinlich hat sich in ihm so viel angestaut, dass er nicht sofort auf meine Freundlichkeit eingehen kann. Ich setze mich neben ihn und versuche ein Gespräch anzuknüpfen. Zuerst antwortet er einsilbig. Doch dann wird er lebhafter und erzählt mir von seiner Familie:

Er ist 26 Jahre alt, das älteste von fünf Geschwistern. Sein Vater hat seine Mutter verlassen und eine andere geheiratet, mit der er auch schon wieder drei Kinder hat. Doch verdient der Vater als Arzt so gut, dass er seine erste Familie großzügig unterstützen kann. Außerdem ist der Bruder seiner Mutter sehr wohlhabend, deshalb ist es kein Problem, wenn er so lange studiert. Er selbst hat auch schon eine Frau und einen einjährigen Sohn. Eigentlich hat er große Sehnsucht nach ihnen. Er sagt, dass er gern zu seiner Familie zurückkehren möchte.

„Was soll ich denn hier?" fragt er verbittert. „Ich kann hier nichts lernen. Ich verstehe auch gar nicht, warum du deine Zeit mit der Beobachtung dieser schwarzen Viecher verplemperst. Das bringt doch nichts!"

Ich erkläre ihm die Grundzüge meiner Arbeit, zeige die Tabellen und Berechnungen, berichte, welche Beobachtungen ich bisher gemacht habe und welche Zusammenhänge und Schlussfolgerungen sich daraus ergeben.

Er hört gar nicht zu. „Das ist doch alles nicht wichtig", unterbricht er mich. „Wen interessiert denn das, ob die Meerechsen zum Fressen gehen oder hungern, ob ihr Rhythmus von der Sonne oder vom Mond gesteuert wird, wie viel sie zu- oder abnehmen und wie alt so ein Vieh wird? Das ist lächerlich. Hat doch nichts mit Wissenschaft zu tun."

Diese Art Vorwürfe sind mir nicht neu. Viele Menschen sind der Meinung, die Verhaltensforschung sei nur eine schöne Spielerei und zu nichts nütze. Sicherlich, die Gesetzmäßigkeiten, die man erforscht, kann man nicht benützen wie die Entdeckung eines neuen Kunststoffs. Grundlagenforschung hat keine Zielsetzung, man forscht nicht, um etwas Bestimmtes zu erfinden, sondern aus purer Neugier, aus Erkenntnisdrang, einfach, um mehr zu wissen. Wenn wir den Gesetzmäßigkeiten der Entwicklung des Lebens nachspüren, lernen wir uns selbst besser verstehen. Wie kaum ein anderer Wissenschaftszweig führt die Verhaltensforschung an den Ursprung unserer Existenz.

Bolivar ist nicht zu überzeugen. Verhaltensforschung findet er altmodisch. Moderne Wissenschaft ist für ihn Genetik und Mikrobiologie. Ich frage ihn, ob er schon weiß, was er nach dem Studium machen wird. „Nun, mein Onkel hat mit der Fischereiwirtschaft zu tun", antwortet er. „Wir wollen einen großen Zuchtbetrieb für Garnelen aufziehen. Da kann man massenhaft Geld verdienen, weil in den Meeren immer weniger gefangen wird."

Nun will ich doch wissen, warum er überhaupt nach Galapagos gekommen ist. Er hätte doch wissen müssen, dass er hier weder Erfahrungen für industrielle Garnelenzucht sammeln noch sich mit Mikrobiologie und Genetik beschäftigen kann.

Die Erforschung des Verhaltens der Tiere

Im 20. Jahrhundert begannen Wissenschaftler damit, das Verhalten von Tieren systematisch zu erforschen. Drei der bekanntesten Verhaltensforscher wurden dafür 1973 sogar mit dem Nobelpreis für Medizin ausgezeichnet: Karl von Frisch hatte herausgefunden, dass Honigbienen ihren Stockgenossinnen mit einem speziellen Tanz den Weg zu einer Futterquelle beschreiben können. Nikolaas Tinbergen hatte unter anderem beschrieben, wie Möwenküken reflexartig gegen den roten Fleck am Schnabel ihrer Eltern picken, um gefüttert zu werden. Dieser Versuch sollte zeigen, dass manche tierischen Verhaltensweisen angeboren sind. Ähnlich bekannt ist ein weiteres Experiment über die stereotypen Bewegungen, mit denen Graugänse Eier zurück ins Nest rollen. Diese Studie hatte Tinbergen gemeinsam mit dem dritten Preisträger – Konrad Lorenz – veröffentlicht. Dieser berühmte „Vater der Graugänse" hat es sogar geschafft, die breite Öffentlichkeit für seine Erkenntnisse über Instinkte, Aggression oder Lernen zu begeistern.

Zwar sehen heutige Biologen manche Ergebnisse dieser Pioniere in einem anderen Licht, doch die Grundidee, das Verhalten der Tiere möglichst genau zu beobachten und zu vergleichen, um Einblicke in die Zusammenhänge zu bekommen, ist nach wie vor aktuell. Mittlerweile besteht die Verhaltensbiologie aus vielen Teilgebieten wie der Verhaltensgenetik und der Soziobiologie. Die Wissenschaft hat Anfang des 21. Jahrhunderts ganz neue Möglichkeiten: Mit Miniatursendern und kleinen Messgeräten können Forscher Wanderrouten, Körperfunktionen, Nahrungsgewohnheiten und andere Details aus dem Alltag von wild lebenden Tieren über längere Zeiträume überwachen: Beispielsweise fanden Wissenschaftler des Max-Planck-Instituts für Ornithologie mit einer mobilen Messung der Gehirnströme heraus, dass Faultiere im Regenwald pro Tag 6,5 Stunden weniger schlafen als im Zoo.

Konrad Lorenz mit einer seiner Graugänse. Für seine Forschungen „zur Organisation und Auslösung von individuellen und sozialen Verhaltensmustern" erhielt er den Nobelpreis für Medizin.

Wenn Möwenküken Hunger haben, picken sie gegen den roten Schnabelfleck eines Elternteils, das daraufhin die Nahrung übergibt – ein Musterbeispiel der Verhaltensforschung.

„Man hat mich doch ausgewählt wegen meiner guten Leistungen", sagt er großspurig. „Wär ich doch blöd, wenn ich abgelehnt hätte, wo Galapagos in der ganzen Welt so berühmt ist. Wenn ich sagen kann, ich war auf Galapagos und habe mit ausländischen Wissenschaftlern zusammengearbeitet, dann bin ich doch gleich wer."

„So ist das! Na, bis jetzt hast du noch nicht viel gearbeitet. Morgen kannst du alles nachholen. Wir müssen nämlich die Meerechsen fangen, messen und wiegen. Ich muss das jeden Monat tun, damit ich genügend Daten für eine Entwicklungskurve erhalte. Da die Meerechsen sich tagsüber nicht mehr fangen lassen, weil sie schon wissen, was der Stock mit der Schlinge bedeutet, müssen wir sie unter den Steinen hervorziehen, wenn sie noch kalt und unbeweglich sind. Deshalb müssen wir unbedingt um sechs Uhr anfangen", erkläre ich ihm.

Am nächsten Morgen wecke ich Bolivar wie verabredet. Er murrt, es sei viel zu früh. Die Meerechsen würden doch bis acht Uhr in ihren Löchern schlafen.

„Ja, aber wir müssen die zwei Stunden bis dahin nutzen, um so viele wie möglich zu fangen", sage ich ungeduldig.

„Ja, ja, gleich", nuschelt er und kuschelt sich tiefer in seinen Schlafsack hinein.

„Also, ich geh schon, komm dann nach. Ich brauche deine Hilfe", sage ich genervt.

Die monatliche Fangarbeit widerstrebt mir innerlich sehr. Sie ist eine Vergewaltigung der Tiere. Trotzdem mache ich diese Arbeit und habe inzwischen viel Routine gewonnen. Ich weiß, unter welchen Steinen sich Hohlräume befinden, wo die Echsen dicht zusammengeknäuelt liegen. Ich muss mich bäuchlings hinlegen, den Arm bis zur Schulter hineinstrecken und herausziehen, was ich gerade zu fassen bekomme. In den Tabellen, unter der Nummer des Tieres, werden Gewicht, Kopf-Rumpf-Länge und Schwanzlänge eingetragen. Dann erneuere ich mit weißer Farbe die meist kaum noch sichtbaren Nummern auf den Körperseiten, damit ich die Echse wieder aus der Ferne identifizieren kann.

Ich musste mich widerstrebend davon überzeugen, dass die einzig verlässliche Markierungsmethode die Brandmarkierung ist, wie sie mir die Snells gezeigt hatten. Mit meinen bunten Perlen hatte ich keinen Erfolg. Sie wurden sehr schnell von der Brandung und beim Durchzwängen in Lavaspalten abgestreift. Die Echsen lassen es sich nicht anmerken, ob sie Schmerzen beim Markieren empfinden. Doch wenn ein Lebewesen keine Schmerzreaktion zeigt, bedeutet das noch lange nicht, dass es auch keinen Schmerz fühlt. Vielleicht sind die Echsen durch das Fangen und Hantieren so verschreckt, dass sie keine Äußerungen zu machen wagen. Jedenfalls beweist ihre zunehmende Scheuheit, dass sie durch mich in ihrer Lebensweise beeinträchtigt werden. Wenn ich an der Küste auftauche, erkennen sie mich schon auf etwa 15 m Entfernung und fliehen sofort unter die Steine. Erst wenn ich lange bewegungslos dasitze, kommen sie wieder hervor.

Diese Situation ist für mich sehr belastend. Ich finde es nicht richtig, das Verhalten der Tiere so nachhaltig zu stören, aber andererseits fühle ich mich gezwungen, mit brauchbaren Ergebnissen zurückzukommen. Man kann auch bei der Verhaltensforschung nicht einfach behaupten, die Tiere hätten dies und jenes getan, zur Beweisführung braucht man Daten, Messwerte, die man statistisch absichern kann. Aber wo ist die Grenze? Bis zu welchem Punkt bin ich bereit, im Namen der Wissenschaft alles zu tun? Wissenschaft wird oft als Alibi benutzt, selbst keine Verantwortung zu tragen. Die Tiere werden zu Objekten, aus denen man die Daten herauspresst, um dann einen Artikel in einer Fachzeitschrift zu veröffentlichen. Was ich Bolivar gestern vorgeschwärmt habe von der wertfreien Forschungsarbeit des Verhaltensbiologen und seiner spielerischen Neugier, stimmt das denn?

Es ist fast acht Uhr, da kommt Bolivar angestakst. Ich sage gar nichts, bin zu verärgert, um ihm eine Arbeit zuzuweisen. Also hockt er sich hin und schaut mir zu. Ich schaffe es auch allein, doch zu zweit würde es doppelt so rasch gehen, und die Tiere könnten schneller wieder freigelassen werden. Die erwachsenen Männchen sind über einen Meter lang. Ich muss sie zwischen meine Knie klemmen, um mit den Händen das Metermaß anlegen zu können. Wenn Bolivar sie festhalten würde, wäre das Messen einfacher. Da er nicht von selbst darauf kommt, fordere ich ihn schließlich dazu auf. Er stellt sich so ungeschickt an, dass ihm ein starkes Männchen aus den Händen rutscht und sich in seinen Arm verbeißt. Er schreit auf und versucht es erschrocken abzuschütteln. Das Tier verbeißt sich um so mehr, presst fest die Kiefer zusammen. Schnell nehme ich seinen Arm, an dem das Reptil hängt, und halte ihn so, dass die Echse Bodenkontakt hat. Sobald das Tier spürt, dass es wieder auf der Erde steht, lässt es los und flieht.

Die Wunde an Bolivars Arm ist nicht schlimm, nur eine oberflächliche Hautabschürfung, die etwas blutet. Die Meerechsen haben keine gefährlichen Zähne, nur sehr viele kleine, allerdings spitze Zähnchen. Bolivar jedoch ist nun überzeugt, dass Meerechsen nicht nur potthässlich, sondern auch höchst gefährlich sind. Nie wieder fasst er eine an.

Das Wetter ist scheußlich. Noch immer Garuazeit. Morgens ist es kalt und regnet. Man sieht die Sonne nicht mehr. Sie ist hinter dicken Wolkenschichten versteckt. Phlegmatisch hocken die Echsen auf ihren Steinen, gehen kaum noch zum Fressen ins Meer. Viele sind sehr abgemagert. Nur den Seelöwen geht es wie immer gut. Sie tollen und springen in der aufgewühlten See. Die Wellen nagen am Sandstrand, haben ihn stellenweise unterspült. Die schwarzen Steine ragen lackglänzend aus dem bleigrauen Wasser. An Stellen, wo der Sand weg ist, ziehen sich die Seelöwen

Zur Forschungsarbeit gehört das Wiegen, Messen und Markieren der Meerechsen. Dazu müssen die Tiere kurzzeitig gefangen werden.

Fregattvogelmännchen werben mit ihrem aufblasbaren roten Kehlsack um die Weibchen. Weil sie anderen Vögeln die Beute abjagen, werden sie auch als Kleptoparasiten bezeichnet.

ins Inselinnere zurück. Es wird eng. Bolivar ist erbost wegen dem Krach, den die Seelöwen veranstalten. Er könne nachts nicht schlafen, klagt er. Es ist sehr schwierig mit ihm. Nichts kann ihn aufheitern, nicht einmal die kleinen Darwin-Finken, die ohne Scheu im Lager herumflattern. Für sie steht immer eine Tasse mit Trinkwasser bereit, denn der Regen oder der Morgentau ist schnell versiegt. Sogar wenn wir am Tisch sitzen, kommen sie angeflogen, setzen sich auf den Tassenrand, nippen am Wasser, hüpfen in die Tasse hinein und nehmen flügelflatternd ein Vollbad. Bolivar will die Badetasse vom Tisch entfernen, weil er vollgespritzt würde, außerdem sei es unhygienisch.

Wenn ich die Stimmung nicht mehr ertragen kann, versuche ich immer wieder, ihn aufzumuntern, ihm etwas von den Dingen zu erzählen, die mir wichtig sind. Ich zeige ihm die Fregattvögel, die Piraten der Luft. Sie können nicht wie andere Meeresvögel nach Fischen tauchen. Ihre zerbrechlichen langen Flügel würden sie behindern und sie haben kein Bürzelöl, um ihr Gefieder wasserabstoßend zu machen. Sie sind ganz aufs Fliegen spezialisiert und in der Luft vollbringen sie die großartigsten Kunststücke. Anderen Vögeln jagen sie den Fang ab oder erhaschen die über die Wasseroberfläche hinausschnellenden fliegenden Fische. Ihre Flugsilhouette mit dem tiefgegabelten Schwanz und den langen schmalen Schwingen ist sehr einprägsam. Wenn sie schwerelos am Himmel segeln, wenn sie dem Blick entschwinden, ohne je einen einzigen Flügelschlag getan zu haben, oder wenn sie mit gaukelndem Flug gleich riesengroßen Schmetterlingen eine Nahrungsquelle ausspähen, bin ich immer wieder von ihrer Schönheit und Anmut bezaubert. Ich erzähle Bolivar, dass die Männchen zur Balz einen roten Kehlsack haben, den sie aufblasen können. Wie knallrote Luftballons tanzen sie dann am Himmel und locken die Aufmerksamkeit der Weibchen auf sich. Besonders viele Fregattvögel brüten an den Küsten von Isabela. Es dauert über ein Jahr, bis die jungen Vögel selbstständig werden. Solange müssen sie von den Eltern mit Nahrung versorgt werden; erst dann haben sie die Kunst erlernt, die über das Wasser fliegenden Fische zu packen.

Gleichmütig, mit arroganter Miene hört Bolivar mir zu, als würde er mir einen Gefallen tun. Dann spreche ich wieder mehrere Tage mit ihm nur das Notwendigste und beachte ihn nicht.

Bei Bolivar bin ich auf einen Menschen getroffen, der genau das Gegenteil von mir verkörpert. Er ist ein Zivilisationsmensch, die Natur ist ihm völlig fremd und erscheint ihm feindlich. Statt dass er sich fugenlos eingliedert, will er die Umwelt verändern, umgestalten, verbessern, überwinden. Das Leben auf der Insel bezeichnet er verächtlich als primitiv. Er empfindet es als Zumutung, in einem Zelt zu schlafen, sich im Meer zu waschen, einfach zubereitete Nahrung zu essen. Niemals läuft er barfuß, ist jedoch verbittert, wenn er andauernd den Sand aus den Schuhen schütten muss. Er bevorzugt blütenweiße Kleidung. Sicher ist es das erste Mal in seinem Leben, dass er sie selbst waschen muss. Nach jeder Waschaktion – ich musste ihm heftig verbieten, das Süßwasser zu verwenden – läuft er lange mit düsterem Gesichtsausdruck herum, als sei ihm ein Unglück widerfahren.

Nicht, weil er anders ist als ich, finde ich das Zusammenleben mit ihm unerträglich, sondern weil er meine Lebensart angreift und mich beschimpft. Seiner Vorstellung nach muss ein Mann immer überlegen sein. Auf Caamaño aber bin ich in meinem Element, das kann er mit seinem Stolz nicht vereinbaren. Deshalb muss er das, was mir wertvoll ist, geringschätzen und abwerten. Er könne nicht glauben, dass ich aus einem hochentwickelten Land wie Deutschland komme, sagt er. Wie sei es möglich, dass ich ein so primitives und unhygienisches Leben führen könne?

Abends ist es während der Garuazeit zu kalt, um noch draußen zu sitzen. Einmal hat der heftige Wind sogar das gespannte Leinentuch des Sonnensegels zerrissen. Deshalb muss ich mit meinen Büchern und der Petroleumlampe ins Zelt gehen. Bolivar beschwert sich über das Licht – und dass ich mich zu wenig um ihn kümmere. Es sei überhaupt unnormal, wie ich lebe, als Frau allein. Ob ich denn keinen Mann brauchte. Er wolle jetzt mit mir schlafen. Ich halte das für einen schlechten Witz. Doch er behauptet, in mich habe er sich gleich verliebt, von Anfang an. Ich sei jedoch immer so unnahbar. Dabei sei es so eine gute Gelegenheit, wir zwei allein auf einer Insel, zusammen in einem Zelt. Es sei unnormal, da nichts miteinander anzufangen. Ich sage ihm, dass er meine Insel verlassen muss, wenn Don Ramos das nächste Mal mit der Verpflegung kommt.

Die Tage erscheinen mir qualvoll lang. Ich versuche Bolivar nicht zu provozieren und gehe ihm aus dem Weg, so gut ich kann. Die Haut wird immer dünner. Unter der Oberfläche lauert Aggression. Ich denke mir, wenn ich mit ihm für immer auf Caamaño zusammensein müsste, würde ich ihm etwas auf den Kopf hauen, oder nein, ich würde doch lieber wieder schwimmen, einfach davonschwimmen. Meine schöne Insel, sie ist zu einem Alptraum geworden. Sehnsüchtig warte ich auf Don Ramos. Wenn er doch eher käme! Die Situation, die ich durchlebe, erscheint mir irreal. Es ist nicht, dass ich mich von Bolivar bedroht fühle, ich finde jedoch sein Machogehabe, mit dem er sich beweisen will, widerwärtig und bin es müde, mich mit ihm auseinandersetzen zu müssen.

Endlich kommt Don Ramos! Ich habe beschlossen, mit nach Santa Cruz zu fahren. Ich will dort an der Küste eine andere Echsenkolonie beobachten, um einen Vergleich zu meinen Tieren auf Caamaño zu haben. Auf meine Insel will ich erst im Oktober zurück, wenn die Fortpflanzungszeit der Meerechsen beginnt.

Die Darwin-Station auf Santa Cruz kommt mir inzwischen dicht bevölkert vor. Plötzlich wieder so viele Menschen. Alle, auch die, die ich noch nie gesehen habe, scheinen mich zu kennen, kommen auf mich zu: „Ach, du bist die Carmen. Wie ist es dir denn ergangen auf deiner Insel? Erzähl mal.“

Ich bin wie betrunken von dem vielen Reden. Ich lache, spreche, es sprudelt nur so aus mir heraus. Völlig aufgedreht bin ich, als käme ich von einem fernen Stern zurück. Ich kann nicht unterscheiden, ob man mich nur aus Höflichkeit ausfragt oder aus wirklichem Interesse. Jede Frage beantworte ich ganz ausführlich. Mir war gar nicht bewusst, dass ich in den letzten Monaten so viel erlebt habe. Es ist, als sei auf der Station die Zeit stehengeblieben, während ich inzwischen Äonen durcheilt habe.

Im Verwaltungsgebäude hängt an der Wand ein Holzkasten mit Postfächern für jeden Wissenschaftler. In meinem Fach stapeln sich die Briefe. Don Ramos, sonst in allem so verlässlich, hatte meist vergessen, die Post nach Caamaño mitzubringen. Doch bevor ich die Briefe lese, muss ich etwas essen. Der Appetit, der mir durch das Zusammensein mit Bolivar vergangen war, hat sich zu einem Bärenhunger entwickelt.

Mein Zimmer im *Dormitorio*, der Baracke mit den Schlafräumen, ist vollgestopft mit der Ausrüstung, die ich von Caamaño mitgebracht habe. Unter dem Wust zerre ich den Kocher hervor. Irgendwo in den vielen Blechkanistern müssen doch die Töpfe sein und wo ist nur das Besteck? Schließlich ist alles gefunden, und ich koche einen riesigen Berg Nudeln mit Tomatensoße. Ich löffle die Nudeln einfach aus dem Topf und lese nebenher die Post. Ich fühle mich wohl.

Der letzte Brief ist von der Schwester meines Vaters. Mit tröstenden Worten teilt sie mir vorsichtig mit, dass mein Vater gestorben ist. Die Nachricht trifft mich unvorbereitet. Mir wird schlecht und ich hasse mich, dass ich seit meiner Ankunft in Santa Cruz so lustig gewesen bin und mit so viel Appetit gegessen habe. Während der vielen Tage, an denen ich an meinen Vater noch als lebenden Menschen gedacht hatte, war er schon tot gewesen. Es schmerzt mich besonders, dass ich ihn vor meiner Abreise nicht noch einmal hatte sehen können. Wegen meiner Flucht aus der DDR hatte man mir kein Einreisevisum bewilligt.

Ich hatte meinem Vater gewünscht, nicht mehr so lange leiden zu müssen, und war mit dem Wissen nach Galapagos geflogen, dass ich ihn nie mehr würde sehen können. Doch jetzt war es Tatsache und endgültig. Und ich hatte nicht miterlebt, wie er starb. Wie werde ich es je begreifen können, dass er nicht mehr da ist? Er war für mich der Mensch, der mir am nächsten stand.

Mit der Beagle IV nach Fernandina

Jeden Morgen verlasse ich die Darwin-Station und wandere an der Küste von Santa Cruz entlang auf der Suche nach einer geeigneten Vergleichskolonie. Doch ich spüre einen starken inneren Widerstand in mir, noch weiter Echsen zu fangen, zu wiegen und zu markieren. Ist es nicht wie Hohn, diese Belästigungen und Quälereien der Tiere damit zu rechtfertigen, sie nur so schützen zu können? Wozu muss man ihre Entwicklungskurven kennen? Wäre es nicht der beste Schutz, sie in Ruhe zu lassen und auch ihre Umgebung von Touristen, Siedlern und Wissenschaftlern freizuhalten? So frage ich mich während meiner einsamen Wanderungen und grüble nach einem Ausweg. Mir wird immer mehr klar, dass meine Arbeit zu überhaupt nichts nütze ist, außer mir den Aufenthalt auf Galapagos zu ermöglichen und später einige Seiten in einer Fachzeitschrift zu füllen. Ich weiß nicht, wie ich mit diesem Zwiespalt fertig werden kann, denn ich fühle mich trotzdem verpflichtet, die Erwartungen der Institutsleitung, die mich für diese Forschungsarbeit auswählte, zu erfüllen. Gern möchte ich zu meiner kleinen Insel zurückkehren, mich einfach zwischen die Meerechsen setzen und sie beobachten, ohne in ihr Leben einzugreifen. Vielleicht würde ich dabei etwas entdecken, das uns Menschen ein größeres Verständnis für diese Tiere vermittelt als all die Zahlen und Kurven?

Mir wird immer mehr klar, dass meine Arbeit zu überhaupt nichts nütze ist, außer mir den Aufenthalt auf Galapagos zu ermöglichen und später einige Seiten in einer Fachzeitschrift zu füllen.

Oft übernachte ich unterwegs im Schlafsack. In einer Bucht, der sogenannten Punta Nuñez, finde ich einen geeigneten Platz mit sehr vielen Meerechsen. Doch als ich die Genehmigung, mein Lager dort zu errichten, von Fausto, dem Leiter des Nationalparks einholen will, stoße ich wieder auf die mir schon zur Genüge bekannte Bestimmung: „Nur mit Assistenten!" Ich wundere mich allerdings, dass ich zwar allein bis Punta Nuñez laufen durfte, jedoch nicht allein dort bleiben darf. Fausto entgegnet, nur deshalb seien die Alleinwanderungen erlaubt worden, weil man sofort eine Suchaktion hätte ausschicken können, wenn ich abends nicht zurückgekommen wäre. Wie sollten sie jedoch erfahren, ob ich Hilfe brauchte, wenn ich allein in Punta Nuñez wäre? Ich verschweige lieber, dass ich sogar drei Nächte hintereinander nicht zurückkam, ohne dass mich jemand von der Station oder dem Nationalpark vermisst hätte.

Immerfort dieses Assistentenproblem! Nach der Erfahrung mit Bolivar bin ich sehr skeptisch geworden, dass ich jemanden finden werde, mit dem ich solch ein isoliertes Zusammensein aushalten kann. Auch bin ich wegen der Nachricht vom Tod meines Vaters wenig belastbar und fürchte mich vor möglichen Auseinandersetzungen und Spannungen.

Als ich in der Station erfahre, dass eine Expedition zum Vulkan von Fernandina ausge-

Der Krater des immer noch aktiven, 1494 m hohen Vulkans La Cumbre auf der Insel Fernandina. Letztmals brach er am 10. April 2009 in einer heftigen Eruption aus, sodass sich Lavaströme bis ins Meer ergossen.

rüstet wird, bewerbe ich mich sofort als Teilnehmerin. Zunächst schlägt mir nur Ablehnung entgegen. Man versteht nicht, warum ich da mitwill. Ich hätte doch in Punta Nuñez und auf Caamaño genug zu tun. Mein Argument, dass ich nicht arbeiten könne, weil ich keinen Assistenten habe, zieht nicht. Irgendwann würde ich schon jemand finden – tal vez mañana – morgen vielleicht schon!

Für mich wird diese Reise plötzlich sehr wichtig. Ich spüre, wie die Vorstellung von der Vulkanbesteigung von mir Besitz ergreift und die Traurigkeit vertreibt. Ich muss da einfach mit! Endlich weiß ich wieder, dass ich nicht nur wegen der wissenschaftlichen Arbeit auf Galapagos bin. Und da ich inzwischen begriffen habe, dass mein Traum, ein Jahr lang allein auf einer Insel zu leben, sich nicht verwirklichen lässt, will ich nun so viel wie möglich von dem Archipel sehen.

Fernandina ist eine der ursprünglichsten Inseln. Nur an einer einzigen Stelle, in Punta Espinosa, dürfen Touristen anlanden und einen kurzen Spaziergang auf markiertem Pfad unternehmen. Auch Wissenschaftlern wird es nur selten erlaubt, den Vulkan zu besteigen. Diesmal ist es möglich, weil die seltenen Hawaiisturmvögel, die dort oben brüten, gezählt werden sollen. Für diese Aufgabe wurden Ruth, die Ärztin aus Neuseeland, und Fiona, eine englische Biologin, ausgewählt. Eine Woche können sie auf dem Vulkan bleiben. Da es dort oben kein Wasser gibt, muss es in Kanistern hinaufgetragen werden. Ich sehe meine Chance und berichte sofort von meinen bergsteigerischen Unternehmungen im Himalaja und in Afrika. Selbst David zeigt sich beeindruckt und stimmt zu, mich als Wasserträger anzuheuern. Doch noch fehlt die Genehmigung des Nationalparks. Fritz, der gerade aus Deutschland angereist ist und vom gleichen Institut wie ich kommt, übernimmt die Aufgabe, um ein *permiso*, eine Erlaubnis, für mich zu bitten. Schon seit vielen Jahren hält er sich regelmäßig für ein paar Monate in Galapagos auf und ist mit Fausto recht gut befreundet.

Das Schiff, mit dem wir fahren, wurde *Beagle IV* getauft, nach dem Schiff, auf dem

Charles Darwin die Galapagosinseln besucht hat. Am Abend wird unsere Gruppe übergesetzt: Fritz, der mit seinem Assistenten Walter an der Küste von Fernandina Seebären beobachten will, Derek mit zwei Assistentinnen, Deva und Cindy, die an der Küste von Isabela Seeschildkröten fangen und markieren wollen, Ruth und Fiona und noch einige weitere Biologen, die die Aufgabe haben, unterwegs Seevögel zu zählen. Wir legen uns in die Kojen und ich schlafe bald ein. Irgendwann im Morgengrauen beginnt der Motor zu tuckern.

Das Schiff ist klein. Wenn ich vorn an der äußersten Spitze sitze und die Beine herunterhängen lasse, werden sie von Wellenspritzern getroffen. Um mich herum tiefblaue See bis zum Horizont. Kein Land ist zu sehen. Albatrosse, Blaufuß- und Maskentölpel, Fregattvögel, Möwen, Pelikane und Sturmvögel segeln am Himmel, tauchen in die Wellen ein und schwingen sich wieder empor. Im klaren Wasser sehe ich Seeschildkröten treiben. Ein Rochen gleitet gespenstisch unter der Wasseroberfläche dahin.

Plötzlich teilt sich das Wasser. Torpedoförmige Körper schießen heraus – Delfine! Zwei – vier – fünf – nein, sieben Delfine begleiten unser Schiff. Sie kommen ganz nah heran. Als würden sie das Schiff ziehen, formieren sie sich wie ein Gespann vor dem Bug. Eine Weile gleiten wir so dahin, die Delfine voraus, das Boot hinterher. Dann scheint ihnen das Spiel wohl langweilig zu werden. Abschiednehmend umtanzen sie das Schiff, dann reiten sie weiter über die Wellen, verlieren sich in der Weite des Meeres.

Den ganzen Tag über sitze ich wie eine Galionsfigur am Bug, für mich der schönste Platz. Vor mir liegt das weite Wasser, als führe ich allein über das Meer, und ich erlebe, wovon ich immer geträumt habe. Doch dieser Traum hat sich nicht von selbst erfüllt, ich habe dafür gekämpft, bin keine Kompromisse eingegangen und hatte das Schicksal in die von mir gewünschte Richtung gelenkt. Viele Menschen merken erst zu spät, dass sie nicht so gelebt haben, wie sie es gern getan hätten. Wie mein Vater, der kaum 50 Jahre alt geworden ist und während seiner schweren Krankheit mit viel Bitterkeit auf sein Leben zurückgesehen hat. Er hatte so sehr gehofft, noch einmal gesund zu werden, unerfüllte Wünsche seines Lebens nachzuholen. Aber er hätte wohl doch nicht anders leben können, als er es getan hat. Ich glaube trotzdem, dass nichts vergeblich, nichts umsonst ist im Leben. Vielleicht weil ich bei ihm sah, wohin es führt, wenn man immer nur träumt und auf eine ferne Zukunft hofft, habe ich so viel Kraft und Mut bekommen, ganz der Erfüllung meiner Träume zu leben. Das habe ich also von ihm erhalten: als Geschenk und Vermächtnis.

Am dritten Tag fahren wir an einer großen Insel vorüber – Isabela. Abweisend, in rostigem Braun, erhebt sie sich aus dem Meer. Die Flanken der hohen Vulkane sind von schwar-

Das Forschungsschiff Beagle IV bringt die Wissenschaftler zu den Inseln.

zen Lavaströmen gezeichnet, die sich bis ins Meer ergießen. Erstarrte Lava, als sei die Insel eben erst entstanden. Es ist eine eigenartige, verwunschene Vulkanwelt, die ein ganz anderes Bild von Galapagos zeigt, als ich es bisher von der Insel Santa Cruz kenne, die durch ihr tropisch grünes Inneres freundlich und einladend wirkt. Was ich vom Schiff aus erblicke, scheint ausgebrannt, trostlos, ein „Schlackehaufen" – wie es in der Schilderung des Schriftstellers Herman Melville heißt, der auf einem Walfänger Galapagos besucht hatte: „Es ist kaum anzunehmen, dass es irgendwo auf der Erde einen Fleck gibt, der sich an Trostlosigkeit mit dieser Inselgruppe vergleichen ließe. Da sie bereits zu Schlacken ausgebrannt sind, kann keine Macht der Vernichtung ihnen noch etwas anhaben. Sie bieten den Anblick, wie ihn die Welt nach einem göttlichen Strafgericht in Gestalt eines Feuerregens darbieten wird."

Vermutlich war es eine solche Küste, wo der erste Europäer landete, der Spanier Tomás de Berlanga, Bischof von Panama. Er war 1535 mit einem Schiff von Panama nach Peru unterwegs, doch während einer Windflaute wurde dieses von starker Strömung erfasst und trieb hilflos aufs Meer hinaus. Wasser und Vorräte waren schon knapp, als das Schiff endlich an eine Insel antrieb. Groß war die Enttäuschung, als sie sich in einer Lavawüste wiederfanden. „Es sah aus, als hätte es Steine gehagelt", klagte Berlanga in seinem Bericht.

Der allererste Mensch, der Galapagos entdeckte, soll der Inka Tupac Yupanqui gewesen sein. Er war der Großvater von Atahualpa, dem letzten Inkaherrscher, der von den Spaniern umgebracht wurde. Es gibt aber keinen Beweis, dass Tupac Yupanqui tatsächlich auf den Galapagosinseln war, doch mündliche Überlieferungen berichten von einer weiten Reise zu feuerspeienden Bergen.

Von den Seefahrern wurden die Inseln Las Encantadas, die Verzauberten, genannt. Mit den primitiven Navigationsinstrumenten der damaligen Zeit war es schwierig, sie genau anzupeilen. Es schien, als tauchten sie unverhofft an den verschiedensten Stellen plötzlich auf. In den nachfolgenden Jahrhunderten wurden sie zu einem beliebten Schlupfwinkel englischer Seeräuber, unter ihnen so berühmt-berüchtigte wie Cowley, Eaton oder William Dampier, der sich neben seiner Piratentätigkeit auch noch als Schriftsteller hervortat. Von ihm sind eindrucksvolle Naturschilderungen über die Galapagosinseln erhalten geblieben.

Ein Schlauchboot wird ins Wasser gelassen, um Derek mit seinen zwei Assistentinnen, Deva und Cindy, zur Küste zu bringen. Wasser und Nahrungsmittel für vier Wochen nehmen sie als Vorrat mit. Ich darf mit hinüberfahren. Aus der Nähe sieht die Küste gar nicht mehr so unwirtlich aus. Stellenweise ist das Ufer sogar grün von dichtem Mangrovengebüsch. Laut schreiend kreisen die Fregattvögel über ihren Nestern. Nachdem der Brandungsgürtel durchquert ist, fahren wir in eine stille Lagune ein. Kristallklares Wasser und ein blendendweißer Sandstrand liegen vor uns.

An Bord der *Beagle* zurückgekehrt, steuern wir Fernandina an, die am weitesten westlich liegende Insel des Archipels. Als die Motoren wieder zu tuckern beginnen, taucht der runde Kopf eines Seehunds aus dem Wasser. Verdutzt schaut er uns noch lange hinterher.

Vor uns liegt Fernandina! Ein faszinierender Anblick! Die Insel besteht aus einem einzigen riesigen Vulkankegel, der noch immer aktiv ist. Beim letzten großen Ausbruch floss glutsprühende Lava die Hänge hinab und ergoss sich zischend ins Meer.

Wir schaffen die Ausrüstung an Land. Es sieht hier aus wie im Inneren eines gerade

Blick vom Kraterrand des Schildvulkans, der die Insel Fernandina bildet.

stillgelegten Hochofens. Die Lava ist im zähen Fluß erstarrt. Deutlich sind die Schlingen, Wülste und Bänder zu sehen. Unter der Oberfläche haben sich viele Hohlräume gebildet. Wir müssen aufpassen, dass wir nicht durch die wie Glas splitternde Schicht metertief einbrechen. Die schon verwitterte Lava ist rostrot. Darüber ist frische geflossen, hat aber nicht alle Stellen überdeckt, sodass ein rostrot-schwarzes Muster entstanden ist. Eine ausgebrannte, tote Landschaft.

Die kleinen Bäumchen, die kahl ihre Äste ausstrecken, verstärken noch den gespenstischen Eindruck. Sie sind jedoch nicht abgestorben, sondern haben sich dem extremen Lebensraum angepasst. Monate, sogar Jahre überleben sie ohne Blätter, weil sie kaum Wasser verbrauchen. Sobald es regnet, treiben sie aus und ergrünen zu neuem Leben. Schaut man genau hin, finden sich noch weitere Überlebenspioniere – Kakteen. Dort, wo die Lava schon etwas verwittert ist, sitzen kleine stachlige Kugeln oder fingerlange gelbliche Brachycereus-Kakteen. Insgesamt gibt es auf Galapagos 17 verschiedene Kakteenarten.

Im Gegensatz zum Landesinneren ist die Küste wieder reich mit tierischem Leben bevölkert. Außer den mir schon von Santa Cruz und Caamaño bekannten Tieren gibt es hier die flugunfähigen Kormorane, Pinguine, Bussarde, Seebären und Dromicusnattern. Die Seebären sind kleiner als die Seelöwen. Ihr Fell ist kaffeebraun, die Köpfe sind kürzer, rundlicher. Später, sobald ich im Camp von Fritz und Walter bin, werde ich die Seebären noch ausgiebig beobachten können.

Die untergehende Sonne wirft einen rötlichen Farbschimmer über den Vulkan. Morgen werden wir diesen 1450 m hohen Berg besteigen. Da wir von Meereshöhe starten, erwartet uns ein langer, mühsamer Aufstieg durch weglose, brüchige Lava. Schnell wird es dunkel. Jeder sucht sich einen einigermaßen ebenen Platz für Matte und Schlafsack.

Der Baum Palo Santo überlebt auch große Trockenheit. Dieses Exemplar ist nicht abgestorben. Sobald es regnet, wird es neue Blätter treiben.

Am nächsten Morgen marschieren wir bei Sonnenaufgang los, um eine möglichst weite Strecke hinter uns zu bringen, bevor die Sonne zu heiß brennt. Ich beneide Fiona und Ruth ein bisschen, die eine Woche oben auf dem Vulkan bleiben können. Die Hawaiisturmvögel, deren Nester sie suchen und zählen wollen, sind sehr selten geworden. Der Krater von Fernandina ist einer ihrer letzten Brutplätze.

Warwick und ich tragen je einen Wasserkanister mit 25 l im Rucksack hinauf. Wir werden oben übernachten und am nächsten Tag zur Küste zurückkehren. Das Gehen strengt an. Spröde zersplittert die Lava, wenn man den Fuß darauf setzt. Sie ist ungleich geflossen, rau und zackig in Scherben zerbrochen. Der Rucksack wird von Schritt zu Schritt schwerer. Die Wassermenge im Kanister ist zu träge, um die Bewegungen des Körpers mitzumachen. Sie schwingt immer in der entgegengesetzten Richtung. Die 25 l erscheinen daher viel schwerer als ein normal gepackter Rucksack. Nach dem flach geneigten Küstenstück steigt die Flanke des Vulkans steil an. Manchmal haben wir Glück und finden einen „Lavafluss", auf dessen fester, glatter Oberfläche man leichter vorwärts kommt, dann wieder müssen wir lockere Aschefelder und Schuttflächen queren. Es ist anstrengend für die Füße, die nach Halt in dem Geröll suchen müssen. Die Sonne brennt, dörrt uns fast aus. Nirgendwo ein Schutz, kein Schatten.

Warwick, der die Führung übernimmt, hat einen für mich schwierigen Laufrhythmus. Zuerst rennt er wie verrückt und macht dann nach jeweils 20 Minuten eine Pause. Ich versuche mich anzupassen, doch es macht mich ganz fertig. Ich gehe lieber einen langsamen, gleichmäßigen Rhythmus, den ich stundenlang ohne Pause durchhalten kann. Deshalb sage ich den anderen, als sie wieder rasten, ich würde langsam vorausgehen. Bald finde ich eine festgetrocknete Schlammspur, auf der ich gut vorankomme. Als ich zurückschaue, sehe ich, dass sich die drei auf einer weiter rechts verlaufenden Spur befinden. Dazwischen liegen viele Meter lockeres Geröll, tiefe Gräben und Abbrüche. Sie winken mir, ich solle auf ihre Bahn herüberkommen. Ich versuche es, aber es kostet unheimlich viel Kraft. Also rufe ich ihnen zu, ich würde oben auf sie warten. Der Gipfel scheint mir zum Greifen nah. Als ich mich nach einer Weile wieder umblicke, sehe ich die drei weit unter mir als kleine Pünktchen. Ich möchte schnell meine Neugier befriedigen und in den Krater schauen, dann werde ich dahin zurückgehen, wo ihre Bahn in den Gipfelwall mündet. Ich präge mir die Stelle ein und den Abstand zwischen meiner Bahn und der ihren und winke ihnen noch einmal zu. Weit unten leuchtet verlockend das Meer.

Entschlossen wende ich mich um und stapfe weiter empor. Doch dann ist meine „Schlammstraße" plötzlich zu Ende. Sie bricht ab in einen 3 m tiefen Geröll- und Aschegraben. Mit dem hin und her schwingenden Wasser ist es gar nicht so einfach, auf dem lockeren Untergrund hinunterzuklettern. Und dann geht es auf der anderen Seite wieder hinauf. Immer wieder muss ich solche kräftezehrenden Stellen überwinden, dann endlich stehe ich oben am Wall.

Doch der Krater ist nicht zu sehen. Der Wall ähnelt einer Dünenlandschaft, flach gewölbt mit vielen kleinen Hügeln, die die Sicht versperren. Der Boden ist mit feinem, weichem Aschesand bedeckt. So hatte ich es mir nicht vorgestellt. Wie soll ich denn in dieser unübersichtlichen Landschaft die anderen wiederfinden? Ich steige auf einen Hügel hinauf, doch von dort sehe ich immer nur neue Hügel. Rufen nützt auch nichts, die weiche Asche dämpft die Töne. Erst jetzt fällt mir auf, wie seltsam still es um mich ist. Kein einziger Laut ist zu vernehmen, ein Gefühl wie in einem schallisolierten Raum.

Ich habe keine Angst, dass ich die anderen nicht wiederfinden könnte. Schlecht ist nur, dass Warwick, der als Mitarbeiter der Darwin-Station verantwortlich für diese Exkursion ist, über meine Extratour verärgert sein wird. Er ist ein so überkorrekter, genauer Mensch, dem – so hatte man mir gesagt – es zu verdanken sei, dass die Station während der direktorenlosen Zeit nicht zusammenbreche. Er kümmere sich im Hintergrund um alles und halte die Dinge zusammen, während David nur als große Töne spuckendes Aushängeschild fungiere.

Warwick zu verärgern war nicht meine Absicht. Warum nur habe ich mich vom Gipfelfieber verleiten lassen? Nun habe ich auch bei ihm einen Minuspunkt gesammelt. Ich konnte aber auch nicht ahnen, dass es oben so unübersichtlich sein würde, versuche ich mich zu beschwichtigen. Ungefähr weiß ich ja die Richtung, also verzichte ich erst einmal darauf, in den Krater zu schauen, und laufe schräg rechts wieder zur Flanke zurück. Nach einer Stunde sehe ich endlich die anderen – kleine Gestalten in einer riesigen Landschaft.

Warwick war natürlich sauer, sagte aber kein Wort, blickte nur durch mich hindurch. Gemeinsam gehen wir zum Krater. Der Blick ist grandios. Ich bin schon auf einigen Vulkanen gestanden, aber noch nie auf einem solchen. Das Riesenloch beträgt 4 km im Durch-

Im Landesinnern stößt man immer wieder auf Kakteen, die auch lange Trockenzeiten überstehen.

Der mühevolle Aufstieg zum Vulkankrater der Insel Fernandina macht immer wieder eine Rast notwendig.

messer und der Kraterboden ist bei einer Eruption im Jahr 1968 über 900 m tief abgesackt. Wie bei einer Luftaufnahme sehe ich die Landschaft unter mir liegen: den grasgrünen See, dessen Ufer kleine Minikrater säumen und in dessen Wasser sich schwarze Lavaströme ergießen. Es ist eine Welt für sich. Schwefelablagerungen und rauchende Fumarolen künden von der Aktivität des Vulkans. Sofort wird der Wunsch wach hinunterzusteigen. Wenn ich hier eine Woche bleiben dürfte wie Fiona und Ruth ...

Im Ascheboden entdecke ich Spuren von einem Tier. Abdrücke von vier Füßen und die Schleifspur des Schwanzes. Und dann sehe ich ihn – einen Landleguan. Schwefelgelb, über 2 m lang, richtet er sich bei meinem Anblick drohend empor. Mir die Breitseite bietend, bläht er sich auf und nickt rhythmisch mit dem Kopf. Wie ein den Kraterschlund bewachender Höllenwächter sieht er aus. Wovon ernährt er sich hier oben? Wahrscheinlich von den vereinzelten Büschen und den trockenen Gräsern. Später erfahre ich, dass die Weibchen bis zum Kratergrund hinabsteigen, um unten ihre Eier abzulegen. Der Sand ist durch die vulkanische Tätigkeit angewärmt wie ein Brutkasten.

Müde von dem elfstündigen Aufstieg, rollen wir die Schlafsäcke auf dem weichen Ascheboden aus. Über mir sehe ich den funkelnden Sternenhimmel mit einer schmalen Mondsichel. Lange kann ich nicht einschlafen, lausche der Stimme des Vulkans, der ab und zu dumpf vor sich hin grummelt.

Hinter dem Krater geht majestätisch die Sonne auf. Zwei kleine Tauben trippeln umher, suchen nach Insekten, die der Wind emporgetragen hat. Eine Spottdrossel kommt frech und neugierig herangehüpft. Sie zupft an meinen Zöpfen, die aus dem Schlafsack heraushängen.

Warwick drängt zum Aufbruch. Im Laufschritt rast er den Berg hinab. Um ihn nicht noch mehr zu ärgern, bleibe ich ihm dicht auf den Fersen. Nach nur vier Stunden sind wir wieder an der Küste. Wir hatten uns auf einen Sprung ins Wasser gefreut, jedoch die Mannschaft von der *Beagle* erwartet uns schon: Pancho, unser Koch und Steuermann, serviert ein köstliches Essen.

Im Camp von Fritz und Walter

Wir fahren mit der *Beagle* bis Kap Hammond, einem Ort an der Küste von Fernandina, wo Fritz und Walter ihr Lager errichtet haben. Drei Wochen kann ich hierbleiben, bevor die *Beagle*, die inzwischen Fernandina und Isabela umrundet, damit Seevögel gezählt werden können, mich wieder nach Santa Cruz bringt.

Jeden Morgen und Abend, wenn es kühler ist, gehen wir auf Seebärenfang. Fritz schleicht sich von hinten an ein in der Sonne dösendes Tier heran, wirft sich darüber und versucht es festzuhalten. Walter eilt mit einem Sack herbei und manövriert den sich heftig wehrenden Seebären kopfüber hinein. Mit einer Federwaage wird sein Gewicht festgestellt. Dann bekommt er in eine der Flossen eine Plastikmarke mit Nummer geknipst. So kann man seine Entwicklung über Jahre hinweg verfolgen.

Jeden Morgen und Abend, wenn es kühler ist, gehen wir auf Seebärenfang. Fritz schleicht sich von hinten an ein in der Sonne dösendes Tier heran, wirft sich darüber und versucht es festzuhalten.

Die meisten Weibchen haben gerade ein Junges. Die Kleinen sind süße Möpschen, wuschelig braun, funkeln sie mich unerschrocken mit ihren Kugelaugen an. Nach der Geburt bleibt die Mutter zunächst drei bis vier Tage bei dem Jungen. In dieser Zeit muss sie von ihren Fettreserven leben, erst dann geht sie wieder zum Fischen ins Meer. Die Babys liegen während dieser Zeit fast bewegungslos an ihrem Platz zwischen den Lavablöcken. Manchmal müssen sie drei Tage lang warten, bis die Mutter zurückkommt. Sie überstehen diese Zeit relativ problemlos, da die Robbenmilch sehr fettreich ist und lange vorhält. Kehrt die Mutter nicht zurück, weil sie zum Beispiel einem Hai zum Opfer gefallen ist, verhungert das Robbenbaby, denn andere Weibchen lassen kein Fremdes an die Milchquelle heran. Wie sich Mutter und Jungtier erkennen, ist eine der vielen Fragestellungen, die Fritz erforscht. Außer am Geruch erkennen sie sich schon über weite Entfernung an der Stimme. Fritz nimmt die Stimmen mit Tonband auf und analysiert später die Unterschiede.

Ein Seebärenkind muss von der Mutter zwei Jahre lang gesäugt werden, erst dann kann es selbstständig auf Fischfang gehen. Das Seebärenweibchen bekommt jedes Jahr ein neues Baby, die Milch reicht jedoch nur für ein Junges. Da das ältere natürlich stärker ist, verdrängt es sein Geschwister von der Milchquelle. Deshalb sterben jedes Jahr alle Neugeborenen, die ein älteres Geschwister haben. Die Mutter greift niemals in diese tödliche Auseinandersetzung ihrer Sprösslinge ein. Würde sie dem Neugeborenen helfen, wären die Seebären bald ausgestorben. Bei dem Versuch, die Milch unter beiden Jungen zu verteilen, bekäme keines genug. Warum, so fragt man sich, gebärt die Seebärin nicht nur jedes zweite Jahr? Fritz fand eine Erklärung auf diese Frage. Bei seinen Forschungen stellte er fest, dass die Jungtiere

Ein junger Galapagos-Seebär – diese Art, die felsigen Untergrund zum Ruhen bevorzugt, ist die nördlichste Art der Südlichen Seebären.

von Krankheiten und anderen Gefahren sehr bedroht sind. Fast die Hälfte kommt um. Deshalb, so seine Annahme, produziert das Weibchen jedes Jahr ein Junges, für den Fall, dass das Junge vom Vorjahr nicht überlebt hat. Wenn doch, stirbt eben das zuletzt Geborene. Ich finde es grausam, dass die kuscheligen Kleinen verhungern müssen, doch es ist unmöglich, mit unseren menschlichen Moralvorstellungen die Natur beurteilen zu wollen.

Den größten Teil des Tages verbringe ich auf dem Kormoranfelsen. Er leuchtet weiß inmitten der dunklen Umgebung. Der Guano, die Ausscheidung der Vögel, hat ihn so gefärbt. Im Lauf der Zeit hat er sich mit dem Gestein zu einer festen, unlöslichen Schicht verbunden. Dicht an dicht sitzen die Kormorane auf dem Fels. Sie können nicht fliegen, denn statt der Flügel haben sie nur noch spärlich befiederte Stummel. Es sieht witzig aus, wenn sie die wie gerupft wirkenden Flügel zum Trocknen auseinanderspreizen. Die Vögel sind dunkelbraun gefiedert, haben einen kurzen Schwanz und einen schlangenartigen Hals, den sie beim Drohen lang vorstrecken. Die schwarzen Entenfüße sitzen weit hinten am Körper. Der Schnabel ist am Ende hakenförmig abwärts gebogen. Am auffallendsten sind die leuchtend blauen, ja sogar türkisfarbenen Augen. Da sich die Kormorane von Fischen ernähren, wären große Flügel beim Schwimmen und Tauchen nur hinderlich. Weil sie die Flügel auch an Land nicht brauchen – sie müssen ja nicht vor Feinden davonfliegen –, haben sie sich zurückgebildet. Fähigkeiten wie das Flugvermögen gehen verloren, wenn sie nicht genutzt werden oder gar hinderlich sind. Würden plötzlich Hunde, Katzen und andere gefährliche Feinde in Fernandina ausgesetzt, könnten die Kormorane nicht überleben. Um sich an die neue Gefahr anzupassen, wäre eine lange Generationenfolge notwendig. Man schätzt die Zahl der Kormorane, die nur an den Küsten von Fernandina und Isabela leben, auf etwa 800 Paare. Eine so geringe Anzahl wäre von ein paar Raubtieren in nur wenigen Jahren ausgerottet.

Die Kormorane brüten gerade. Eine günstige Gelegenheit für meine Beobachtungen. Der Abstand zwischen den Nestern ist so klein, dass das brütende Tier gerade noch vor den Schnäbeln der Nachbarn sicher ist. Oft gibt es lautstarken Streit. Dann strecken die Tiere ihre Hälse waagerecht aus, klappern mit den Schnäbeln und zischen wie Schlangen. Das „Eigenheim“ ist also bei den Kormoranen so groß, wie der Schnabel lang ist. Die Nester bestehen aus einem ringförmigen Wall von Seetang, verkittet mit Guano. In den Nestern liegen zwei weiße Eier oder ein bis zwei Jungtiere verschiedener Entwicklungsstadien. Besonders während der heißen Mittagszeit halten sich die Eltern im Nest auf, um den Jungen zu ihren Füßen Schatten zu spenden. Zum Fischen haben es die Kormorane nicht weit. Sie watscheln die paar Meter bis zum Wasser oder rutschen auf dem Bauch von den Felsvorsprüngen direkt hinein. Die Alten rücken das Futter erst heraus, wenn die Jungen betteln. Die Kleinen trommeln mit ihren Schnäbeln so lange gegen die Kehle des Altvogels, bis dieser zu würgen beginnt. Es ist

Schwerstarbeit, die meist schon halb verdaute Nahrung aus dem Magen wieder herauszubringen. Oft stecken die Jungen sogar ihre Schnäbel tief in den Schlund der Eltern. Einer der Jungen hat sein Futter fast verschlungen, nur der Fischschwanz schaut noch heraus. Plötzlich – es geht alles so schnell – sehe ich einen großen Schatten. Er streift über das Nest – und der junge Kormoran ist seinen Fisch los. Aus dem Schlund wurde er ihm wieder herausgerissen. Es war ein Fregattvogel, der die Fütterungsszene erspäht und im richtigen Moment zugegriffen hatte.

Es ist nicht allein das Interesse an Verhaltensbeobachtungen, das mich zum Kormoranfelsen zieht. Zuerst ist es nur unbewusst, doch bald muss ich mir eingestehen, dass ich so versuche, Fritz und Walter aus dem Weg zu gehen. Ich spüre, ich bin überflüssig, einfach eine Person zu viel. Doch keiner getraut sich, das Problem offen anzusprechen.

Sie sind freundlich, aber sie akzeptieren mich nur scheinbar. Fritz lässt mich seine Überlegenheit auch während der Fangaktionen spüren. Mit Block und Bleistift laufe ich hinter den beiden her und schreibe die Zahlen auf, die Walter mir zuruft. Es ist klar, dass dies nur eine Scheinbeschäftigung ist, denn Walter könnte die Zahlen sogar zeitsparender gleich selbst notieren. Wenn Fritz die Knipszange zum Befestigen der Plastikmarken an den Flossen der Seebären benötigt, sagt er zu mir betont scherzhaft: „Schwester, die Zange bitte!“ Einmal, noch an einem der ersten Tage, habe ich gefragt, ob ich nicht auch mal einen Seebären fangen könne? Fritz, wieder ganz spaßig: „Aber selbstverständlich! Wenn wir mal einen hübschen kleinen für dich finden, kannst du es natürlich versuchen.“

Während ich mich vom Seewind erträglich gekühlt fühle, macht den Kormoranen die Mittagshitze sehr zu schaffen. Hechelnd, mit geöffnetem Schnabel brüten sie in ihren Ringwall-Nestern. Plötzlich fällt mir ein Kormoran auf, der ein Tangbündel im Schnabel trägt. Er kommt in die Kolonie gewatschelt. Den Tang hat er vom Meeresgrund ertaucht. Bei seinem Nest angekommen, verneigt er sich tief vor dem brütenden Partner. Dieser greift nach dem Bündel Tang, dreht es im Schnabel zurecht und legt es dann ordentlich am Nestrand ab. Ein wenig zupft und rupft er noch an dem „Mitbringsel“, dann erhebt er sich vom Gelege und lässt den Partner auf die Eier. Diese Ablösezeremonie findet etwa alle zwei Stunden statt und mit immer gleichbleibender Höflichkeit. Nicht jedes Mal besteht das „Geschenk“ aus Tang, manchmal sind es Seesterne oder auch nur ein Stöckchen. Solche Grußrituale dienen dem Abbau von Aggression.

Bewundernd schaue ich den Blaufußtölpeln hinterher. Zu mehreren jagen sie um die Felsklippen. Es zischt in der Luft, wenn sie dicht über mir hinwegsausen. Unwillkürlich drängt sich mir der Vergleich mit einer Fliegerstaffel auf. Sitzen die Tölpel dagegen an Land, wirken sie plump. An ihre himmelblauen Füße habe ich mich immer noch nicht gewöhnt, es ist ein unwirklicher Anblick. Ich muss mich zwingen zu glauben, dass sie echt und nicht etwa aus Plastik sind. Am meisten beeindruckt mich immer wieder ihr Sturzflug. Mit angelegten Flügeln, einem dreieckigen Geschoss gleich, sausen sie in die Tiefe.

Obwohl Galapagos am Äquator liegt, gibt es Pinguine. Es sind kleine Kerle, kaum 20 cm hoch. Ihre Vorfahren hat es wahrscheinlich von Feuerland auf die tropischen Vulkaninseln verschlagen. Dank der kalten Humboldtströmung können sie hier existieren. Im Gegensatz zu anderen Pinguinarten, die in großen Kolonien brüten, bildet der Galapagospinguin kleine Gemeinschaften von nur zwei bis drei Paaren. Ihre Nester sind gut unter Steinplatten und in Höhlungen verborgen.

Ich muss lachen, wenn ich die Pinguinmännchen bei ihrem Balzgehabe beobachte. Sie strecken den Schnabel steil in die Höhe, stoßen Trompetentöne aus und flattern wild mit ihren Flügelflossen, als müssten sie das Gleichgewicht wahren. Es amüsiert mich, wie wichtig sich die kleinen Kerlchen aufführen.

Ich sammle eine Fülle von Tierbeobachtungen und paradiesische Bilder in mir an, Bilder, für die ich nur schwer Worte finde und die die Wirklichkeit nie so lebendig und wahrhaftig widerzuspiegeln vermögen. Immer wieder neu überrascht bin ich, dass die Küste von Fernandina tatsächlich genau so ist, wie ich sie mir in meinen Träumen vorgestellt hatte: das Meer, die weiß schäumenden Wellen, die schwarze Lava, in vielgestaltigen Wülsten, Zöpfen und Bändern erstarrt, die Tiere dicht an dicht und dann alles überragend der breite Rücken des Vulkans.

Galapagospinguine, die zur Gattung der Brillenpinguine zählen, sind die seltenste Pinguinart und extrem gefährdet.

Doch am Abend, wenn ich ins Lager zurückkehre, fühle ich, wie Beklemmung mich umschließt, und ich ziehe mich ganz in mich zurück. Wahrscheinlich wirke ich dann auf die anderen phlegmatisch und gedankenleer.

Das Fremdheitsgefühl wächst. Immerhin essen wir zusammen. Die Verpflegung ist recht einseitig. Fritz besitzt zwar einen wunderbaren dreiflammigen Kocher und eine große Gasflasche, hat jedoch den Anschlusskopf vergessen. Mit fast allen Vorräten, dem Reis, den Nudeln, dem Mehl, ist nun nichts anzufangen. Ohne zu murren, aber auch ohne mal einen Scherz über die ungewohnte Ernährungsweise zu wagen, öffnen wir zum Frühstück Thunfischkonserven und trinken kalt angerührten Kaffee. Die Konserven, die nur als Beilage gedacht waren, verbrauchen sich zu rasch. Walter angelt mit Fleiß und Ausdauer. Den rohen Fisch schneiden wir in kleine Würfel und beträufeln ihn mit Zitrone – schmeckt köstlich! Ich kann mich nicht des Gefühls erwehren, dass ich als dritter, eigentlich nicht eingeplanter Esser das Nahrungsproblem vergrößere.

Ich spüre, dass Fritz schon längst bereut, mich in sein Camp eingeladen zu haben. Er, der die wissenschaftliche Arbeit sehr ernst nimmt, ist wohl am meisten darüber enttäuscht, dass ich nichts tue, dass ich nur an der Küste herumsitze. Er sagt zwar nichts, doch ich weiß, er hätte erwartet, dass ich mir Aufgaben suche und ein Beobachtungsprogramm zusammenstelle, irgend etwas Vorweisbares mache. Einmal schlägt er mir vor, ich solle doch wenigstens in regelmäßigen Abständen die Kormorane zählen, wenn ich schon immer dort herumsitze. Die Anzahl der Kormorane, in Abhängigkeit zur Zeit, könne man dann in einer Kurve aufzeichnen.

Ich kann mir überhaupt nicht vorstellen, wozu das gut sein soll. Ich habe den Verdacht, dass die Biologen nur deshalb so verrückt auf Zahlen und Kurven sind, weil sie beweisen wollen, dass sie zu exakten Wissenschaftlern gereift sind und keine Naturschwärmer mit Botanikertrommel und Schmetterlingsnetz sind. Mir dagegen macht es Spaß, den Tieren einfach nur zuzuschauen und über das Beobachtete nachzudenken.

Nachts, wenn Fritz und Walter schon in ihrem Zelt liegen, sitze ich noch am Tisch und schreibe in mein Tagebuch. Es ist dunkel, kein Stern ist zu sehen. Ich spüre eine seltsame Sehnsucht nach irgend etwas, nach irgend jemand. So allein, so verlassen habe ich mich auf Caamaño nur in der Zeit mit Bolivar gefühlt. Doch eigentlich ist es jetzt noch schlimmer, weil meine Unsicherheit von Tag zu Tag zunimmt.

Manchmal glaube ich inzwischen schon selbst, dass Fritz mit seiner abwertenden Meinung über mich recht hat. Ich weiß nicht, wer ich wirklich bin. Ich hatte geglaubt, ich sei Wissenschaftlerin, doch jetzt merke ich, dass mich ganz andere Sachen interessieren. Statt Tiere zu zählen und zu markieren, würde ich viel lieber die 1902 zum letzten Mal gesehene Fernandina-Schildkröte suchen gehen. Vielleicht leben doch noch einige Exemplare dieser angeblich ausgestorbenen Schildkrötenrasse am Vulkanhang. Oder es würde mich reizen, von dieser Seite, dem Kap Hammond, einen Aufstieg zum Kraterrand zu versuchen. Und wie toll wäre es, in den Krater hinabzusteigen! Mich reizt es, Entdeckungen zu machen, etwas zu beobachten, das noch niemand gesehen hat, mich mit meinem Körper und meinem Gefühl ganz einem Erlebnis hinzugeben. Ich habe einen unstillbaren Hunger, das Leben zu beobachten und es in mich aufzunehmen, in Bildern, Farben, Gerüchen, Tönen und Empfindungen. Seit ich auf Galapagos bin, wird mir immer deutlicher bewusst, dass ich als Wissenschaftlerin nicht geeignet bin.

Wieder sitze ich an der Küste und soll, von Fritz beauftragt, beobachten, wie groß das Territorium ist, das von einem Seebärenbullen verteidigt wird. Es ist aber ein langweiliger Familienvater, der nur faul herumliegt und träge zu seinen vier Weibchen mit dem vierfachen Nachwuchs blinzelt. Was soll er sich auch aufregen, wenn kein Konkurrent da ist? Überhaupt sind die Seebären viel weniger aktiv und verspielt als die Seelöwen, die ich auf Caamaño kennengelernt habe.

Ein Tier mit zwei aparten braunen Längsstreifen gleitet die Lavaplatte herab, unter der ich im Schatten sitze. Ein kleines Köpfchen mit wachen Augen beäugt mich. Es ist eine Dromicusnatter. Ich kann es mir nicht versagen, sie kurz in die Hand zu nehmen, den kühlen schlanken Körper zu spüren, wie er sich kraftvoll um meinen Arm schlingt.

Interessanter, als den faulen Seebärenbullen zu beobachten, ist es, den flinken Lavaechsen zuzuschauen. Wenn die Sonne heiß herabbrennt, fühlen sie sich in ihrem Lebenselement. Dann flitzen sie pfeilschnell über die Steine, springen hoch hinauf in die Luft, um Fliegen zu fangen, und finden noch zwischendurch Zeit, dem Nachbarn zu drohen.

Weit draußen im Meer sehe ich Delfine springen. Sie kommen aufs Land zu. Wie eine Treiberkette bringen sie einen riesigen Fischschwarm in die Bucht. Ich merke das daran, weil auf einmal unzählige Tölpel, Sturmtaucher, Pelikane und andere Meeresvögel am Himmel kreisen. Sie wollen ihren Anteil am Fang. Als das Wasser in der Bucht von den

Ein Brauner Pelikan im Landeanflug. Die Vögel brüten in Kolonien und bevorzugen dafür kahle Inseln.

zusammengetriebenen Fischen zu kochen beginnt, stürzen sich die Vögel hinab. Das große Jagen und Fressen beginnt.

Plötzlich sehe ich, wie eine Rauchfahne aus dem Krater aufsteigt. Mein erster Gedanke – der Vulkan bricht aus! In mir ist sofort eine riesige Freude, hinter der die Gefahr als unbedeutende Kleinigkeit zurückweicht. Welch ein Glück, einen Vulkanausbruch aus nächster Nähe beobachten und erleben zu können! Und dass es gerade passiert, wenn ich da bin! Die Wolke, wohl aus heißem Wasserdampf, wächst, dehnt sich aus, hängt wie eine Pilzkappe über dem Gipfel. Am liebsten würde ich hinauflaufen. Vielleicht kocht und brodelt die Lava schon im Kraterschlund. Doch der Vulkan beruhigt sich wieder, nachdem er noch aus einigen Seitenkratern und Rissen Dampf abgelassen hat.

In der Nacht stürmt es heftig. Es sind kurze, ungeheuer starke Böen. Der Zeltstoff rasselt und knattert. Am Morgen liegt das Sonnensegel zerfetzt auf der Erde. Das Camp ist wüst zugerichtet, die Verpflegungskisten sind wild durcheinandergeworfen und einige leichte Ausrüstungsgegenstände fehlen ganz. Es ist selten, dass man in Galapagos von solch einem Unwetter überrascht wird, denn die Inseln liegen in einer windarmen Ecke. Während die beiden Männer die Ordnung im Camp wiederherstellen, mache ich mich daran, das Leintuch zu flicken, damit wir es wieder als Sonnenschutz aufspannen können.

Fritz hatte mir dezent das Nähzeug hingestellt und gemeint: „Wenn du willst, kannst du dich ja daran versuchen.“ Als ich nach drei Stunden endlich fertig bin, lobt er mein Flickwerk mit den Worten: „Fein, so hat dein Aufenthalt hier tatsächlich noch einen Sinn gehabt.“

Es ist das einzige Mal, dass er ehrlich sagt, was er denkt. Doch bevor ich eine Entgegnung finde, hat er schnell das Tonband genommen und ist an die Küste gelaufen, um die Stimmen der Seebären aufzunehmen.

Der weiße Strand von Punta Nuñez

Wieder sitze ich als Galionsfigur vorn am Bug der *Beagle* und fühle mich etwas matt und gedankenfaul. Fernandina ist schon nicht mehr sichtbar. Der breite schwarze Vulkanrücken ist hinter den Horizont getaucht. Warum bin ich nicht so glücklich, wie ich es doch sein müsste? Irgendwie stehe ich mir selbst im Weg.

Gestern Vormittag kam plötzlich die *Beagle* um das Kap Hammond herum in die Bucht gefahren. Endlich! Eigentlich hatten wir sie schon ein paar Tage früher erwartet, doch wegen des Sturms verzögerte sich ihre Ankunft. Als ich an Bord ging, fühlte ich, wie die Erstarrung von mir abfiel. Auf dem Schiff befand sich die mir bekannte Besatzung: Kapitän Efraim, Pancho, der Koch und Steuermann, und die Biologen.

Am Abend fand ein Fest statt, mit Musik und Tanz und viel zu essen. Wir feierten den Geburtstag von Cindy. Schon bei der Hinfahrt war sie mir aufgefallen und ich hatte eine spontane Zuneigung zu ihr gefasst. Mir gefällt ihre unkomplizierte, burschikose Art. Sie hat in Kalifornien Biologie studiert und eine Arbeit über das Verhalten von See-Elefanten geschrieben. Nun befindet sie sich auf einer Weltreise. Neben Galapagos will sie gezielt weitere biologische Stationen aufsuchen, um sich praktische Kenntnisse anzueignen. Als ich sie frage, ist sie sofort einverstanden, meine Assistentin zu werden. Ich bin sehr erleichtert. Endlich habe ich jemanden gefunden, mit dem ich mich gut verstehe! Ich spüre, dass Cindy mir in Charakter und Wesensart sehr ähnlich ist.

Endlich habe ich jemanden gefunden, mit dem ich mich gut verstehe! Ich spüre, dass Cindy mir in Charakter und Wesensart sehr ähnlich ist.

Zuerst will ich mein Camp in Punta Nuñez an dem schon von mir ausgesuchten Ort an der Küste von Santa Cruz errichten und dort etwa einen Monat lang bis Oktober bleiben, um die Messwerte der Vergleichskolonie zu sammeln. Danach plane ich, die Arbeit in Caamaño fortzusetzen, vor allem mit Verhaltensbeobachtungen der Männchen während der Fortpflanzungsperiode.

Fausto schüttelt ablehnend den Kopf, als ich ihm berichte, dass Cindy nun meine Assistentin sein wird. Ich verstehe nicht, warum er sie ablehnt. Wütend funkelt Fausto mich an: „Stell dich doch nicht so dumm – tan tonta! Diese Person hält sich doch illegal hier auf!"

Cindy war eingereist, ohne eine offizielle Grenze zu überschreiten, denn sie reist auf eine wenig übliche Weise um die Welt – sie trampt mit Segelschiffen! In Panama hatte sie auf einem Boot angeheuert und war geradewegs übers Meer nach Galapagos gesegelt. Nun fehlt in ihrem Pass der ecuadorianische Einreisestempel. Fausto ist besonders erbost, dass Cindy als Dereks Assistentin nach Isabela mitgefahren ist. Niemand von der Parkverwaltung hatte genau hingeschaut, da Derek durch seinen jahrelangen Aufenthalt viel Vertrauen genießt. „Doch jetzt muss sie verschwinden", sagt Fausto entschieden, „wo kämen wir denn hin, wenn hier jeder mit 'nem Segelboot aufkreuzt und nicht mal 'nen Stempel im Pass hat! *Éste, no es posible!*"

Statt Cindy kommt Deva mit nach Punta Nuñez. Sie war als Entwicklungshelferin nach Ecuador gegangen. Zwei Jahre lang lebte sie in einem Urwalddorf am Rio Negro, doch dann wurde das Projekt wegen finanzieller Schwierigkeiten aufgegeben. Aus Interesse und Neugier kam Deva nach Galapagos, machte eine Ausbildung als Touristenführerin und wenn jemand gebraucht wird, hilft sie den Wissenschaftlern als Assistentin.

Über Santa Cruz ist eine dicke Wolkenkappe gestülpt, durch die kein Sonnenstrahl dringt. Ab und zu erleichtern sich die Wolken und lassen Wasser herabtröpfeln. Wir haben das Camp in einer sandigen Bucht errichtet, die sich an die Steilwand anschließt. Hinter dem Sandstrand beginnt die Kaktuswüste, eine Szenerie wie für einen Wildwestfilm.

Ich habe versucht, in sie einzudringen. Drei Stunden kämpfte ich mich durch dorniges Gestrüpp und kam doch kaum einen halben Kilometer voran. Spuren von verwilderten Eseln und Ziegen fand ich, jedoch außer den Kielschwanzleguanen sah ich keine Tiere. Kein Laut ist zu hören, kein Lufthauch weht. Das Leben scheint stillzustehen, alles wie erstarrt. Es ist eine staubtrockene, in Hitze erstorbene Welt. Mehr als 15 Kilometer weit erstreckt sich diese fast undurchdringliche Kaktuszone, dann erst beginnt das tropischfeuchte Hochland.

An der Küste sind die Tiere nicht so zahlreich wie auf Caamaño. Manchmal robben ein paar neugierige Seelöwen ins Lager, verschwinden jedoch bald wieder in der See. Auch die Meerechsen hocken nicht so dicht gedrängt zusammen, da sie sich über eine größere Küstenstrecke verteilen können. Sie sind im Durchschnitt größer und schwerer als auf Caamaño, denn bei Punta Nuñez finden sie besser Nahrung. Bei Ebbe liegt mehr Algenrasen frei, da die Küste flacher abfällt.

Deva beherrscht die Kunst des Brotbackens. Auf den Boden eines großen Topfes legt sie eine schmale leere Konservenbüchse, darauf stellt sie einen kleineren Topf mit dem Brotteig. Mit einem Deckel gut verschlossen, entsteht in diesem improvisierten Topfbackofen ein knusprig-braunes Brot. Es schmeckt so gut, dass wir das noch warme Brot mit Butter, Knoblauch und Salz immer sofort aufessen.

Abends, wenn es nicht regnet, sitzt Deva mit gekreuzten Beinen am Strand und spielt auf ihrer Flöte. Der ruhige klare Ton verschmilzt mit der herben einsamen Landschaft.

Nur eine Woche kann Deva bleiben, denn sie hatte schon lange vorher geplant, nach Hause zurückzukehren, und den Flug gebucht.

David strahlt, als ich zusammen mit Deva in der Station ankomme. Wir sind den weiten Weg über die Klippen und Felsen gegangen, schwer beladen mit dem Gepäck. David strahlt, weil er eine neue Assistentin für mich hat. Er stellt sie mir vor: „Das ist Maria, eine Studentin aus Quito. Sie ist extra für dich gekommen. Wir hatten ein Schreiben an die Uni geschickt. Sie wird bis zum Abschluss deiner Arbeit mit dir zusammenbleiben. Endlich ist das verflixte Assistentenproblem vom Tisch!" Er wirkt ehrlich erleichtert. So froh und heiter, so freundlich und richtig nett habe ich ihn noch nie gesehen.

Maria ist ein zartes Mädchen, fast noch ein Kind, sehr still und zurückhaltend. Ihre Erscheinung und ihr Wesen wecken in mir Beschützergefühle. Schwere Arbeiten wie das Tragen von Wasserkanistern oder das Fangen der Meerechsenmännchen will ich ihr abnehmen. Doch sie besteht tapfer und eigensinnig darauf, ihre Kräfte zu versuchen. Wir reden nicht viel miteinander. Doch das Schweigen

Natürliche Klimaanomalien: El Niño und La Niña

Wenn auf den Galapagosinseln La Niña auf El Niño folgt, vertrocknet die Pflanzenwelt, da die Niederschläge ausbleiben.

El Niño und La Niña sind Klimaanomalien, die besonders die südamerikanische Westküste und auch die Galapagosinseln treffen. Etwa alle zwei bis sieben Jahre tritt El Niño auf: In normalen Jahren weht der Südostpassat, der den Humboldtstrom treibt. In El-Niño-Jahren erlahmen diese Winde und die Wassermassen nehmen andere Wege – die Wassertemperaturen der Küstengewässer steigen dann erheblich.

Die stark betroffenen peruanischen Fischer nahmen dieses uralte Klimaphänomen als erste wahr und nannten es sarkastisch „El Niño", was auf Spanisch „Christkind" oder „Knabe" heißt, da die Wirkungen von El Niño um die Weihnachtszeit am stärksten sind.

Auf Flora und Fauna der Galapagosinseln hat El Niño dramatische Auswirkungen. Mit dem Ausbleiben der kalten Meeresströmung fehlen im Meer die Nährstoffe und als Folge davon fehlen die Algen – viele Fischarten, Tölpel, Albatrosse, Pinguine und Seebären müssen hungern. Bei den Albatrossen fällt die Brut ganz aus, die Blaufußtölpel ziehen nur noch 20 % der Jungen groß. Die Zahl der Galapagospinguine sinkt unter 500.

Die an Land lebenden Tiere profitieren zunächst von den ungewöhnlich heftigen Niederschlägen, die El Niño mit sich bringt. Die Vegetation wächst kräftig, sodass Landleguane und Elefantenschildkröten reichlich Futter finden. Doch El Niño wird normalerweise nach einigen Monaten von einer anderen Klimaanomalie, „La Niña", abgelöst. Dieses Phänomen aber bringt außergewöhnlich kaltes Wasser und sehr trockene Luft zu den Galapagosinseln. Jetzt fallen die Niederschläge nahezu völlig aus, die üppige Vegetation vertrocknet rasch.

Als der Vulkan Cerro Azul auf der Insel Isabela 1998 ausbrach, brannte daher die ausgedörrte Pflanzendecke wie Zunder und die Tierbestände waren stark gefährdet.

An den Küsten und in den Bergen Ecuadors und Kaliforniens sorgt El Niño für extrem starke Niederschläge. Bäche und Flüsse treten über die Ufer und überfluten Straßen.

schafft keinen Abstand zwischen uns. Wir brauchen nicht unbedingt Worte. Sie spürt, dass ich sie mag.

Abends im Zelt vertraut sie mir an, sie habe sich in einen amerikanischen Wissenschaftler verliebt. Sie ist ganz unsicher, ob er ihre Gefühle erwidert. „Bestimmt nicht", meint sie zweifelnd, „ich bin doch so klein, und überhaupt …" Es dauert eine Weile, bis ich begreife, dass der Mann, in den sie sich verliebt hat, ausgerechnet – David ist!

Wegen des ständig feuchtkalten Wetters bekommt Maria eine Blasenentzündung. Da die Schmerzen immer stärker werden, renne ich im Dauerlauf an der Küste die Steilwand entlang zur Station. David zeigt sich sehr aufgeregt und besorgt. Sofort organisiert er ein Motorboot und holt Maria zurück. Er ist nicht wiederzuerkennen und er erlaubt mir, die restlichen zwei Wochen allein in Punta Nuñez zu bleiben. Ich brauche gar nicht erst zum Park zu gehen, er werde das schon regeln, sagt er. Na also, wie verständnisvoll er auf einmal ist!

Schwerlastig fliegen Pelikane vorbei. Sie ähneln historischen Luftschiffen. Ein Graureiher landet und hält mit langem Hals Ausschau nach etwas Fressbarem. Ich fühle eine unbestimmte Traurigkeit. Vielleicht ist es wegen des Garuawetters, das sich seinem Höhepunkt zu nähern scheint. Seit vielen Tagen regnet es ununterbrochen. Mit grauen Wolken behangen, wirken die Inseln rau und abweisend. An das Alleinsein muss ich mich auch erst wieder gewöhnen.

Und in Punta Nuñez – an der Küste dieser großen Insel – fühle ich mich eingeengter als auf meinem kleinen Caamaño. Sicher, der breite Sandstrand ist herrlich, weiß und sauber, nicht durch Seelöwenkot verschmutzt wie der schmale Strand von Caamaño. Doch ich habe kaum Bewegungsfreiheit. Den Weg ins Innere versperrt mir die Kaktuswildnis. Ich kann nur rechts und links den Küstenstreifen entlangtraben, dann kehrtmachen und denselben Weg zurückgehen. Es ist auch nicht möglich, unbeschwert ohne Kleidung herumzulaufen, immer muss ich sie griffbereit

Flötenspiel bei Sonnenuntergang – die amerikanische Aussteigerin Deva hat auf den Galapagosinseln ein neues Zuhause gefunden.

haben, denn immer wieder erscheinen überraschend kleine Boote mit Einheimischen, die in geringer Entfernung zur Küste nach Langusten tauchen.

Drohende tiefschwarze Wolken senken sich vom Hochland herab, gespenstisch verändert sich das Licht. Dann prasselt ein sintflutartiger Regen herab. Als ich den Kopf wieder aus dem Zelt herausstrecke, spannt sich ein dreifacher Regenbogen über Meer und Insel.

Am nächsten Morgen lugt eine strahlende Sonne über den Horizont, badet blutrot im Meer und färbt es tiefblau. Der wolkenlose azurblaue Himmel wirkt wie ein Wunder nach den langen grauen Regentagen. Alles ist verwandelt, farbenfroh, hell und licht. Meine Stimmung überschlägt sich. Welche Zauberkraft doch in dem Licht verborgen ist! Das Meer schillert in Blau und Grün und die Wellenkämme blinken wie weiße Segel. Wie schön ist es nun hier und ich hatte diese Schönheit während der grauen Regentage nicht einmal erahnt. Alles wird plötzlich lebendig. Die vorher wie versteinert wirkenden Echsen heben die Köpfe und strecken die Brust der Wärme entgegen. Ihre Augen blitzen golden vom Widerschein der Sonne. Silberreiher schreiten gravitätisch über die schwarze Lava.

Ich merke wieder, dass man Geduld haben muss, um die Schönheit von Galapagos zu erfahren. Wenn man schon aufgeben will und sich abwendet von diesen unfreundlichen Gestaden, bläst ein kräftiger Wind alle Wolken hinweg, und die Inseln offenbaren sich in ihrer ganzen Schönheit, ihrer verzaubernden Einzigartigkeit. Träumend und nachdenklich blicke ich zum Himmel. Da, wie eine schneeweiße Fee erscheint ein Tropikvogel. Die Schleppe seiner weißen Schwanzfedern zeichnet ein zartes Muster in das Himmelsblau.

Wohn-, Schlaf- und Arbeitszimmer in einem, aber dafür mit Meeresblick – ein Jahr lang ist dieses Zelt das Zuhause der Autorin.

Ich habe das schönste Arbeitszimmer der Welt. Als Sitz einen glatt geschliffenen Lavablock mit bequem angepasster Vertiefung und als Tisch zwei Blechkanister, darüber eine angeschwemmte Holzplatte. Vor mir das Meer, über mir Sonne, weiße Wolkenschiffe, zeppelinähnliche Pelikane. Möwen und Fregattvögel und die wie Tropfen ins Meer fallenden Tölpel. Auch für Ablenkung ist gesorgt. Wie zwei kleine Strauchdiebe stiefeln grau getarnte halbwüchsige Lavamöwen den Sandstrand entlang, suchen heißhungrig nach Fressbarem. Drei Austernfischer inspizieren wichtigtuerisch das Ufer. Ab und zu bleiben sie wie zur Beratung stehen. Mit ihrem schwarz-weißen Federkleid, die langen roten Schnäbel zur Erde gesenkt, sehen sie sehr vornehm aus. Wenn sie ihren sehnsuchtsvollen Ruf erschallen lassen, entstehen vor mir sofort Bilder von der Ostseeküste, von weiten Dünen- und Moorlandschaften, wo ich den Austernfischern erstmals zu Beginn meines Biologiestudiums begegnet bin.

Und doch, obwohl es mir hier inzwischen so gut gefällt, freue ich mich auf Caamaño. Diese kleine Insel, in sich rund und geschlossen, ist etwas Besonderes!

Mit Cindy zurück nach Caamaño

Cindy ist einfach toll! Es ist ihr doch tatsächlich gelungen, meine Assistentin zu werden. Was sie sich in den Kopf setzt, schafft sie auch, mit Charme, Klugheit, Zähigkeit. Sie gibt halt einfach nicht auf, versucht und probiert so lange, bis sie einen Weg gefunden hat.

Während ich annahm, Cindy sei gar nicht mehr auf Galapagos, war sie mit dem Postboot nach San Cristóbal gefahren, wo sie bei der dortigen Polizeistelle ihren Einreisestempel bekam. Doch Fausto wollte sie immer noch nicht als Assistentin zulassen, weil sie sich zuvor über die Bestimmungen hinweggesetzt hatte. Mit diplomatischem Gespür nutzte Cindy die Konkurrenzrangeleien zwischen den Mitarbeitern der Darwin-Station aus. Ihr gelang es, David auf ihre Seite zu ziehen.

So fahre ich also mit Cindy nach Caamaño. Zwei volle Monate war ich nicht auf meiner Insel gewesen! Als ich auf den Fels springe und über die von Generationen von Seelöwen glatt geschliffenen Steine und den Sandstrand hinauf zum kleinen See in der Mitte laufe, fühle ich mich daheim. Ja, das ist meine Insel. Ich fühle ihre Stille, ihre Ruhe, ihren Zauber, spüre ihren Atem. Mit Cindy meine Insel zu teilen ist sehr schön. Cindy braucht mich nicht. Sie findet unabhängig von mir ihre Freude und ihre Erlebnisse auf der Insel. Was die anderen Assistenten alle nicht geschafft haben – Cindy ist in dem Moment, in dem sie die Insel betritt, ein Teil von ihr.

Ja, das ist meine Insel. Ich fühle ihre Stille, ihre Ruhe, ihren Zauber, spüre ihren Atem. Mit Cindy meine Insel zu teilen ist sehr schön. Cindy braucht mich nicht.

Bei den Meerechsen ist jetzt viel los. Die Fortpflanzungszeit hat begonnen. Damit wir nichts verpassen, wechseln wir uns alle zwei Stunden ab und beobachten sie von Sonnenaufgang bis Sonnenuntergang.

Das Zusammenleben der Meerechsen ist völlig verändert. Während sie sonst dicht geklumpt zusammenhocken, ohne sich eigentlich zu beachten, sind die Männchen nun plötzlich aggressiv. Jeder Echsenmann okkupiert einen oder mehrere Lavablöcke als sein Territorium und verjagt jede andere Meerechse aus diesem Gebiet, nicht nur die Rivalen, sondern auch Jungtiere und selbst die Weibchen. Sobald ein Tier an der imaginären Grenze erscheint, richtet sich das territoriale Männchen auf, zeigt seine Breitseite und nickt heftig mit dem Kopf. In dieser frühen Phase bleibt es unter den Rivalen bei Drohgebärden, noch kämpfen sie nicht gegeneinander. Nur noch selten gehen die Revierbesitzer zum Fressen, denn macht sich in einem unbewachten Territorium erst ein anderes Männchen breit, ist es schwer wieder zu verjagen, zumal, wenn der ursprüngliche Besitzer ausgekühlt aus dem Wasser kommt. Wartet er zu lange mit der Rückeroberung seines Gebietes, fühlt sich der andere inzwischen als der rechtmäßige Besitzer. Die Biologen haben festgestellt, dass es bei Rivalenkämpfen – und nicht nur beim Fußball – den Effekt des „Heimvorteils" gibt: Die Motivation, den Besitz zu verteidigen, verhilft einem an sich schwächeren Verteidiger zum Sieg über den Angreifer.

Ein Tier, das sein Territorium verloren hat, kann sich nicht fortpflanzen. Deshalb schöpft es bei einem Kampf alle Kraftreserven aus. Wenn natürlich der Größenunterschied zwischen den Rivalen zu ungleich ist, muss auch das entschlossenste, zäh an seinem Besitz hängende, aber zu kleine Männchen aufgeben. In Caamaño beobachte ich, dass es überraschenderweise zuerst die mittleren und kleinen Männchen sind, die ein Territorium besetzen und sich so wahrscheinlich den „Heimvorteil" sichern, während den größten Männchen noch nicht der Sinn nach einem „Eigenheim" steht. Sie gehen weiter fleißig ins Meer und mästen sich an den Algen.

Das Beobachten der Meerechsen wird immer interessanter, je mehr sie in Fortpflanzungsstimmung kommen. Wir wünschen uns unendlich viele Augen, um alles sehen, und viele Hände, um es aufschreiben zu können. Wir halten fest, ab welchem Zeitpunkt jedes Männchen sein Territorium besetzt und wie oft es Rivalen vertreiben muss. Da wir nicht alle Tiere gleichzeitig beobachten können, wählen wir zehn Männchen aus, deren Aktivitäten wir genau notieren. Von den anderen machen wir einmal am Tag eine Checkliste, ob sie sich noch in ihrem Gebiet befinden oder schon vertrieben worden sind. Obwohl für meinen Blick die Küste überall gleich aussieht, bevorzugen die Echsen einzelne Gebiete. Ich versuche herauszufinden, wie die Männchen bessere von schlechteren Territorien unterscheiden.

Die Drohgebärden gegen Artgenossen nehmen an Heftigkeit zu. Die Männchen sind zum Bersten aggressiv. Will ein harmloses Jungtier oder ein Weibchen das Territorium auch nur queren, blitzen die Augen des Territoriuminhabers wütend auf, der Stachelkamm sträubt sich in die Höhe, in dem geöffneten Maul wird eine geschwollene rote Zunge sichtbar. Jetzt sind jeden Tag zahlreiche Rivalenkämpfe zu beobachten; denn jedes Männchen ist bestrebt, sein Gebiet auf Kosten des Nachbarn zu erweitern.

Außerdem finden es die großen Männchen langsam an der Zeit, sich auch um ein Territorium zu kümmern. Da die besten natürlich schon vergeben sind, werfen sie einfach die bisherigen Besitzer hinaus. Das gelingt meist ohne Kraftanstrengung, denn ihre Größe und

In der Paarungszeit beanspruchen die Meerechsenmännchen ein Territorium und verteidigen es in Rivalenkämpfen.

Rivalenkämpfe – ein Instrument der Evolution

Seine Hörner benutzte der bis zu 8 m lange Triceratops – hier ein lebensgroßes Modell – vor allem in Rivalenkämpfen.

Um das Überleben der Art zu sichern, streben im Tierreich bei bestimmten Arten die Weibchen danach, sich mit dem stärksten Partner zu paaren. Dieser soll seine guten Erbanlagen an die Nachkommen weitergeben und deren Überlebenschancen verbessern. Der Prozess der Partnerwahl jedoch wurde von der Evolution effizient geregelt: Die männlichen Tiere tragen Rivalenkämpfe aus, die Sieger paaren sich mit den Weibchen.

Für die Rivalenkämpfe sind die Männchen vieler Arten mit speziellen „Waffen" ausgerüstet. Beispielsweise trug der Dinosaurier *Triceratops* drei Hörner am Kopf. US-Forscher fanden kürzlich heraus, dass die Tiere ihre Hörner überwiegend im Kampf mit Rivalen einsetzten. Im Zuge der Untersuchung von männlichen Zweizahnwalen fanden Forscher Narben auf Rücken und Flossen. Diese lassen vermuten, dass Männchen mit ihren Stoßzähnen kämpfen.

Bei den Männchen des Hirschkäfers sind die Mandiblen, die Mundwerkzeuge, extrem vergrößert. Bei der Nahrungsaufnahme sind sie eher hinderlich – die Insekten können Pflanzensäfte lediglich lecken und saugen. Bei der Nahrungssuche sind die Weibchen den Männchen behilflich. Die Mundwerkzeuge der Weibchen sind übrigens klein und kompakt geblieben und dienen der Nahrungsaufnahme.

Mit ihren mächtigen Geweihen kämpfen die Hirsche; das Krachen, wenn die Geweihe aufeinander schlagen, ist oft weit zu hören. Die Verletzungen können schnell tödlich sein. Bei manchen Kämpfen verhaken sich die Geweihe so ineinander, dass die Kontrahenten nicht mehr voneinander loskommen und verhungern.

Daher versuchen die Tiere, diesen Kampf zu vermeiden: Kann ein männliches Tier seine Überlegenheit sehr eindeutig demonstrieren, beispielsweise, weil es das größte Geweih hat, zieht sich der Gegner schnell zurück.

Auch bei den Wildschweinen gibt es heftige Kämpfe: Zu Beginn scharren beide Keiler mit den Hinterbeinen, verspritzen Urin und schleifen Ober- und Unterkiefer aneinander. Gibt jetzt keiner auf, wird der Kampf ernst und die Keiler schlagen mit den Hauern auf Bauch und Körperseite des Gegners ein. Doch vor der Paarungszeit ist ihnen ein Schild gewachsen, das sie jetzt schützen kann.

Wie ein Geweih wirkt der Oberkiefer der Hirschkäfermännchen. Damit fechten sie ihre Kämpfe um die Weibchen aus: Sie versuchen, den jeweiligen Rivalen auf den Rücken oder von einem Ast zu werfen.

imponierend zur Schau gestellte Kraft ist so beeindruckend, dass der Kleinere das Feld kampflos verlässt. Wer zäh an seinem Eigentum festhält, muss sich auf einen Kampf einlassen. Wie zwei Raufbolde umkreisen sich die Männchen, einander die Breitseite zudrehend. Jeder bläst sich auf, so groß er kann. Das Kopfnicken wird immer heftiger, die rote Zunge quillt hervor. Noch einmal nicken sie und noch einmal. Der andere will doch tatsächlich nicht weichen. Schon senken sie die Köpfe und rammen die Schädel aneinander. Ein dumpfer Ton ist zu hören. Fest die Füße gegen die Lava gestemmt, versuchen sie den Gegner vom Platz zu schieben. Ein kräftemessendes Turnier ist dieser Kopf-an-Kopf-Kampf. Ohne dass die Tiere sich dabei verletzen, kann so der Stärkere ermittelt werden. Die erste Runde endet unentschieden. Wieder das Drohzeremoniell, bis die beiden sich so erhitzt haben, dass erneut die Köpfe aufeinanderknallen. Das geht so lange, bis einer aufgibt.

Die Männchen fasten während dieser Zeit wochenlang und nur die stärksten, größten und ausdauerndsten Tiere halten dies durch. Vorläufig ist für uns jedoch noch nicht einzusehen, warum sie sich dieser Strapaze unterwerfen, denn noch immer wird bitterböse jedes Weibchen verjagt, wenn es sich einem dieser stattlichen Junggesellen nähern will. Nach zwei Monaten territorialer Kämpfe wird Ende Dezember den Weibchen endlich der Zutritt ins Revier gestattet. Die Sieger sitzen stolz aufgerichtet wie ein Denkmal in ihren schönen Territorien und hoffen darauf, dass recht viele Weibchen zu ihnen kommen mögen. Die haben freie Wahl und sie sind es, die entscheiden, wohin sie gehen.

Natürlich sind die Freier mit den größten und besten Territorien am begehrtesten. Ein Männchen, dem es gelungen ist, eines der besten Gebiete zu erstreiten, besitzt zweifellos ganz besondere Qualitäten. Um einen solchen Superechsenmann drängen sich mehr als 30 Weibchen. Eine interessante Strategie der Natur, um zu gewährleisten, dass sich Männchen mit besten Erbanlagen am zahlreichsten fortpflanzen können. Dagegen haben noch sehr junge, altersschwache oder kränkliche Männchen gar keins oder nur ein schäbiges Territorium ergattern können. Wenn sie Glück haben, bekommen sie ein bis drei Weibchen ab. Aber nur dann, wenn das Territorium der Supermännchen schon vom Weibchenansturm überquillt.

Plötzlich sind fremde Männchen da! Ich habe sie noch nie zuvor gesehen. Sie sind ein Drittel größer als die stärksten Caamaño-Männchen. Woher sie wohl gekommen sind? Die einzig mögliche Erklärung: Sie sind von Santa Cruz herübergeschwommen – eine Strecke von gut acht Kilometer mit gefährlicher Strömung und voller Haie! Es sind insgesamt elf Exemplare, fast zwei Meter lang, die an meiner Insel anlanden. Es ist spannend zu beobachten, was nun passiert. Zuerst suchen sich die Riesen einen abgelegenen Platz, um sich nach der kalten Meeresdurchquerung in der Sonne aufzuheizen. Dann marschieren sie anmaßend und arrogant, ihrer Stärke bewusst, in die besten Territorien mit den meisten Weibchen. Der Besitzer will natürlich nicht weichen. Zwei Monate hat er um sein Gebiet gekämpft und gezittert und nun, wo ihm der Erfolg durch die Anzahl der vielen Weibchen blüht, soll er verduften? Wütend blitzen die Augen. Er nickt heftig und aggressiv mit dem dornenbesetzten Schädel. In dem schwarzen geöffneten Maul hängt die blutrote Zunge wie eine Standarte, die das Signal zum Angriff gibt. Der Kopf wird gesenkt mit dem Ziel, den Gegner zu rammen. Doch der große Fremdling hält nichts von ritterlicher Ehre und unblutigem Turnierkampf. Er verbeißt sich in den anderen, packt ihn, wo er

Cindy – hier mit einem Wissenschaftler bei der Untersuchung einer Meeresschildkröte – ist die letzte Assistentin der Autorin. Mit ihr versteht sie sich am besten.

ihn gerade zu fassen bekommt, an der Kehle, an der Flanke, am Bein. Die spitzen dreikantigen Zähne durchdringen die Schuppenhaut. Blut fließt. Der so hinterhältig Überfallene muss sich seiner Haut wehren und versucht auch zu beißen. Er wirft seinen Körper herum und schlägt die Zähne in die Schwanzwurzel des Fremden. Ein harter Kampf bricht aus. Schrecklich anzusehen ist das Knäuel ineinander verbissener Körper. Zwei urweltliche Echsen kämpfen erbittert mit elementarer Gewalt.

Dem kleineren Territoriumsbesitzer schwinden die Kräfte, er will aufgeben und bemüht sich, dem Herausforderer zu entkommen. Doch dieser hat sich fest in den Kehllappen verbissen und schüttelt den Kleinen wie eine Beute hin und her. Endlich kann sich der Gebeutelte losreißen, doch der Große setzt dem Flüchtenden hinterher. Im letzten Moment rettet sich der Kleinere in eine Spalte. Kopfnickend, mächtig sich spreizend, marschiert der Sieger vor dem in der Spalte hockenden Unterlegenen hin und her. Seine Schuppen sind auch von Blut gerötet, doch besitzt er nun ein Revier mit vielen Weibchen.

Auf einen ehrenvollen, aber möglicherweise sich über mehrere Tage hinziehenden Turnierkampf können sich die Eindringlinge nicht einlassen, denn die Zeit ist knapp. Die Weibchen sind schon paarungsbereit. Um noch Fortpflanzungschancen zu haben, müssen sie ihre Gegner durch diesen gewaltsamen Beschädigungskampf sofort und für immer außer Gefecht setzen. Nachdem sie sich mit den Weibchen gepaart haben, verlassen die Fremden Caamaño wieder. Ihre Nachkommen werden zahlreich aus den Eiern schlüpfen.

Ich möchte gern wissen, von genau welchem Ort der Santa-Cruz-Küste diese Männchen stammen. Vielleicht wurde ihnen dort ihr Territorium von noch stärkeren Rivalen geraubt? Oder sie kommen, weil sie auf die vielen Weibchen von Caamaño spekulieren? Wenn sie Glück haben, können sie hier mehr Nachkommen erzielen als an ihrer Küste. Sind es immer die gleichen Männchen, die jedes Jahr herüberschwimmen, und gibt es auch einen umgekehrten Austausch, von Caamaño nach Santa Cruz? Ich markiere zwar die Fremdlinge, aber mir wird keine Zeit mehr bleiben, der Beantwortung dieser Fragen nachzuspüren. So wirft jede Forschungsarbeit wieder neue Fragen auf, eine Kette ohne Ende.

Cindy ist eine großartige Helferin. Sie hat Einfühlungsvermögen und Verständnis für Tiere und durch ihre Arbeit über das Sozialverhalten von See-Elefanten hat sie bereits viele Erfahrungen und Kenntnisse gewonnen. Da wir tagsüber durch das intensive Beobachten keine Zeit füreinander haben, plaudern wir um so mehr, wenn es dunkel ist und wir im Zelt liegen. Sie teilt meine Skrupel, die mich beim Fangen und Messen der Meerechsen überfallen, und sie ist sich der zwiespältigen Situation eines Biologen bewusst, der eine große Zuneigung zu Tieren hat und sie andererseits als Objekte seiner Forschungsarbeit missbrauchen muss.

„Gerade deshalb mache ich auch diese Weltreise", sagt sie. „Ich will mich umschauen und mir eine Meinung bilden über die Freilandforschung, weil eine Arbeit in einem Labor für mich sowieso nicht infrage käme."

Eine andere Idee von ihr ist, eine Art Schule zu gründen, wo sie Menschen mit der Natur vertraut machen und ihnen Respekt und Achtung vor ihr beibringen möchte. Als wir auf die Erhaltung der Galapagosinseln zu sprechen kommen, sagt sie rigoros: „Galapagos kann nur gerettet werden, wenn es frei ist: free of sights, sounds and smell of man."

Cindy hat ohne Zustimmung ihrer Eltern studiert und sich ihr Studium durch Jobs selbst finanziert. „Ich bin das schwarze Schaf der Familie", erzählt sie mir. „Weißt du, meine Leute sind stinkreich, sie wollten aus mir so eine Art höhere Tochter machen und mich dann verheiraten. Es gab viel Krach und mit achtzehn bin ich dann endgültig weg! Na ja, waren wilde Jahre am Anfang in Los Angeles. Ich musste mich ja erst mal freischwimmen. Ich habe viele Fehler gemacht und erst allmählich meinen Weg gefunden."

Cindy ist ein sehr romantischer, empfindsamer Mensch, doch gleichzeitig ist sie realistisch und versteht es, kühl und nüchtern zu überlegen und dann mutig, unerschütterlich und handfest ihre Pläne durchzusetzen. Die Sterne sind eine ihrer Leidenschaften. Stundenlang liegt sie auf dem Rücken, die Arme unter dem Kopf verschränkt und schaut nach oben. Plötzlich, als sei nun genug geträumt worden, springt sie auf und holt ihre Sternenkarte. Auf meine Frage sagt sie: „Weißt du, in die Sterne zu träumen, das ist das eine, doch ich muss sie auch kennen, mich nach ihnen orientieren können. Kannst du dir vorstellen, wie schön das ist, wenn man auf einem Segelboot ist, nachts allein an Deck, und steuert? So etwas muss man erleben, es ist unbeschreiblich – das Meer und du und über dir die Sterne ... Doch um diesen Traum zu erleben, muss ich navigieren können."

Ein süßer Gesang weckt mich und ich weiß erst gar nicht, wo ich bin. Mir ist, als würde ich einen Frühlingstag in Deutschland erleben. Es ist der Goldwaldsänger, dessen Lied dem unseres Fitislaubsängers ähnlich ist. Die Nieselregenzeit ist endgültig vorbei. Die Pflanzen blühen und alle Tiere werben eifrig um einen Partner. Frühlingszeit unter der Äquatorsonne! Austernfischer rufen laut und sehnsuchtsvoll. Darwin-Finken tschilpen aus dem Cryptocarpus-Gebüsch. Ich entdecke ein aus weichen Federn und Halmen geflochtenes Nest. Fünf hungrige Finkenschnäbel strecken sich mir entgegen. Auch das Nachtreiherpaar hat ein Nest gebaut, gut versteckt zwischen der gelb blühenden disteligen Parkinsonja.

Selbst bei den zwei Landleguanen herrscht Hochzeitsstimmung. Das Männchen buddelt viele tiefe Löcher, um das Weibchen zu beeindrucken. Die Werbung bei Landleguanen ist sehr verschieden von derjenigen der Meerechsen. Während der Meerechsenmann sich rüde und gewalttätig auf eines seiner Weibchen stürzt, folgt der Landleguan seiner Angebeteten wie ein folgsames Hündchen. Wohin sie auch läuft, er behält sie sehnsüchtig im Auge und folgt ihr in gehörigem Abstand. Wenn sie sich an frischen leckeren Kräutern labt, schleicht er sich vorsichtig an und reibt den Kopf sacht an ihrer Flanke.

Eines Morgens sehe ich neben einer Seelöwin ein kleines schwarzes Etwas liegen, ein gerade geborenes Seelöwenbaby. Bewegungslos mit geschlossenen Augen liegt es im Sand. Mit der Nabelschnur ist es noch mit der Nachgeburt verbunden. Die Mutter liegt erschöpft daneben. Nur ab und zu hebt sie schwach den Kopf und schaut nach dem kleinen Würmchen. Sie ist von der Geburt sehr mitgenommen. Das ist ungewöhnlich, normalerweise erfolgt die Geburt sehr schnell, in wenigen Minuten, und strengt die Weibchen nicht sehr an.

Die Seelöwin richtet sich trotz ihrer Schwäche auf und verjagt die Meerechsen, die sich gierig der Plazenta nähern. Für sie bedeutet die Nachgeburt eine nahrhafte Ergänzung zu ihrer Algendiät. Langsam trocknet das Fell des Babys, es wird nussbraun. Auch die Nabelschnur trocknet ein und reißt, als sich das Junge zur Mutter hin bewegt. Mit seinem stumpfen Schnäuzchen sucht es aufgeregt in deren Fell, bis es endlich die Milchzitze gefunden hat. Später packt die Mutter das Seelöwenkind am Nackenfell und trägt es in den Schatten eines Lavablocks.

Die jungen Seelöwen sind schon nach einem Jahr selbstständig, werden dann also von der Mutter nicht mehr gesäugt. Die neugeborenen Geschwister müssen nicht verhungern wie bei den Seebären. Die Seelöwen sind eine galapagoseigene Art, stammen aber ursprünglich von den Küsten Kaliforniens, also von der Nordhalbkugel, während die Seebären von der Südhalbkugel kommen. Selten trifft man beide Arten zusammen auf der gleichen Insel an, weil sie sich bei ihrem hohen Nahrungsbedarf gegenseitig Konkurrenz beim Fischfang machen.

Weihnachten und Neujahr! Auf Caamaño haben diese vom Menschen geschaffenen Höhepunkte keine Bedeutung. In der Kette der sich aneinanderreihenden Tage verblassen sie, ohne künstlichen Lärm und scheinheilige Ergriffenheit zu verbreiten. Trotzdem, unsere Stimmung ist anders als sonst, nachdenklicher, besinnlicher. Wir erzählen uns Erinnerungen und planen in die Zukunft. Der Zeitpunkt, an dem wir Caamaño verlassen und uns trennen müssen, rückt näher.

Ende Januar ist die Paarungszeit der Meerechsen vorüber und ich komme endlich dazu, mich intensiver mit den roten Klippenkrabben zu beschäftigen. Da sie im selben Lebensraum wie die Meerechsen vorkommen, sind mir ihre interessanten Verhaltensweisen oft aufgefallen: Bei Ebbe laufen sie dem Wasser hinterher und weiden den freiliegenden Algenrasen ab, suchen zwischen den Tangen nach hängengebliebenen Kleinstlebewesen. Außerdem laben sie sich an toten, angeschwemmten Fischen, den Kadavern von Vögeln, Seelöwen und deren Nachgeburt. Einmal sehe ich, wie acht Krabben je einen Arm eines toten Kraken ergreifen und seinen Körper zwischen sich spannen wie ein Sprungtuch.

Kommt die Flut, laufen die Klippenkrabben eiligst zum höher gelegenen Ufer. Die Strecke zwischen Wassertief- und -höchststand beträgt mehr als 50 m. Man stelle sich vor, 50 m unübersichtliches Lavageröll und trotzdem findet jede Krabbe zu einem ganz bestimmten Stein zurück. Ich stelle diese Tatsache erstmals überrascht fest, als ich auf eine Krabbe aufmerksam werde, der eine Schere fehlt. Durch dieses Merkmal kann ich sie von anderen Krabben unterscheiden. Eine spannende Angelegenheit, denn noch nie hatte ich etwas von ortstreuen Krabben gehört.

Zwei wichtige Fragen sind zu beantworten. Die erste lautet: Wie schaffen es die Krabben, sich in dem zergliederten Lavageröll zu orientieren? Die zweite: Warum ist es für sie so wichtig, genau zu einem bestimmten Stein zurückzufinden? Zuerst muss ich klären, ob diese eine Krabbe mit der fehlenden Schere eine

Ausnahme darstellt oder ob alle Krabben solche Orientierungskünstler sind. Ich fange einige Tiere und markiere sie mit weißen Punkten auf ihrem roten Panzer. Hundertprozentig kehren die gezeichneten Tiere wieder zu „ihrem“ Stein zurück. Es scheint mir unmöglich, dass die Krabben sich den Weg „merken“, zumal sich die Küste nach jeder Flut verändert. Sie müssen ein Hilfsmittel haben. Mir kommt die Idee, dass die Orientierungskünstler mithilfe eines Kompasses durchs Geröll spazieren. Dieser Kompass, so nehme ich an, kann nur die Sonne sein. Auch von anderen Krebsarten, dem Sandflohkrebs zum Beispiel, weiß man, dass er sich am Stand der Sonne orientiert. Allerdings legt dieses Tierchen nur Strecken von ein bis zwei Meter zurück.

Als Beweis, dass sich die Krabben tatsächlich nach der Sonne orientieren, und um den Grad ihrer Rückfindefähigkeit zu testen, führe ich ein Verfrachtungsexperiment durch. Ich fange mehrere Krabben ein, markiere sie und setze sie 450 m vom Fangplatz entfernt wieder aus. Am zweiten Tag nach diesem Experiment ist ein Männchen bereits wieder am Ursprungsort. Nach neun Tagen sind sie alle wieder „zu Hause“. Doch warum machen sie sich überhaupt die Mühe, zu einem bestimmten Ort zurückzukehren? Ringsum an der Küste von Caamaño befinden sich Krabben, demzufolge könnten sie überall leben. Warum diese Hartnäckigkeit, ihren Heimatstein wiederzufinden?

Die Erklärung ist wohl folgende: Der Aufenthalt an einer unbekannten Küste ist lebensgefährlich – denn Klippenkrabben sind Kannibalen! Um den kannibalischen Gelüsten zu frönen, haben sie eine regelrechte Jagdtechnik auf Individuen der eigenen Art entwickelt. Eine Klippenkrabbe mit räuberischer Absicht läuft geduckt auf ihr Opfer zu. Mit einem Sprung oder in blitzschnellem Lauf stürzt sie sich auf den Artgenossen. Entweder erbeutet der Angreifer die Beine, die die Krabben bei Gefahr abwerfen können, oder ein kleineres Individuum wird zwischen den Beinen „gekäfigt“. Dann fasst der Sieger sofort mit geöffneten Scheren unter sich, um das Opfer zu packen und zu töten. Bei solchen lebensgefährlichen Artgenossen ist eine vertraute Umgebung mit bekannten Schlupfwinkeln sehr hilfreich. Als Strategie gegen den Kannibalismus schließen sich Individuen gleicher Größe zu Gruppen zusammen – in der Masse ist man vor einem Angreifer besser geschützt. Die Tiere scheinen sich an Geruchsstoffen oder anderen Merkmalen zu erkennen. Oft kann man beobachten, wie sich Krabben einander vorsichtig nähern, sich mit den Beinen berühren und betasten, als wollten sie sich ihrer gegenseitigen Friedfertigkeit versichern. Auf jeden Fall lebt es sich sicherer in bekannter Umgebung mit bekannten Sozialpartnern, deshalb nahmen wohl die Krabben diesen mehrere 100 m weiten Weg auf sich, um ihren Heimatplatz wiederzufinden.

Besonders Krabben, die sich paaren wollen, sind gefährdet. Wie kann man wissen, ob einen der Partner nicht „zum Fressen gern“ hat? Vielleicht gibt es deshalb ein manchmal stundenlanges Werbezeremoniell. Erst nach langer Zeit des Abtastens, Befühlens, Beinchenstreichelns stellt ein paarungswilliges Weibchen den Körper nach rückwärts auf und legt vertrauensvoll die Scheren über dem Mundfeld an. Das Männchen hängt seine Scheren und das erste Laufbeinpaar über ihren Rücken und schwingt sich mit einer eleganten „Bauchwelle“ unter sie. Das Weibchen trägt die befruchteten Eier bis zum Schlüpfen der Larven unter dem Pleopodium, den zum Schwanz umgebildeten hinteren Laufbeinen. Wenn die Larven schlüpfen, begibt sie sich in einen flachen Gezeitentümpel und entlässt den Nachwuchs ins Wasser.

Wir sitzen am Nordstrand, um wie immer dem Sonnenuntergang zuzusehen. Der Himmel ist ungeheuer weit, eine riesige pastellfarbene Glocke, in der die Erde wie ein Klöppel hängt. Die Sonne wirft ein goldenes Band über das Meer. Ein Segelboot gleitet in diesen Goldstrom hinein, steuert auf Santa Cruz zu. Ich weiß, dass auch Cindy das Boot gesehen hat, und spüre, was in ihr vorgeht. Es zieht sie weiter. Sie möchte mitsegeln, in die Weite des Pazifiks eintauchen, andere Inseln besuchen, andere Menschen kennenlernen, neue Erfahrungen machen. Nur in großen Abständen kommen Segelboote nach Galapagos und nicht auf jedem ist noch Platz für eine Person. Cindy muss auf jeden Fall morgen nach Santa Cruz und die Chance nutzen.

Das bedeutet Abschied. Abschied für eine ungewisse Zeit, vielleicht für immer. Cindy schweigt. Erst am nächsten Tag sagt sie: „Ich will nicht, aber ich muss weg. Und dabei möchte ich hierbleiben. Es ist so schön hier mit dir auf Caamaño. So etwas werde ich nie wieder erleben, ich weiß es. Aber weil es nicht für immer sein kann, ist es vielleicht besser, ich gehe gleich. Gestern habe ich das Segelboot gesehen und nun muss ich weg!"

Sie läuft unruhig an der Küste auf und ab. Wir beratschlagen, ob wir angeschwemmtes Holz anzünden sollen, um ein Rauchsignal zu geben. Dann entdecken wir einen Fischkutter, stellen uns auf die Klippen und schwenken ein weißes Laken. Die Besatzung bemerkt unser Winken. Cindy springt ins Boot. Später erfahre ich, dass sie tatsächlich von dem Segler mitgenommen wurde.

Cindy war meine letzte Assistentin. Ich bleibe allein auf Caamaño zurück. Eigenartigerweise kümmert sich plötzlich niemand mehr darum, ob die Bestimmungen eingehalten werden. Wahrscheinlich hat David, beeinflusst durch Maria und Cindy, seine ablehnende Haltung mir gegenüber aufgegeben.

Es gibt nicht viel zu tun. Da die Paarungszeit vorüber ist, sitzen die Echsen wieder friedlich auf ihren Steinen und betrachten die anrollenden Wellen. Ich habe viel freie Zeit und freue mich, zum Abschluss noch einmal meine Insel ganz für mich zu haben. Eigentlich kann ich mir gar nicht vorstellen, dass ich schon bald von hier weggehen muss. In ihrer Geborgenheit, gewiegt von ihrem Rhythmus, vergesse ich die Zeit.

Plötzlich verlassen viele Meerechsen die Küste und treiben sich unstet im Inneren der Insel herum. Es sind die Weibchen. Sie suchen Eiablageplätze. Haben sie eine geeignete sandige Stelle gefunden, scharren sie mit den Vorderfüßen ein Loch schräg in den Boden, fast einen Meter tief. Ich sehe nur noch den Schwanz herausragen. Mit den Vorderfüßen buddeln sie emsig, die Hinterfüße werfen den Aushub aus der engen Röhre hinaus. Eine anstrengende Arbeit, die Stunden, sogar Tage dauert. Denn die Meerechse muss immer wieder innehalten, eine Pause einlegen und sich vom Seewind abkühlen lassen. Ihre Körpertemperatur darf sich trotz der schweren Grabarbeit im heißen Sand nicht über 37 °C erhöhen, sonst würde sie an einem Hitzschlag sterben. Vom Grabplatz kann sich die Echse jedoch nicht entfernen, ein anderes Weibchen würde sich sofort das gegrabene Loch aneignen. Bei den vielen legebereiten Weibchen sind die günstigsten Stellen bald vergeben.

Manchmal entbrennt ein harter Streit zwischen Weibchen, die denselben Nestplatz beanspruchen. Wie die Männchen drohen sie mit Kopfnicken, Breitseitezeigen, Aufblähen. Will keine von den Rivalinnen weichen, prallen auch hier die Köpfe aufeinander. Doch weil die Eier bald abgelegt werden müssen, haben die Weibchen nicht die Zeit, sich auf einen fairen Turnierkampf einzulassen. Nach einigen Kopfstößen fallen sie wild überein-

Meerechsen leben in großen Kolonien entlang der Küste. Die Populationen der verschiedenen Inseln unterscheiden sich, beispielsweise in ihrer Größe.

ander her und beißen sich. Die Siegerin kann weitergraben.

Am Ende des etwa 80 cm tiefen Ganges legt das Weibchen zwei weiße ovale Eier. Dann scharrt sie die ausgehobene Erde wieder zurück und glättet die Oberfläche. Sie marschiert nun nicht, wie ich erwartet hatte, zur Küste, um sich dort von den Strapazen zu erholen und den Magen zu füllen, sondern legt sich neben dem Eiablageplatz nieder. Meine Vermutung, dass sie für den Marsch zum Meer zu schwach sei, bewahrheitet sich nicht. Als es dunkel wird, ist das Weibchen verschwunden. Doch am nächsten Tag ist sie wieder da und hält Wache. Wiederholt betastet sie die Stelle, wo die Eier vergraben liegen, mit der Zunge, um zu prüfen, ob noch alles in Ordnung ist. Nähert sich eine andere Echse, nimmt die Bewacherin sofort Drohhaltung ein und kämpft, wenn nötig. Etwa zehn Tage verteidigen die militanten Weibchen ihre Brut, dann haben alle abgelegt und die Bewachung wird überflüssig.

Es ist wieder Ruhe in der Kolonie eingekehrt. Dichtgedrängt wie zuvor liegen die Meerechsen auf ihren Sonnensteinen. Sie dulden gegenseitige Nähe, jedoch nehmen sie nun keine Notiz mehr voneinander. Meine Arbeit ist beendet. Der Zyklus eines Echsenjahres ist auf vielen Notizblöcken festgehalten. In Deutschland werde ich dann später die Daten auswerten.

Ich verschiebe die Abfahrt. Don Ramos war schon einmal da, um mich abzuholen. Ich sagte ihm, ich müsse noch irgendwelche wichtigen Messungen machen, doch ich brauche die Zeit, um bewusst von meiner Insel Abschied zu nehmen. Ich weiß, dass es ein Abschied für immer ist. Alles, was ich auf Caamaño erlebt habe, möchte ich in mir erhalten. Nichts soll verwischt werden. Frisch und lebendig will ich mir die Eindrücke bewahren. Deshalb laufe ich immer wieder um die Insel, präge mir ihre Formen, ihre Farben, ihr Licht ein. Doch schon während ich Abschied nehme, spüre ich, dass sie mir entgleitet.

Auf dem Vulkan Sierra Negra

Die Flanke des Berges ist mit hohen Gräsern und Büschen grün überwachsen. Wolkenbänke umschlingen ihn wie eine Bauchbinde. Dort, wo die Flanke in der Ebene ausläuft, beginnt schon das Meer. Es ist ruhig, still, zeitlos. Zikaden zirpen ihr endloses Lied. Die Sonne sendet lange, schräg gerichtete Strahlen in die Einsamkeit. Ich befinde mich auf dem Sierra Negra, einem der fünf Vulkane der Insel Isabela. Ich möchte, da ich jetzt vom Druck der wissenschaftlichen Arbeit befreit bin, noch einige andere Inseln von Galapagos erleben. Maximal drei Monate bleiben mir bis zur Rückkehr nach Deutschland.

Ich hatte die Gelegenheit genutzt und war mit dem Postboot zu der kleinen Ortschaft Villamil an der Südküste von Isabela mitgefahren.

Villamil sieht aus wie eine Oasensiedlung. Kleine ebenerdige Bretterhütten, über denen die Palmen Schatten spendend ihre Wedel ausbreiten. Die Dorfstraße ist mit knöcheltiefem, hellem Sand gefüllt. Villamil, anders als Puerto Ayora auf Santa Cruz, ist noch nicht auf Touristen eingestellt. Es gibt keine Hotels, keine Pensionen, keine Läden. Die ungefähr 500 Menschen von Villamil und San Tomás im Hochland leben vom Fischfang und vom Anbau von Bananen, Ananas und anderen Obst- und Gemüsesorten. Die meisten Siedler haben ein Haus an der Küste und eine weitere Unterkunft im ungesunden feuchten Hochland, wo aber alles prächtig gedeiht. Dort jagen die Siedler verwilderte Haustiere und können, wenn sie es wollen, jeden Tag Fleisch essen. Schweine, Hühner und andere Haustiere züchten sie zum Eigenbedarf. So können die Bewohner von Villamil unabhängig von der Außenwelt existieren. Wenn Touristen hier überhaupt anlanden, dann nur für wenige Stunden. Eine Siedlung am Ende der Welt.

Dicke Qualmschwaden und Schwefelablagerungen markierten das aktive Zentrum des Vulkans. Natürlich reizte es mich, dort hinunterzusteigen. Doch heute war es schon zu spät, also morgen!

Bei dem Nationalparkbeauftragten in Villamil, Señor Jaramillo, hatte ich mir die Erlaubnis geholt, den Sierra Negra zu besteigen, und auch den Schlüssel für die Hütte Corazon verde – grünes Herz. Es ist eine Unterkunft für Wissenschaftler der Darwin-Station in der Nähe der am Vulkanhang gelegenen Siedlung San Tomás. Mit einem Laster bin ich die Schotterpiste zu der winzigen Ansiedlung hinaufgefahren. Zwischen wuchernder Vegetation verborgen, sah ich vereinzelte Hütten, durch Wege miteinander verbunden. Einen dieser Waldpfade, den man mir gezeigt hatte, bin ich entlanggegangen und habe ein grün angestrichenes Bretterhüttchen gefunden, das „Grüne Herz", der Ausgangspunkt, um den Vulkan zu erkunden.

Der Anstieg zum Krater führte durch sanft ansteigendes Hügelland, bevölkert mit verwilderten Pferde- und Rinderherden. Es waren wunderschöne Tiere, die Rinder mit weitgeschwungenen Hörnern, kräftigen Körpern und schönen, satten Farben. Samtbraun mit schneeweißem Maul oder kupferrot, ganz schwarz einige, andere wieder silbern. Ich konnte die Tiere nur mithilfe des Fernglases beobachten, denn sobald sie mich erblickten, stoben sie davon. Ein Beweis dafür, dass sie von den Siedlern gejagt werden. Während die Rinder geschlossen in einer Gruppe flohen, hatten die Pferde einen Anführer, der zwar das Signal zum Galoppieren gab, selbst jedoch sichernd stehenblieb und erst später der Herde folgte, sie seitlich überholte und sich dann führend an die Spitze setzte.

Erst als ich oben angelangt war, begriff ich, dass ich mich wirklich auf einem Vulkan befand. Der Aufstieg hatte eher an eine vegetationsreiche Almlandschaft erinnert. Vom Kraterrand aus erblickte ich eine trogförmige Talsenke, auf deren Grund sich ein zweiter innerer Wall erhob. Dicke Qualmschwaden und Schwefelablagerungen markierten das aktive Zentrum des Vulkans. Natürlich reizte es mich, dort hinunterzusteigen. Doch heute war es schon zu spät, also morgen! Vorerst musste ich mich um ein Nachtlager kümmern, denn wenn es zu dämmern beginnt, ist es nach wenigen Minuten schon stockdunkel. Ich fand eine Stelle, wo das Gras schütterer gewachsen war, und breitete Matte und Schlafsack aus. Als Regenschutz hatte ich nur eine Plastikplane dabei.

Im Schlafsack liegend, schaue ich nun die Flanke des Sierra Negra hinab. Wie anders ist doch dieser grüne Vulkan im Vergleich zu dem nackten ausgebrannten Aschevulkan von Fernandina. Schnell wird es dunkel. Ich kann nur noch schemenhafte Konturen erkennen. Auf dem Rücken liegend, strecke ich mich im Schlafsack aus und schaue nach oben. Kein Stern ist zu sehen, nicht wie auf Caamaño, wo sich fast jede Nacht über mir ein flimmerndes Sternenwunder ausbreitete. Dazu das laute Schniefen der Seelöwen und ihr Blöken und Bellen … Meine Insel, schon jetzt sehne ich mich nach ihr, nach dem Tosen

Vom dicht bewachsenen Kraterrand des Sierra Negra auf Isabela blickt man in den zweitgrößten Krater der Erde. Er formt eine Ellipse von 10 mal 8 km und die Kraterwände erreichen nur 100 bis 140 m Höhe.

der Brandung und dem Geruch nach Meer und Unendlichkeit. Von Caamaño träumend, schlafe ich ein.

Platsch! Etwas klatscht in mein Gesicht. Schlaftrunken wische ich mit der Hand darüber. Da wieder! Dicke Regentropfen prasseln auf mich herab. Unwillig ziehe ich mir die Plastikplane über den Kopf. Unter meiner Matte scheint sich ein sprudelnder Bach seinen Weg zu bahnen. Es ist jedoch zu dunkel, mir einen neuen Platz zu suchen, und gewiss ist es überall gleich nass.

Im pitschnassen Schlafsack harre ich aus, bis es endlich hell wird, aber statt der ersehnten Sonne gibt es Nebel! Ich bibbere vor Kälte. Um mich aufzuwärmen, mache ich einen Dauerlauf auf dem Kraterrand. Den triefenden Schlafsack hänge ich über einen Busch, in der Hoffnung, dass er irgendwann trocken wird. Dann beginne ich mit dem Abstieg in den Krater. Ich bin überrascht, welch unglaubliche Vitalität die eigentlich tote, ausgebrannte Kraterwelt ausstrahlt. Da gibt es findlingsstarke Steinblöcke, die einmal durch die Luft gewirbelt wurden und jetzt, wie von Riesenhand geworfen, daliegen. Beeindruckend die Vielfalt der Lava, an deren Erstarrungsformen man ablesen kann, wie sie sich rot glühend die Abhänge hinabwälzte. Da gibt es Gesteine, die in der Hitze zu Staub zerbröckeln, und andere, in denen bunte Kristalle glitzern.

Mir erscheint der Vulkan wie ein lebendiges Wesen, das sich mit urgewaltiger Schöpfungskraft selbst geschaffen hat. Und er lebt noch wirklich, der Vulkan. Er spuckt giftigen Atem aus, dampfende Fumarolen sprühen Rauchwolken in die Luft. Sie sind umgeben von dicken Schichten von Schwefelablagerungen.

Ich gehe so, dass der Wind die giftigen Schwefeldämpfe von mir wegtreibt. Ganz nah trete ich an das aktive Zentrum des Vulkans heran. Welch bizarrer Eindruck! Es sind die Farben eines surrealistischen Gemäldes: schwarze Granitblöcke mit giftgelbem Schwefel bedeckt, darüber ein inzwischen tintenblauer Himmel. Aus fußballgroßen Löchern, die gespickt sind mit den schönsten Schwefelkristallen, strömt zischend das stinkende Gas.

Einstmals wurde der Schwefel hier abgebaut und nach dem Festland exportiert. Bis 1940 mussten hier Menschen unter lebensgefährlichen Bedingungen schuften, den Schwefel in Säcke füllen, die dann auf Maulesel geladen und zur Küste transportiert wurden. Es gab nicht den geringsten Atemschutz. Schon das tägliche Einatmen der Dämpfe, die das Schwefelgestein abgibt, verätzte die Lunge. Wenn aber der Wind drehte und die Giftwolke, die aus dem Kraterschlot hervorquoll, in Richtung der Bergarbeiter wehte, gab es keine Rettung mehr. In wenigen Minuten waren die Menschen tot.

Pulsierend wie Herzschläge werden weiße Wolken aus dem Schlot herausgepresst. Sie sehen zwar aus wie harmloser Wasserdampf, doch halte ich lieber respektvollen Abstand.

Am nächsten Tag umwandere ich den Krater auf dem obersten Wall. Ich stelle fest, dass nur der Südhang grün und üppig ist. Die Nordseite ähnelt der Landschaft auf Fernandina. Bei der letzten Eruption im Jahr 1973 war hier ein glutflüssiger Lavastrom herabgeflossen, glücklicherweise auf dieser Seite, sonst wären San Tomás und vielleicht sogar Villamil vernichtet worden.

Von oben habe ich eine klare Sicht. Ich sehe im Westen Fernandina liegen und im Norden die anderen Vulkane von Isabela. Einer von ihnen, der Alcedo, ist berühmt dafür, dass in seinem Kraterinneren Elefantenschildkröten leben. Auch die anderen Vulkane – ganz im Süden der Cerro Azul, der Sierra Negra, auf dem ich stehe, dann der Alcedo und im Norden die Vulkane Darwin und Wolf – beherbergen Schildkröten. Fünf verschiedene Rassen sind es insgesamt. Diese Tatsache gibt

Sieben Zonen ungewöhnlichen Lebens

Manche Küst
bereiche zeic
sich durch Ma
grovenbewuch
aus. Mangrove
bäume sind mit
ihren Stelzwurze
an das Leben im
Gezeitenbereich
angepasst.

Die Pflanzenwelt von Galapagos hat sich an ganz unterschiedliche Niederschlagsverhältnisse angepasst. In den niedrigeren Lagen kommen dabei eher die Trockenspezialisten auf ihre Kosten, in größeren Höhen dagegen ist für reichlich Feuchtigkeit gesorgt. Insgesamt unterscheiden Botaniker auf den Inseln sieben Vegetationszonen, die sich alle durch außergewöhnliche Pflanzenarten auszeichnen.

Direkt am Meer liegt die Küstenzone mit ihren Stränden und Lagunen. Im flachen Wasser wachsen hier Mangroven, die trockenen Küstenbereiche wurden von salztoleranten Arten wie dem Salzbusch *Cryptocarpus pyriformis* oder dem mit fleischigen Blättern und rosa Blüten ausgerüsteten Mittagsblumengewächs *Sesuvium portulacastrum* erobert.

Landeinwärts vom Strand bis in Höhen von etwa 60 m über dem Meeresspiegel schließt sich die wüstenartige Trockenzone an, die den größten Teil der Inseln bedeckt. Hier gedeihen nicht nur eine Vielzahl von Kakteen, sondern auch der Palo-Santo-Baum *Bursera graveolens*.

In der Übergangszone zu den feuchteren Gebieten haben sich kleine Bäume und Büsche angesiedelt, z. B. der nur auf Galapagos vorkommende (endemische) Pega-Pega-Baum *Pisonia floribunda* mit dichtem Flechtenbewuchs.

Noch ein wenig höher, zwischen 300 und 600 m über dem Meeresspiegel, liegt die Scalesiazone, in der Nebel und Regen neben einer Vielzahl von Farnen, Moosen und Gräsern auch die weltweit einzigartigen Scalesiabäume wachsen lassen.

Weiter oben in den Bergen folgt die Miconiazone, die ihren Namen dem 3–4 m hohen endemischen Busch *Miconia robinsoniana* verdankt.

In den feuchten, windigen und nebligen Gipfelregionen der Vulkane oberhalb von 900 m liegt schließlich die Pampazone. Sie ist das Reich der Farne und Gräser, denn auf Galapagos liegt die Baumgrenze sehr niedrig.

Der bis zu 4 m hohe Miconia-robinsoniana-Busch ist wegen seiner gelb oder – wie hier – rötlich schattierten Blätter leicht zu erkennen.

zu der Vermutung Anlass, dass Isabela ursprünglich keine zusammenhängende Insel war, sondern allmählich durch die Ausbrüche der fünf Vulkane zusammengewachsen ist. Erstaunlich, dass trotz der gefährlichen Vulkanausbrüche die Schildkröten überlebten.

Der Tag hat noch nicht begonnen, als ich mit dem Abstieg zu meiner „herzgrünen" Hütte beginne. Kein Laut durchdringt die Stille. Es ist kühl. Zwar hat es in dieser Nacht nicht geregnet, doch die Feuchtigkeit hat sich in Tropfen auf den Gräsern und auf meiner Plastikplane niedergelassen. Noch stehen die Sterne am Himmel, doch ein heller Streifen im Osten verkündet schon den kommenden Tag. Ich laufe durch hüfthohes Gras. Die nassen Gräser klatschen gegen meinen Körper. Völlig durchweicht rutsche und stolpere ich den Abhang hinunter.

Zu spät wird mir bewusst, dass ich mich verirrt habe. Ein Schauder überfällt mich, eine Ahnung von Gefahr – verirrt in dieser riesigen, weiten Landschaft! Alles sieht gleich aus.

Die Bestände dieser auf Isabela heimischen Riesenschildkröte sind durch verwilderte Haustiere bedroht.

Die Pferde und Rinder haben zahllose Pfade in die Vegetation getreten. Unachtsam bin ich einem dieser Wege gefolgt.

Ich mache kehrt und gehe zurück. Doch bald gabelt sich der Weg und ich weiß nicht mehr, aus welcher Richtung ich gekommen bin. Es gibt keine auffälligen Landmarken, nach denen ich mich orientieren könnte. Überall nur das gleiche hohe Gras. Da, dieser Farn, bin ich an dem nicht zuvor schon vorbeigekommen? Und dort, der Busch, habe ich den nicht auch schon gesehen? Verwirrt bleibe ich stehen. Wohin nur soll ich jetzt gehen? Der Kompass ist auch keine Hilfe. Da ich meinen jetzigen Standpunkt nicht kenne, ist es unmöglich, die genaue Marschrichtungszahl nach San Tomás anzupeilen. Und nur irgendwo die Südostküste zu erreichen ist lebensgefährlich. Außer der Ortschaft Villamil ist die Küste völlig unbesiedelt und wegen der zerrissenen, scharfkantigen Lavastruktur fast unbegehbar.

Nebel überfällt in dicken Schwaden den Vulkanhang, kriecht langsam die Flanke empor, hüllt sie ein. Ich sehe nichts mehr und habe das beängstigende Gefühl, überall könnten sich plötzlich unsichtbare Abgründe auftun. Es ist eine gespenstische Atmosphäre. Ich habe das Gefühl, wie blind in eine drohende Gefahr zu tappen. Auch die Geräusche werden fast völlig von den dicken Nebelschichten verschluckt.

Angst kriecht in mir hoch. Doch es ist eigenartig – die Angst, die eben noch drohte, mich wie irr in eine verkehrte Richtung rasen zu lassen, wirkt nun wie ein Stärkungsmittel, das meine Vernunft aktiviert und all meine Kräfte in Bewegung setzt. Ich erlebe diese lebensrettende Hilfe durch die Angst nicht zum ersten Mal. Es ist eine Erfahrung, vergleichbar mit dem hellen Licht eines Blitzes.

Im Bruchteil einer Sekunde erkenne ich, was zu tun ist, und plötzlich ist alles sehr leicht. Statt mich verwirrt vor, zurück, rechts oder links durch die Vegetation zu wühlen, gehe ich nun bedächtig und ruhig nach oben – wieder zum Kraterrand! Denn nur dort, am Ausgangspunkt, kann ich mich orientieren und dann den Abstieg noch einmal versuchen. Manchmal höre ich, wie Pferde und Rinder in wenigen Metern Entfernung vor mir flüchten. Sehen kann ich sie nicht.

Nur selten reißen Sichtlöcher auf und geben kurzfristige Einblicke in die weite grüne Hügellandschaft. Ich fühle mich nun ganz sicher. Mir kann nichts mehr passieren. In ein paar Stunden werde ich wieder dort stehen, wo ich am Morgen losgegangen bin. Vielleicht wird es dunkel, bevor ich das Dorf und meine Hütte erreiche, und mir steht eine unbequeme Nacht im nassen Schlafsack bevor, doch spätestens morgen bin ich in der Grünen-Herz-Hütte. Da ich mich nun sicher fühle, kann mich der Nebel nicht mehr in Panik versetzen. Dennoch, nicht umsonst ist er das Symbol für die totale Isolation des Menschen. Nur mit Mühe kann sich die Vernunft des Gefühls erwehren, überall Abgründe zu vermuten und unsichtbaren Kräften hilflos ausgeliefert zu sein.

Nach schier endlos scheinendem Aufsteigen durch scharfkantige Gräser sehe ich plötzlich tatsächlich einen Abgrund vor mir. Einen Moment bin ich völlig außer mir vor Schreck, dann erkenne ich, dass ich am Kraterrand stehe. Das Loch unter mir ist zum Teil auch mit Nebel angefüllt. In der Ferne sehe ich Fumarolen und Schwefelablagerungen, dort bin ich gestern abgestiegen. Na also, da bin ich gar nicht so verkehrt gegangen, bin nur schon viel östlicher, als ich vermutet hatte. Beim erneuten Abstiegsversuch behalte ich jetzt den Kompass in der Hand und finde sogar meine ehemalige Aufstiegsroute wieder.

Endlich, kurz bevor es Nacht wird, erreiche ich tatsächlich die kleine Hütte. Mir fällt ein, dass ich den ganzen Tag noch nichts gegessen habe. Schnell lese ich ein paar am Boden liegende, reife Avocadofrüchte auf, aus denen ich einen Salat bereite. Ich beschließe, noch etwa zwei Wochen in der Hütte zu bleiben.

Ein Schwefelkristall am Vulkan Sierra Negra. Der Schwefel wurde früher von Sträflingen abgebaut und zur Küste getragen.

Die Siedler von San Tomás

Es gibt riesige Bäume in dem Wald am unteren Hang des Sierra Negra. Einer gefällt mir besonders. Er erinnert mich an den lang gehegten Kindertraum, in einem Baum zu wohnen. Sonnenlicht fällt in kleinen Kringeln durch das von großen Blättern gebildete Laubdach. Das kurze melodische Liedchen des Goldwaldsängers ist der einzige Laut in diesem still verzauberten Wald. Auf der feuchten duftenden Erde liegen riesige dunkelbraune, raschelnde Blätter.

Bei meinem Umherstreifen entdecke ich zwischen Bananenstauden eine Hütte. Ein Mann, klein, stämmig, sonnenverbrannt, mit zerrissenen, über den Knien aufgekrempelten Hosen und einem verschwitzten, ausgeblichenen Hemd, tritt, eine große Machete geschultert, hinter einer Bananenpflanze hervor und spricht mich an. Er bittet mich näherzukommen, ihm die Ehre zu erweisen, mich in seinem Haus als Gast begrüßen zu dürfen. Ich folge gern seiner Einladung, die er in so ausgesucht höflichem Spanisch an mich richtet.

Die Hütte ist aus aneinandergenagelten Brettern gebaut. Das Dach besteht aus verbeultem Wellblech. Das Bauwerk ist so klein, dass ich mir kaum vorstellen kann, wie drei Erwachsene und acht Kinder Platz darin finden. Doch die Hütte soll ja auch nur vor Regen schützen und als Nachtlager dienen. Tagsüber halten sich alle unter dem Vorbau auf. Die Señora, eine wohlbeleibte ältere Frau, liegt müßig schaukelnd in der Hängematte, umgeben von drei ihrer Enkel, die abwechselnd versuchen, in die Hängematte zu klettern, und regelmäßig wieder herauspurzeln. Die Großmutter lässt den Ansturm der kleinen Racker gutmütig über sich ergehen. Sie hilft ihnen aber auch nicht und denkt nicht daran, Platz zu machen.

Eines Tages, als er halbverhungert durch die Straßen irrte, sah er viele Menschen vor einer Tür stehen und warten. Man sagte ihm, dass junge starke Männer gesucht würden, die mit der Machete umzugehen wüssten.

Zwischen den Kindern wuseln drei kleine Schweinchen herum. Ein etwa achtjähriges Mädchen kommt mit einer Milchflasche, in die eine Masse gefüllt ist, die aussieht wie roter Pudding oder rote Grütze, und reicht sie den wild quietschenden Schweinchen. Zwei kleine reizende Mädchen, zwischen vier und sechs Jahren, mit blitzenden kohlschwarzen Augen, halblangen schwarzen Haaren, kullern und kugeln vor der Hütte im Staub herum. Dann bauen sie aus schmutzigen Decken unbestimmbarer Farbe ein Zelt, das immer wieder zusammenfällt. Vergnügt lachend winden sie sich unter dem Deckenwirrwarr hervor.

Die Mutter kocht Fleisch in verbeulten schwarzen Töpfen über einem offenen Feuer. Als Ofen dient eine gefährlich ausgezackte leere Benzintonne. An derben Eisenhaken hängen noch weitere Fleischstücke, von Fliegen umsurrt. Man habe Glück gehabt heute Morgen und ein Rind geschossen, erzählt mir der Mann. Unter einer Ecke des Blechdachs

Im Schatten einer Bananenpflanzung liegt die ärmlich wirkende Hütte der Familie von José. Die Galapagosinseln gehören zu Ecuador, dem nach Bolivien zweitärmsten Land Südamerikas.

steht noch eine verrostete Benzintonne. In ihr wird Regenwasser gesammelt. Zwar gibt es im Hochland Quellen, aber die Hütte ist zu weit davon entfernt, um den täglichen Wasserbedarf heranzuschleppen.

Neben der Hütte grasen zwei Esel, plötzlich wirft sich der eine auf den Boden und nimmt ein ausgiebiges Sandbad. Er wendet und dreht sich genussvoll, scharrt mit den Hinterhufen Sandwolken über seinen Körper. Nur für einen Augenblick lugt eine dicke große Sau durch die Bananenstauden. Vielleicht ist sie die ungetreue Mutter der drei Frischlinge.

Der Mann, José, stammt aus den Anden Ecuadors. Er ist mit 17 Jahren von zu Hause ausgerissen und ging in die große Stadt Guayaquil, denn er hatte gehört, dass es dort Arbeit gäbe. Doch er fand keine. Irgendwie schlug er sich durch. Eines Tages, als er halbverhungert, ziel- und hoffnungslos durch die Straßen irrte, sah er viele Menschen vor einer Tür stehen und warten. Man sagte ihm, dass junge starke Männer gesucht würden, die mit der Machete umzugehen wüssten. Ein gewisser Señor Gil in Isabela stelle diese Arbeiter ein. José reihte sich sofort in die Warteschlange ein, sein Name wurde in eine Liste geschrieben und er war angenommen. José war glücklich. Endlich Arbeit! Er wusste nicht, wo das war – Isabela –, noch hatte er je von den Galapagosinseln gehört. Am anderen Tag schon befand er sich auf einem Schiff, das ihn weit weg brachte. Viele Tage war er unterwegs, auf dem kleinen Kutter, zusammengepfercht mit vielen anderen. Es gab kaum etwas zu essen. Aber richtig schlimm wurde es erst, als sie ankamen. Wie Sklaven mussten sie für Señor Gil schuften.

José fährt sich mit der Hand durch die noch immer schwarzen Haare: „Ja, schlimm war das damals, eine schwere Zeit, *muy duro!*" Mit Hacke und Machete mussten sie den Urwald roden, von Sonnenaufgang bis Sonnenuntergang. Als Bezahlung für die Knochenarbeit erhielten sie zu essen, wenig genug. Später bekamen sie Geldgutscheine, um im Dorfladen einzukaufen. Jedoch dieser Laden gehörte auch Señor Gil, und er bestimmte die Preise. Bald waren die Arbeiter über Monate hinaus verschuldet. Dieser Hölle entfliehen, aber wie? Niemand von den Arbeitern hatte Geld, um die Überfahrt zum Festland zu bezahlen. Heute sind alle Bauern frei, bearbeiten ihr eigenes Land, von dem sie gerade leben können.

„Ich besitze viel mehr Land, als ich bebauen kann“, sagt José stolz. „Wozu mehr anpflanzen, als die Familie benötigt? Wir haben alles, was wir brauchen.“

Von José erfahre ich auch, dass es früher eine Sträflingskolonie auf Isabela gab. „Das waren arme Menschen, denen ging es noch schlechter als uns“, berichtet José. „Die mussten den Schwefel vom Vulkan holen. Viele sind dabei umgekommen. Auch vom Schwefelabbau hat Gil profitiert. Er war der Herr auf Isabela. Noch heute leben Nachfahren von ihm unten in Villamil. Reich sind die noch immer, doch mit uns können sie trotzdem nicht mehr machen, was sie wollen.“

Die Menschen von San Tomás sind mir gegenüber sehr freundlich und aufgeschlossen. Ich brauche mich nicht um Kontakt zu bemühen, sie kommen von selbst auf mich zu. Die Männer sprechen mich sofort an, wenn ich ihnen unterwegs bei meinen Spaziergängen begegne. Sie zeigen offen ihre Neugier, wollen wissen, warum ich mich in ihrer Ortschaft aufhalte. Die Frauen sind zurückhaltender. Wenn ich an ihren Hütten vorbeigehe, sitzen sie auf ihren Terrassen und antworten mit freundlichem Lächeln auf meinen Gruß.

Eine Frau, vielleicht so alt wie ich selbst, bittet mich in ihr Haus und bietet mir Kaffee an. Es ist ein großer sauberer Raum, der Boden mit Holzdielen bedeckt. Er ist spärlich möbliert: ein Tisch, zwei Stühle und an der Wand Sitzbänke. Die Frau ist sehr schön, ich möchte sie immerfort anschauen. Sie hat klare Gesichtszüge, ruhige dunkle Augen, schwarz glänzendes Haar, das straff nach hinten gekämmt und zusammengesteckt ist. Ihre Stimme hat einen tiefen, warmen Klang. Sie möchte wissen, woher ich komme und wie man dort lebt in meinem Land. Sehnsüchtig fragt sie mich aus. Sie möchte so gern auch einmal die großen Städte sehen. Sie sei auf Isabela geboren und noch niemals in ihrem Leben habe sie die Insel verlassen: „*Nosotros somos de aquí. No sabemos como es la vida en el mundo* – Wir sind von hier. Wir wissen nicht, wie das Leben in der Welt ist“, sagt sie bedauernd.

Ein sanfter, leiser Regen fällt herab. Die Luft riecht frisch und rein, wie nach einer großen Wäsche. Von den Baumriesen hängen die Moospolster herab, dunkelgrün und schwer, vollgesogen mit Feuchtigkeit. Der Sommerwind streichelt angenehm warm die Haut. Üppiges Grün überall, saftig und regenfrisch. Ländliche Geräusche vermitteln Geborgenheit: Hähne krähen heiser, Glucken locken ihre Küken, Darwin-Finken tschilpen wie Spatzen, Zikaden und Heuschrecken zirpen unentwegt. In den Nachbargärten trocknet Wäsche auf der Leine.

Ich fühle mich wohl hier. Gleichmäßig und ruhig vergehen die Tage. Ich gehe spazieren, plaudere mit den Siedlern oder sitze lesend im Garten oder auf der Terrasse meiner Hütte. Gerade als ich mich schon heimisch und fast zum Dorf dazugehörig fühle, verspüre ich wieder den Wunsch nach Veränderung. Das Beste wird sein, ich gehe gleich morgen, denke ich.

Die Rückfahrt nach Villamil lege ich auf dem Anhänger eines Lastwagens zurück. Die Ladefläche ist mit Säcken vollgepackt, in denen sich Apfelsinen, Pampelmusen, Zitronen, Avocados, Bananen und Papayas befinden. Dicht aneinandergedrängt stehen dazwischen die Menschen, versuchen sich am Nachbarn festzuhalten und fallen lachend übereinander, wenn das Fahrzeug auf der unbefestigten

Straße in tiefe Schlaglöcher holpert. Ein Mann hält drei lebende Hühner in der Hand, die er an den Füßen zusammengebunden hat. Das Gackern ist den Tieren vergangen. Still und leblos, nur mit dem geöffneten Schnabel nach Luft hechelnd, hängen sie mit dem Kopf nach unten. Unterwegs hält der Wagen oft an und immer mehr Menschen und Waren werden heraufgereicht.

Ich sehe helles Licht über dem Meer leuchten. Nach den Tagen im grün-feuchten Hochland blendet mich der weiße Sand und unwirklich erscheint mir das türkisblaue Meer mit seinen weißen Schaumkronen. Es ist sehr viel, zuviel Licht hier unten. Hart sind die Kontraste. Ich beschließe, mit dem nächsten Postschiff nach Santa Cruz zurückzukehren.

Eine erschreckende, unglaubliche Nachricht bricht in die Oasenabgeschiedenheit von Villamil ein: Es ist Krieg! Krieg mit Peru. Niemand weiß genau, was passiert ist. Alle müssen sich in Bereitschaft halten. Ich darf vorerst nicht nach Santa Cruz zurück. Die jungen Männer von Villamil üben am Strand den Krieg, sie marschieren in geschlossener Formation, werfen sich in den Sand, robben an unsichtbare Gegner heran, schreien: „Tod den Peruanern!“ Es sieht so aus, als würden Kinder Krieg spielen. Die jungen Männer erklären mit leuchtenden Augen, sie seien bereit, ihre Heimat zu verteidigen, mit Haut und Haar, notfalls mit ihrem Leben. Peru, das ist der Feind! Er muss vernichtet werden! Sie besitzen noch keine Waffen, aber viele haben ihre Macheten mitgebracht, andere improvisieren mit Holzknüppeln. Sie können ihre Freude nicht verbergen, dass endlich etwas passiert, dass sie etwas erleben können. Vielleicht bringt sie schon bald ein Schiff zum Festland. Sie werden die Welt sehen!

Nachts stehen sie noch lange auf den Straßen zusammen, debattieren mit großartigen Gesten. Eine Bierflasche kreist in der Runde. Der Verkauf von Alkohol ist zwar seit der Ausrufung des Ausnahmezustands streng verboten, dennoch, ein paar Flaschen konnten sich die Männer besorgen. Die Nacht ist warm. Sanft streichelt der Seewind meine Haut. Eine Sternschnuppe pflügt eine helle Spur quer über den blauschwarzen Nachthimmel. Es ist Krieg, das klingt so irreal und ist dennoch wahr. Statt erschrocken zu sein, statt sich zu verweigern, reagieren die Menschen mit erwartungsvoller Erregung.

Später erfahre ich, dass es sich um Grenzstreitigkeiten gehandelt hatte, die zum Glück bald beigelegt wurden. Keiner der Bewohner von Galapagos musste in den Krieg ziehen. Jedoch andere junge Männer, die gerade ihren Armeedienst ableisteten, wurden bei den Auseinandersetzungen getötet. Es geht um ein Gebiet, das 1941 von Peru erobert worden war und das Ecuador offiziell im Vertrag von Rio de Janeiro abtreten musste. In Ecuador hat man sich jedoch mit dem Verlust dieses Gebietes, welches das Territorium um fast ein Drittel verkleinerte, nie abgefunden. Noch immer wird das verlorene Land als ecuadorianisches Hoheitsgebiet betrachtet. Jeder Schüler lernt im Geografieunterricht andere Grenzen, als die in den internationalen Karten angegebenen. Auf ecuadorianischen Karten ist das umstrittene Gebiet als gepunktete Linie gekennzeichnet. Seit Erdöl in dieser Region gefunden wurde, schmerzt der Verlust noch mehr, und immer wieder entbrennen blutige Grenzstreitigkeiten.

Um die Wartezeit zu nutzen, bis wieder Schiffe fahren dürfen, mache ich lange Spaziergänge an der Küste. Isabela besitzt etwas, was es auf Galapagos sehr selten gibt: einen kilometerlangen, feinkörnigen Sandstrand. Weiß und sauber erstreckt er sich in völliger Einsamkeit. Es leben kaum Tiere hier. Die großen Tierkolonien befinden sich nur an den Felsenküsten.

Der Sandstrand der Insel Isabela ist eine Seltenheit auf den vulkanischen Inseln mit ihren Lavaküsten. Die Autorin fand ihn noch einsam und unberührt vor – heute ist er zum Touristenziel geworden.

Doch wenn der Vollmond scheint, steigen die Seeschildkröten aus dem Wasser. Langsam, eine tiefe Schleifspur hinterlassend, kriechen die schweren Tiere den Strand hinauf und vergraben im Sand ihre tennisballgroßen weißen Eier.

Einige Leute in Ecuador waren der Meinung, so ein herrlicher weißer sauberer Sandstrand dürfe nicht ungenutzt bleiben. Welche Bereicherung für Galapagos, wenn an diesem Strand sich Touristen tummeln würden! Villamil, diese verschlafene Ortschaft am Ende der Welt würde aufblühen. Die Menschen bekämen Arbeit – als Eisverkäufer und Sonnenschirmverleiher. Jede Menge Hotels und Restaurants müssten gebaut werden. Das würde Arbeitsplätze schaffen, nicht nur für die Menschen von Villamil, junge Menschen von ganz Galapagos könnten dann Arbeit finden. Eine fantastische Zukunft stehe Galapagos bevor.

Das Projekt wurde vor allem von den Verantwortlichen der INGALA, dem nationalen Galapagos-Institut, gefördert. Dieses Institut wurde von der ecuadorianischen Regierung gegründet, zum Zweck der Koordination zwischen den Interessen des Nationalparks und den Siedlern. Die INGALA soll also die Lebensbedingungen der Menschen auf den Inseln verbessern helfen, jedoch ohne dem Naturschutz zu schaden. Doch werden dem Nationalpark nur geringe Geldmittel zur Verfügung gestellt. Es wäre zum Beispiel dringend notwendig, weitere Parkwächter anzustellen, die Mitarbeiter besser auszubilden und zu schulen, ganz zu schweigen von den Schiffen, die ständig unterwegs sein müssten, um die Inseln regelmäßig zu kontrollieren. Auch die Darwin-Station leidet unter chronischem Geldmangel. Oft müssen die Angestellten monatelang auf ihr Gehalt warten,

Don Ramos erzählte mir, dass er fünf Monate lang kein Geld bekommen hat.

Die Einzigen, denen Geld im Überfluss zur Verfügung steht, sind die INGALA-Leute. Die Konten werden aus verschiedenen Quellen gespeist, Geschäftsleute legen ihr Geld an, um durch Investitionen an der zukünftigen Entwicklung von Galapagos zu verdienen. Um die schwerreichen Touristen aus aller Welt, vor allem aus den USA und aus Westdeutschland, an den „Goldstrand" von Isabela zu locken, sollte neben den geplanten Hotels und Restaurants in Isabela ein Flughafen gebaut werden. Denn man wollte den Touristen den langen umständlichen Anfahrtsweg von Baltra – mit der Fähre über den Kanal – mit Fahrzeugen nach Puerto Ayora – mit einem Schiff nach Villamil – ersparen und den Touristenstrom schön bequem gleich nach Isabela lenken. Die Fundamente des Flughafens hatte man schon ausgehoben. Dann wurde der Weiterbau vorläufig gestoppt. Die einen sagen, weil man einsah, dass das geplante Projekt die Insel zerstören würde, die anderen behaupten, weil es Schwierigkeiten bei der Errichtung des Flughafens gegeben habe. Nein! Keine Demonstration von Flughafengegnern – sondern ein Wassereinbruch!

Ich lasse mir die Richtung zeigen und mache mich auf den Weg zur Baustelle des vorläufig noch verhinderten Flughafens. Es ist glühend heiß! Nirgendwo Schatten. Die Lava ist rostbraun, verwittert und scharfkantig. Dann sehe ich eine plattgewalzte Piste. Geschäftig fahren Lastkraftwagen, Bagger und Raupen umher, transportieren Material oder schieben Lavageröll beiseite. Es sieht aus, als würde dennoch weitergebaut, mit der vielleicht nicht unbegründeten Hoffnung, früher oder später doch noch die offizielle Erlaubnis zu erhalten. Neugierig befrage ich die ecuadorianischen Fahrer der Maschinen, erhalte jedoch keine Auskunft.

Nach Villamil gehe ich am Meer zurück. Dort, wo die Wellen den Sand nasslecken, läuft eine Gruppe Regenpfeifer entlang. Wie mit einem Schlüssel aufgezogene Spielzeugfiguren, trippeln sie emsig auf ihren winzigen Füßchen daher. Wenn eine Welle einmal höher als erwartet über den Sand spült, springen sie wie Bällchen mit putzigen Sprüngen empor, um nicht nassgespritzt zu werden. Ornithologen haben entdeckt, dass die Regenpfeifer eine besondere Fangmethode anwenden. Sie stellen einen Fuß leicht auf den Boden und bringen ihn in zitternde Schwingung, das sogenannte „Fußtrillern". Dadurch wird der Boden in leichte Vibration versetzt. Den Lebewesen im feuchten Sand, zum Beispiel den kleinen Würmern, behagt dieses Zittern und Beben überhaupt nicht. Irritiert kommen sie herausgekrochen und werden vom Regenpfeifer blitzschnell gepackt und verschlungen.

Hinter den Dünen entdecke ich eine Lagune. Rosarote Flamingos waten auf ihren langen Beinen durch das kristallklare Wasser. Die elfenartigen Gestalten wirken wie exotische Fremdlinge. Tatsächlich sind sie von Mittelamerika gekommen, um auf den Inseln zu brüten. Aus Schlamm und Schlick bauen sie turmartige Gebilde, in deren Innerem sich die Nestmulde befindet. Flamingos könnten ohne Salzlagunen nicht existieren. In diesen fangen sie kleine Krebstierchen. Der Schnabel, mit Lamellen versehen, funktioniert wie ein Sieb, mit dem sie die millimeterkleinen Krebschen aus dem Wasser und dem Schlick heraussiehen. Diese Krebse enthalten einen roten Farbstoff, der sich in den Federn der Flamingos einlagert und ihnen die rötliche Farbe verleiht. Hoheitsvoll schreiten sie auf ihren Stelzen durch die Lagune, bleiben nach wenigen Schritten stehen und senken den schönen langen Hals zum Wasser. Es sind sehr scheue Tiere. Ich möchte noch näher an sie heran,

Der Friedhof der Siedlung Villamil erzählt die Besiedlungsgeschichte der Insel Isabela.

um sie zu fotografieren, doch bereits bei einer Entfernung von 20 m fliegen sie auf und landen am entgegengesetzten Ufer.

Direkt am Strand, 3 km von Villamil entfernt, liegt der Dorffriedhof. Ich öffne ein aus Ästen gefertigtes Tor und trete ein. Es gibt Gräber mit einfachen Holzkreuzen, manche schon schräg dem Erdboden entgegengesunken und andere mit aus Steinen gemauerten Aufbauten. Selten scheinen Menschen diesen stillen, mit Sand verwehten Friedhof zu besuchen. Es gibt keine Blumen und Pflanzen, die man hegen und pflegen müsste. In der Sonnenglut und dem heißen Sand wären sie in wenigen Stunden vertrocknet.

Ich versuche die Meinung der Frauen über den Krieg mit Peru zu erfahren. Es ist kaum möglich, sie zu einer Äußerung zu bewegen, selbst dann nicht, wenn ihre Männer nicht dabei sind. Entweder behaupten die Frauen, sie könnten dazu nichts sagen, das sei Männersache, oder sie versuchen mir eine Antwort zu geben, von der sie annehmen, dass sie mir gefällt. Nur eine Frau sagt spontan: „Wenn die Peruaner nach Isabela kommen, greifen auch wir Frauen zu den Waffen!"

Als Tourist auf Kreuzfahrt

Endlich dürfen wieder Schiffe fahren. Im Hafen ankert ein als Touristenboot umgebauter Fischkutter. Gabriel, der Kapitän des Bootes, hat nichts dagegen, dass ich mitfahre. Auch Ricardo, der Reiseleiter, und die fünf amerikanischen Touristen sind einverstanden. Sie fahren jedoch nicht sofort nach Santa Cruz, sondern haben noch eine siebentägige Kreuzfahrt von Insel zu Insel vor sich.

Eigentlich habe ich ja keine Lust, eine Touristenreise mitzumachen, doch die Amerikaner begrüßen mich so spontan und freundlich, als wären wir schon alte Bekannte, dass meine Bedenken schwinden. Da sind Mary und Kevin, ein junges Paar auf ihrer Hochzeitsreise. Kevin ist lang, dürr und eckig, immer nervös und aufgeregt, mit einer blonden Igelbürste. Er ist rührend um Mary besorgt. Sie ist das absolute Gegenteil von ihm: rotbackig, rund, phlegmatisch. Die anderen drei sind ein älteres Ehepaar – John und Susan – mit ihrem 20-jährigen Sohn Bob.

Es ist wenig Platz auf dem Kutter, wo wir tagsüber schutzlos der Sonne ausgeliefert sind. Unter Deck befinden sich die sargähnlichen Kojen. Einerseits sind die Amerikaner entzückt über die ihnen abenteuerlich erscheinende Unbequemlichkeit der Reise, andererseits klagen sie über den fehlenden Komfort. Den zwei Frauen fällt es schwer, sich mit der primitiven Waschmöglichkeit abzufinden – einem Eimer mit Meerwasser. Wenn Ricardo das Steuer übernimmt, kocht Gabriel für uns. Es schmeckt immer köstlich – vorausgesetzt, man mag Fisch!

Es ist wenig Platz auf dem Kutter, wo wir tagsüber schutzlos der Sonne ausgeliefert sind. Unter Deck befinden sich die sargähnlichen Kojen.

Man kann Rundreisen auch auf der *Calicuchima* buchen, einem der großen Dampfer, die 70 und mehr Passagiere an Bord nehmen und wo es Einzelkabinen, Duschen, Tanzabende und Diavorträge gibt. Doch unsere Reise ist eindeutig individueller. Natürlich können auch wir nur an den erlaubten Stellen an Land gehen und dürfen die mit kleinen Holzpfählen markierten Wege nicht verlassen, doch wir haben mehr Zeit. Ricardo und Gabriel haben Verständnis, wenn wir mal erst bei Dämmerung zurück an Bord kommen.

Die anderen finden uneingeschränkt alles *beautiful, marvellous, incredible,* doch in Wirklichkeit ist ihr Interesse an Galapagos bald erschöpft. Es strengt sie an, in der Hitze über die Lava zu laufen und immer wieder Tiere anzuschauen. Bei den Landausflügen drängen sie deshalb auf schnelle Rückkehr. Sind sie jedoch an Bord des kleinen Kutters, wissen sie auch nicht so recht, was sie tun sollen. Bob sagt deutlich, was er denkt: „*Always sealions and birds* – immer nur Seelöwen und Vögel! Gibt es hier denn gar nichts Spektakuläres?“ Nach einigen Tagen wandert Ricardo meist nur noch mit John, Susan und mir die Küsten entlang. Die anderen bleiben zurück an Bord und lesen. Als ausgebildeter Touristenführer gibt Ricardo sich redlich

Mühe, doch niemand interessiert sich so richtig für seine lehrreichen Erläuterungen. Er geht auch auf die Wünsche der Gruppe ein und versucht die Reise in deren Sinn abwechslungsreich zu gestalten. Er führt uns zu Sandstränden, wo wir baden können, und zeigt uns Stellen, die besonders gut zum Schnorcheln geeignet sind. Die Inseln und ihre Tierwelt werden nur noch als Kulisse betrachtet. Ich denke mir, dass die fünf überall hätten hinfahren können, wenn sie baden, schnorcheln und sich amüsieren wollten, warum aber ausgerechnet nach Galapagos? Das Zusammensein mit ihnen schränkt auch meine Erlebnisfähigkeit ein. Wahrscheinlich lässt ihr Desinteresse auch bei mir keine tieferen Gefühle und Empfindungen zu.

Dennoch bereue ich nicht, an der Rundreise teilgenommen zu haben. Auch wenn die Erlebnisse oberflächlich bleiben, lerne ich doch einen Großteil des Archipels kennen. Mir wird deutlich, wie verschieden die Inseln sind.

Jede Insel ist eine Welt für sich, obwohl sie alle aus Lavagestein bestehen und auf allen ähnliche klimatische Bedingungen herrschen. Daher, so könnte man erwarten, müssten überall die gleichen Tiere und Pflanzen vorkommen. Einige Arten trifft man tatsächlich überall an, zum Beispiel die roten Klippenkrabben. Auch Seelöwen sieht man sehr häufig. Andere Tierarten gibt es jedoch nur auf jeweils ganz bestimmten Inseln. Die Pinguine und stummelflügligen Kormorane finden wir nur an der Küste von Fernandina und Isabela. Rotfußtölpel gibt es auf Genovesa. Albatrosse nur auf Española. Fregattvögel sehen wir zwar fast immer, wenn wir zum Himmel schauen, doch sie brüten vor allem auf Isabela. Auf jedem Eiland haben sich ganz spezielle Tier- und Pflanzengemeinschaften aneinander angepasst. Am meisten beeindruckt mich auf dieser Rundfahrt Bartolomé. Die Tierwelt steht auf dieser Insel nicht im Mittelpunkt, dafür findet man vielfältige Lavaformen. Als sei Brei aus gigantischen Kesseln übergekocht, ist die zähflüssige Lava über die Insel geflossen und erstarrt; eine Mondlandschaft mit schwarzen Schlackebergen und rostroten Vulkankegeln.

Wir ankern in der Sullivan Bay, ein abgesunkener Vulkan. Ein Teil des ehemaligen Kraterrandes ist in Form eines dreieckigen Turmes noch zu sehen. Während die anderen sich am Strand und im Wasser tummeln, besteige ich einen der vielen kleinen Vulkankegel dieser Insel. Der Hang ist mit weißlichen flechtenartigen Tiquiliapflanzen bewachsen, die ihren Wasserbedarf nur durch die Morgenfeuchtigkeit decken können. Von oben bietet sich mir eine eindrucksvolle Landschaft. Das glutflüssige Erdinnere hat sich nach außen gekehrt und eine schorfige, lebensfeindliche Fläche gebildet. Die rotbraunen Vulkane mit ihren kreisrunden Kratern sehen so frisch aus, als wollten sie immer noch Feuer speien. Ein goldgelber Strand umläuft die Sullivan Bay. Ich fühle mich wohl hier oben. Wieder ist es ein Erleben von Zeitlosigkeit. Endlose Halden brauner Schlacke, verwitterte, geborstene Lavaströme, von Sonne und Wind zernagt. Eine Landschaft, die Endgültigkeit und Unwiderruflichkeit verkörpert, die gleichwohl Anfang und Ende symbolisiert.

Mary ist diesmal zum Landausflug mitgekommen, weil Ricardo ihr einen „Superstrand“ versprochen hat. Als er beobachtet, dass sie Steine sammelt und in die Tasche steckt, macht er sie darauf aufmerksam, dass das verboten ist. „Nichts, nicht mal eine Vogelfeder oder eine Muschel darfst du von der Insel mitnehmen“, sagt er höflich. Mary, die sonst nicht aus ihrer sonnigen Ruhe zu bringen ist, empört sich: „Was! So ein Theater wegen ein paar Steinen?“ Ricardo erklärt, dass es nicht nur um die paar Lavabrocken gehe, die sie eingesteckt hat, sondern um die vielen, wenn jeder Tourist dasselbe tun würde wie sie. Doch Mary ist verärgert und will nicht verstehen.

Am Abend, als die Amerikaner bereits unter Deck sind und ich mit Ricardo noch am Bug des Schiffes sitze, bricht es plötzlich wütend aus ihm hervor: „Meinetwegen können sie so viel Lava mitschleppen, wie sie wollen, mir ist das doch egal! Ich bin doch kein Polizist, der ihre Taschen kontrolliert. Das ganze Leben lang Touristen über die Inseln führen, immer das Gleiche erzählen, und niemand hört dir zu! Ich kann dir gar nicht sagen, wie mich das anstinkt. Doch wovon soll ich denn sonst leben? Wieder Fischer werden wie mein Vater oder mich im verseuchten Hochland totschuften? Ich sage dir, für uns Galapagonesen sind diese Scheißinseln das Gegenteil von einem Paradies!"

Eine Nacht und noch einen Tag sind wir unterwegs, bis wir die ganz im Süden gelegene Insel Española erreichen. Während die anderen Inseln aus einem Vulkankegel bestehen, ist Española flach und sonnenverbrannt. Kaum 200 m erhebt sie sich über dem Meer. Bewachsen ist sie mit spärlicher Vegetation aus blattlosen Palo-Santo-Bäumen, den Opuntien-Baumkakteen und den kerzenförmigen Kandelaberkakteen.

Sie ist die Brutinsel der Albatrosse. Nirgendwo auf der Erde, außer auf Española, haben diese großen Vögel sonst noch einen Brutplatz. Dafür sind es aber auch mehr als 10 000 Brutpaare, die sich ab März jährlich hier versammeln.

Die Galapagos-Albatrosse mit einer Flügelspannweite über 2 m verbringen den Großteil ihres Lebens in der Luft. Sie beherrschen die Kunst, stundenlang ohne einen einzigen Flügelschlag zu segeln. Von den Aufwinden lassen sie sich emportragen, ohne selbst Energie zu verbrauchen. Geschickt nutzen sie die Luftströmungen über der windbewegten Meeresoberfläche aus. Fliegen die Albatrosse mit dem Wind, so verlieren sie an Höhe, die sie wieder gewinnen, wenn sie gegen den Wind kreuzen. Gewaltige Entfernungen können sie bei ihren Flügen zurücklegen. Man vermutet, dass die Albatrosse sich Tage, sogar Wochen ununterbrochen in der Luft aufhalten. Ihre Nahrung holen sie sich vom Meer. Ihre Lieblingsspeise sind Tintenfische, die nachts gern an der Meeresoberfläche treiben. 13 Albatrosarten befliegen die Meere. Alle bevorzugen sie einsame Inseln als Brutplätze.

Ich sehe die ersten Albatrosse. Sie sind größer, als ich sie mir vorgestellt hatte, und sehen aus wie truthahngroße Riesenmöwen. Kopf und Hals sind weiß, der übrige Körper ist graubraun gefiedert. Sehr erheiternd wirkt auf mich das Balzspiel dieser Tiere. Die Partner stehen sich nahe gegenüber und schlagen die Schnäbel wie bei einem bühnenreifen Scheingefecht gegeneinander. Laute hölzerne Töne sind zu hören. Ruckartig hören sie auf, richten Kopf und Hals steil zum Himmel hinauf und brechen in trompetenartiges Jaulen aus, dann folgt wieder klapperndes Schnabel-

Nur auf der Insel Española findet man Meerechsenmännchen, die während der Paarungszeit bunt sind.

Schillernde Farben als Qualitätsmerkmal

Der Pfauenhahn breitet seine Federschleppe vor den Hennen aus. Die Färbung der schimmernden Augen kommt dadurch zustande, dass die Federfahnen das einfallende Licht zerlegen und reflektieren.

Bei vielen Tieren sind die Männchen zumindest während eines Teils des Jahres deutlich bunter gefärbt als die Weibchen. Das liegt daran, dass bei solchen Arten die Weibchen die Wahl unter den zur Verfügung stehenden Partnern treffen. Damit entscheidet es, wessen Gene an die nächste Generation weitergegeben werden; „Sexuelle Evolution" nannte Charles Darwin diesen Prozess.

So lässt sich beispielsweise erklären, wie Pfauenmännchen zu ihren prächtigen Schwanzfedern gekommen sind, die sie zu einem schillernden Rad auffächern können. Auf den ersten Blick wirkt dieser schwere und sperrige Körperschmuck eher unpraktisch. Pfauenweibchen aber sehen prächtige Schwanzfedern bei den Männchen als Indiz für Stärke. Um ihren Jungen zu möglichst guten Genen zu verhelfen, wählen die Weibchen deshalb das Männchen mit dem eindrucksvollsten Rad als Partner.

Auch bei vielen anderen Vogelarten versuchen die Männchen, ihren Partnerinnen mit einem äußerst farbenfrohen Prachtkleid zu imponieren. Besonders eindrucksvoll zeigen dies die Paradiesvögel in ihrem Gefieder. Sie schmücken sich je nach Art mit unterschiedlichen Kombinationen von Rot und Grün, Gelb und Blau.

Männliche Amseln dagegen beschränken sich zwar auf rein schwarze Federn; bei ihnen gilt aber ein möglichst leuchtender gelber Schnabel als Qualitätsmerkmal.

Es sind allerdings nicht nur Vogelmännchen, die sich mit Farben schmücken. Zauneidechsen etwa legen sich zur Paarungszeit leuchtend grüne Körperseiten zu, während sich ihre Partnerinnen mit schlichten Brauntönen begnügen.

Das gleiche Prinzip kennen auch die auf stetig nasse Biotope angewiesenen Moorfrösche. Normalerweise sind beide Geschlechter dieser Amphibien unscheinbar bräunlich gefärbt. Während der Paarungszeit aber lagern die Männchen durch hormonelle Veränderungen mehr Flüssigkeit unter der Haut ein. Das beeinflusst die Lichtbrechung der aufgeschwemmten Haut, sodass die Tiere nun in einem leuchtend blauen Prachtkleid erscheinen.

Moorfrösche bei der Paarung. Zur Paarungszeit sind die Männchen einige Tage lang blau gefärbt.

fechten. Auf ein geheimes Kommando stoppen beide und zeigen demonstrativ mit dem Schnabel auf den Boden, als wollten sie sich mitteilen: Hier und nirgendwo anders werden wir unser Nest bauen. Danach beginnen sie wieder von vorn.

Stundenlang beschäftigen sich die Partner mit diesem Spiel. Erst wenn die Abfolge der einzelnen Figuren ohne Stocken läuft, sind sie brutfähig.

Ende April legen die Galapagos-Albatrosse ein weißes Ei. Die Jungvögel werden von den Eltern mit einer ölhaltigen Flüssigkeit gefüttert, die im Magen gebildet wird. Erst im Januar sind die jungen Albatrosse so weit entwickelt, dass sie die Brutkolonie verlassen können. Von Januar bis März findet man dann keinen einzigen Albatros mehr auf Española.

Die jungen Albatrosse sind von beeindruckender Hässlichkeit. Sie sind so hässlich, dass sie mich zum Lachen reizen. Diese großen, dicken Kerle mit dem braunen Babyflaum taufe ich *„Dodos"*. Sie sehen verquer aus, wie schlecht ausgestopfte Museumsstücke. Komme ich den Riesenbabys zu nahe, sperren sie drohend den Schnabel auf und zischen mir entgegen wie eine otterngefüllte Schlangengrube. Doch das ist alles nur blinder Alarm. Ernsthaft verteidigen können sie sich nicht. Einem Feind sind sie hilflos ausgeliefert. Zum Glück für die *„Dodos"* gibt es auf der Insel keine Feinde.

Überrascht bin ich, als ich die ersten Meerechsen von Española erblicke. Sie sehen aus wie mit Farbe bemalt: Der Rücken und die Füße sind giftgrün, die Flanken blutrot. Vielleicht weil ich mich so intensiv mit „meinen" Echsen beschäftigt habe und an ihr schwarzes Aussehen gewöhnt bin, kommen mir diese leuchtfarbenen Echsen total unecht vor.

Am Abend bestürmen mich die Touristen mit der Frage: „Warum sind die Meerechsen auf Española bunt?" Eine scheinbar einfache Frage. Schließlich bin ich Biologin, da soll ich ihnen nun schnell mal eine Antwort geben, und das möglichst knapp, in einem Satz.

Ich beginne etwas zögernd: „Also, ein Männchen, das sich durch auffällige Farben unter den vielen Rivalen heraushebt, hat größere Chancen bei der Partnerwahl und dadurch mehr Nachkommen, so setzt sich das Merkmal ‚bunt' allmählich durch." Uff, tatsächlich nur ein Satz und eigentlich recht simpel und einleuchtend, weil ich nicht erwähnt habe, wie unbeweisbar diese ganze schöne Theorie ist. Denn kein Mensch lebt so lange, um der Evolution bei ihrem Spiel zuzuschauen. Doch einen Hinweis gibt es, nämlich: „Nur zur Fortpflanzungszeit sind die Española-Meerechsen rot-grün gefärbt."

Jetzt soll bloß niemand fragen, so hoffe ich, warum die Echsen auf den anderen Inseln nicht ebenfalls mit einem plakatfarbenen Hochzeitskleid um die Weibchen werben.

Abschied von Galapagos

Zurück in Santa Cruz erfahre ich, dass die kriegerischen Auseinandersetzungen mit Peru inzwischen auf diplomatischem Weg geregelt worden sind, doch noch immer befinden sich an vielen Häuserwänden Parolen, die den „peruanischen Teufeln“ den Tod wünschen: *Muerte a los diablos peruanos!*

Ich fühle mich zerrissen von dem Zwiespalt, dass ich mich zutiefst verbunden fühle mit einem Galapagos, wie ich es auf Caamaño, in Punta Nuñez und auf den Vulkanen Fernandina und Sierra Negra erlebt habe, und dass ich dieses Galapagos eigentlich nicht verlassen möchte. Andererseits ist unter dem Eindruck der touristischen Rundreise und der kriegerischen Atmosphäre der Wunsch entstanden, von diesem anderen Galapagos so schnell wie möglich wegzugehen. Zurück nach Deutschland? Ich kann mir nicht vorstellen, wie ich nach diesem Jahr wieder dort leben soll. Wie soll ich mich wohlfühlen in einer vom Menschen gestalteten Umwelt, zwischen Hochhäusern, im Verkehrslärm?

Zurück nach Deutschland? Ich kann mir nicht vorstellen, wie ich nach diesem Jahr wieder dort leben soll. Wie soll ich mich wohlfühlen in einer vom Menschen gestalteten Umwelt, zwischen Hochhäusern, im Verkehrslärm?

Aber eines weiß ich gewiss: In meinem Beruf als Biologin werde ich nicht weiterarbeiten. Zu deutlich ist mir meine fragwürdige Rolle geworden, die ich als Wissenschaftlerin gespielt habe. Auf Galapagos hat sie mir persönlich dazu verholfen, ein Jahr lang eine Idylle zu erleben, mich verzaubern zu lassen und mich der Illusion hinzugeben, ein Teil der Natur zu sein. Doch ich habe es auf Kosten der Meerechsen getan, gerade dieser Tiere, die die Friedfertigkeit und das zeitlos paradiesische Leben am vollkommensten verkörpern. Ausgerechnet sie musste ich mit meinen Fang- und Messaktionen verstören und belästigen.

Da ich nun einmal diese vielen Daten gesammelt habe, werde ich sie auch auswerten und zu einer Arbeit zusammenstellen. Diese Arbeit wird zugleich der Abschluss meiner Tätigkeit als Biologin sein, denn ich kann nicht länger etwas tun, dessen Sinn und Nutzen ich nicht sehe. Und erst recht könnte ich es nicht mehr verantworten, Tiere in Gefangenschaft zu halten und womöglich sogar mit ihnen zu experimentieren. Während meines Aufenthalts auf Galapagos habe ich eine Lebensmöglichkeit erfahren, die mir besser gefällt.

Dennoch will und kann ich nicht einfach hierbleiben. Ich werde nach Deutschland zurückkehren und versuchen, eine sinnvolle Aufgabe zu finden. Ich will mich bemühen, so wach, offen und sensibel zu bleiben, wie Galapagos es mich gelehrt hat, und mich nicht mehr von Gewohnheiten einlullen, von Alltäglichkeiten verschlingen zu lassen.

Nie werde ich den Ton der tosenden Brandung aus dem Ohr verlieren und die Sonnenuntergänge werden mir fehlen. Ja, und die Wasserbecken mit den wimmelnden bunten

Meereslebewesen, wie könnte ich die vergessen. Oder meinen Hai, die neugierigen Seelöwenjungen und meine Meerechsen, diese Kreaturen, die mich lehrten, den Rhythmus des Lebens zu erfühlen. Und die Abende im Licht der Petroleumlampe, die schimmernden Sterne über mir und die Nächte im Zelt, wenn die Seelöwen ihre Konzerte gaben. Sehnsucht werde ich haben nach meinem Galapagos, doch die Erinnerung trage ich in mir.

Nachdem ich die Rückkehr beschlossen habe, möchte ich sofort losfliegen. Doch die Flüge sind wegen des vorherigen Flugstopps auf Tage hinaus ausgebucht. Im *Dormitorio* der Station kann ich nicht mehr wohnen, da meine Arbeit offiziell beendet ist. Die Ortschaft Puerto Ayora ist mir jedoch zu betriebsam. Erst recht habe ich keine Lust, in eines dieser Hotels zu gehen.

In diesem Augenblick, als ich so ratlos herumlaufe und nichts mit mir anzufangen weiß, begegnet mir Steve. Er ist Amerikaner, doch auf Galapagos geboren und aufgewachsen und betrachtet die Inseln als seine Heimat. Er bietet mir spontan an, die Zeit bis zum Abflug auf seiner Farm im Hochland zu verbringen. Seine Familie lebt wegen des gesünderen Klimas an der Küste, so steht mir die Hütte auf seiner Farm zur Verfügung.

Sein großzügiges Angebot erweist sich als die beste Hilfe. Ich lasse mich im TAME-Büro auf die Flugwarteliste setzen. Sobald für mich ein Flugtermin frei ist, will Steve mir Nachricht geben.

Die Farm von Steve ist riesengroß. Auf den Wiesen, auf denen die vielen Rinder und einige Pferde frei und ohne Aufsicht weiden, leben auch Elefantenschildkröten. Silberreiher schreiten durch das taufrische Gras und sammeln sich abends wie riesige exotische Blüten in den Baumkronen. Goldwaldsänger und Rubintyrannen schwirren durch die Luft und im Geräteschuppen lebt eine Schleiereule.

Im Vergleich zu der Zeit, als Carmen Rohrbach die Galapagosinseln besuchte, ist heute die Zivilisation viel näher an sie herangerückt. Stetig steigende Bevölkerungs- und Touristenzahlen lassen befürchten, dass dem Idyll Gefahr droht.

Die letzten Tage ihres Galapagosabenteuers verbringt Carmen Rohrbach auf der Insel Santa Cruz. Im Bild der Cerro Dragon.

Ich darf mir eines der Pferde ausleihen und ausreiten. Mit Maracujas, Apfelsinen, Papayas, Ananas, Bananen und Avocados kann ich mich aus den Anpflanzungen versorgen. Wenn ich im Morgentau durch die Wiesen reite und nach den ersten warmen Strahlen die Kolosse der Riesenschildkröten durchs Gras walzen und sich später zusammen mit den Kühen im Tümpel suhlen sehe, durchdringt mich ein Glücksgefühl. Hier vermittelt Galapagos wieder die Ahnung von einem Leben ohne Schmerz und Trauer, von einer Welt, wo die Lebewesen in Eintracht vertrauensvoll miteinander leben.

Schon seit zehn Tagen bin ich auf der Farm. Wieder ist der Wunsch groß, einfach dazubleiben. Vielleicht werde ich in meinem Leben nie wieder so glücklich sein ...

Doch am nächsten Tag kommt Steve und bringt mir die Nachricht, dass morgen ein Platz für mich im Flugzeug frei sei. Er hat seinen Freund Derek, den Wissenschaftler, der die Seeschildkröten erforscht, mitgebracht. Wir fangen drei Pferde ein und reiten ohne Sattel über die Farm. Steve will schauen, ob alles in Ordnung ist. Später macht Derek sich ans Holzhacken. Wir brauchen Feuerholz zum Kochen. Steve legt sich derweil in die Hängematte und spielt Flöte. Später leistet Derek ihm Gesellschaft und klimpert auf seiner Gitarre. Zahlreich finden sich die sonst verstreut im Wald lebenden Hühner ein, mit der Hoffnung auf ein paar Körner.

Wir sprechen nicht von meinem Abflug, reden kaum. Mal bittet Steve um Streichhölzer, weil er sich seine Pfeife anzünden will, oder Derek fragt mich, ob ich noch etwas zu trinken mag. Dann schweigen wir wieder. Ab und zu, wenn ihm ein Lied einfällt, schlägt Derek ein paar Akkorde auf der Gitarre an, und Steve variiert die Melodie auf seiner Flöte.

Morgen werde ich nicht mehr hier sein, denke ich. Galapagos ist dann für mich Vergangenheit, die Erinnerung an ein Erlebnis zwischen Traum und Wirklichkeit.

Über die Autorin

„Unterwegs sein ist mein Leben“, lautet das Motto der deutschen Reiseschriftstellerin Carmen Rohrbach. Die Welt ist ihr Zuhause und Bayern ihr „Basislager“. Auf der Suche nach neuen Herausforderungen hat sie viele Länder auf unkonventionelle Art bereist. Immer war sie allein unterwegs, denn sie liebt ihre Freiheit und Unabhängigkeit. Lediglich tierische Begleiter akzeptierte die wagemutige Globetrotterin. So durchstreifte Carmen Rohrbach mit dem Dromedar Al Wasim als erste Frau allein den Jemen, mit dem Esel Chocolat bereiste sie den Jakobsweg und auf dem Pferderücken erkundete sie die Mongolei.

Dabei wurde Carmen Rohrbachs Abenteuerlust anfangs von ihren Lebensumständen eingeschränkt: In Bischofswerda bei Dresden geboren, studierte sie Biologie in Greifswald und Leipzig und träumte davon, fremde Länder zu entdecken und wilde Tiere zu beobachten. Doch in der DDR musste dies beinahe zwangsläufig ein Traum bleiben. Ihre Bemühungen, Forschungsaufträge in Kuba, der Mongolei oder in Sibirien zu bekommen, blieben denn auch erfolglos.

Doch Rohrbach bewies unglaubliche Hartnäckigkeit: Um endlich frei zu werden und reisen zu können, unternahm sie 1974 den lebensgefährlichen Versuch, über die Ostsee nach Dänemark zu fliehen, doch wurde sie entdeckt und festgenommen. Unter menschenverachtenden Bedingungen musste sie anschließend zwei Jahre Gefängnishaft überstehen.

Danach wurde sie von der Bundesrepublik Deutschland freigekauft, promovierte am Max-Planck-Institut für Verhaltensforschung bei München und erhielt endlich einen Auftrag, mit dessen Hilfe sie erstmals ihre Reisesehnsüchte befriedigen konnte, nämlich die Meerechsen auf Galapagos zu erforschen.

Die wissenschaftliche Arbeit erforderte es jedoch immer wieder, den zutraulichen Tieren gewaltsam zu begegnen – und das stürzte Carmen Rohrbach regelmäßig in Gewissensnöte. So beendete sie nach dem Meerechsenprojekt ihre wissenschaftliche Tätigkeit und widmete sich stattdessen dem Reisen. In Büchern, Mediashows und Vorträgen vermittelt sie seitdem ihre Reiseerlebnisse dem breiten Publikum, was ihr den Ruf einbrachte, Deutschlands beliebteste Reiseschriftstellerin zu sein.

Carmen Rohrbach möchte den Menschen zeigen, dass sich das Leben lohnt und lebenswert wird, wenn man es in die eigenen Hände nimmt, und immer ist es ihr eine Freude, wenn sie dem einen oder anderen Menschen Mut machen kann, seinen eigenen Weg zu suchen.

Charles Darwin

Die Fahrt der Beagle

Beinahe jede Kultur kennt Mythen, nach denen Mensch und Tier von Göttern in einem Schöpfungsakt geformt wurden. Doch je mehr Erkenntnisse die Menschen gewannen, desto größer wurden die Schwierigkeiten, dieses Wissen mit den Mythen in Einklang zu bringen. Wie etwa sollten all die Tiere und Pflanzen auf der biblischen Arche Noah Platz gefunden haben? Und wie konnte man diese Vielfalt der Arten erklären? Hatte etwa die Vererbung damit zu tun? Schließlich stellte der Engländer Charles Darwin die Theorie auf, die Natur sei nicht etwa schlagartig, sondern in einem langsamen Prozess entstanden, in dem sich einzelne Arten zu anderen Arten weiterentwickelten, wobei die am besten an die Lebensumstände angepassten Tiere die größten Überlebenschancen hatten („Survival of the Fittest"). Damit hatte er die Grundlagen der Evolutionstheorie formuliert.

Diese Theorie fußte auf Erkenntnissen, die Darwin während einer fünfjährigen Reise an Bord des Vermessungsschiffs *Beagle* gewonnen hatte, das 1835 auch die abgelegenen Galapagosinseln anlief. Hier untersuchte Darwin die Natur beinahe in ihrem Urzustand. In seinem Reisetagebuch hielt er seine Beobachtungen fest – auch über die 13 dort lebenden Finkenarten, die bei seinen Überlegungen zum Ursprung der Arten große Bedeutung erlangen sollten. Im Oktober 1836 kehrte Darwin nach England zurück und formulierte nun nach und nach seine bahnbrechende Theorie, die er 1859 in seinem Werk *On the Origin of Species* (*Die Entstehung der Arten*) veröffentlichte.

Schon 1839 erschien Darwins Reisetagebuch (seit 1845 unter dem Titel *Die Fahrt der Beagle)* und avancierte zum Bestseller. Im Folgenden werden daraus zentrale Passagen wiedergegeben.

Galapagosarchipel

15. September 1835

Dieser Archipel besteht aus zehn Hauptinseln, wovon fünf deutlich größer als die anderen sind. Sie liegen unterhalb des Äquators und fünf- bis sechshundert Meilen* westlich der amerikanischen Küste. Sie bestehen allesamt aus Vulkangestein.

Einige der Krater, die auf den größeren Inseln aufragen, sind von beträchtlicher Größe und erheben sich bis auf eine Höhe von 1000 bis 1300 Metern. Ich zögere kaum zu behaupten, dass es auf dem ganzen Archipel wenigstens 2000 Krater gibt. Diese bestehen entweder aus Lava, Schlacke oder einem fein geschichteten, sandsteinartigen Tuff.

Letztere sind überwiegend schön symmetrisch; sie verdanken ihren Ursprung den Eruptionen vulkanischen Schlamms ohne jede Lava: Es ist bemerkenswert, dass bei jedem einzelnen der 28 Tuffkrater, die wir untersuchten, die Südseite entweder viel niedriger als die anderen oder ganz niedergebrochen und abgetragen war. Da alle diese Krater offenbar geformt wurden, als sie im Meer standen, und da die Wellen vom Passatwind und der Dünung aus dem offenen Pazifik ihre Kräfte hier an der Südküste aller Inseln bündeln, lässt sich diese einzigartige Gleichförmigkeit der niedergebrochenen Krater leicht erklären.

* Eine Seemeile entspricht 1,852 Kilometern

Der Tag war glühend heiß, und sich den Weg über die raue Oberfläche und durch die verworrenen Dickichte zu bahnen war sehr ermüdend, doch wurde ich durch die eigenartige, zyklopische Szenerie reich belohnt.

Angesichts dessen, dass diese Inseln unmittelbar unter dem Äquator liegen, ist das Klima keineswegs übermäßig heiß; das scheint in der Hauptsache an der auffallend niedrigen Temperatur des sie umgebenden Wassers zu liegen, das von dem großen Südpolarstrom hierher geführt wird. Bis auf eine kurze Zeit fällt nur sehr wenig Regen und selbst dann ist er unregelmäßig; allerdings hängen die Wolken meistens tief. Während die tieferen Bereiche der Inseln sehr karg sind, herrscht daher in den oberen ab einer Höhe von 300 Metern und darüber ein feuchtes Klima und eine leidlich üppige Vegetation. Das gilt insbesondere für die nach Luv liegenden Seiten der Inseln, welche die Feuchtigkeit aus der Luft als Erste empfangen und kondensieren.

Am Morgen (17.) gingen wir auf Chatham Island an Land, welche sich, wie die anderen auch, mit weich gerundeten Konturen erhebt, in denen hier und da Hügel eingestreut sind, die Reste ehemaliger Krater. Nichts könnte weniger einladend sein als dieser erste Eindruck. Ein zerklüftetes Feld schwarzer Basaltlava, in stark gezackten Wellen hingeworfen und von tiefen Rissen durchzogen, ist überall von verkümmertem, sonnenverbranntem Buschwerk bewachsen, das kaum Zeichen von Leben aufweist. Die trockene, ausgedörrte, von der Mittagssonne aufgeheizte

Oberfläche verlieh der Luft etwas Dumpfes und Drückendes gleich der aus einem Backofen. Obwohl ich fleißig versuchte, so viele Pflanzen wie möglich zu sammeln, war mir doch nur geringer Erfolg beschieden, und solch kümmerliche kleine Kräuter hätten einer arktischen Flora besser angestanden als einer äquatorialen.

Es dauerte eine Weile, bis ich entdeckte, dass hier fast jede Pflanze nicht nur in vollem Laub stand, sondern überwiegend auch in Blüte. Der verbreitetste Busch ist eine Art der Wolfsmilchgewächse. Eine Akazie und ein großer, merkwürdig aussehender Kaktus sind die einzigen Bäume, die Schatten spenden. Nach der Zeit des starken Regens soll die Insel für eine kurze Weile teilweise grün sein.

Die *Beagle* umsegelte Chatham Island und ankerte in mehreren Buchten. Eine Nacht verbrachte ich an der Küste eines Inselabschnitts, wo es außerordentlich viele schwarze abgestumpfte Kegel gab; von einer kleinen Erhebung aus zählte ich deren 60, allesamt gekrönt von mehr oder minder voll ausgebildeten Kratern. Ihre Höhe über der Lavaebene betrug nicht mehr als 15 bis 30 Meter; keiner war in letzter Zeit aktiv gewesen.

Die gesamte Fläche dieses Inselteils scheint, gleich einem Sieb, von unterirdischen Dämpfen durchdrungen: Hier und da wurde die Lava, als sie noch weich war, zu großen Blasen aufgeworfen; an anderen Stellen sind die Decken ähnlich geformter Höhlen eingefallen, wobei kreisrunde Gruben mit steilen Rändern entstanden sind. Der Tag war glühend heiß, und sich den Weg über die raue Oberfläche und durch die verworrenen Dickichte zu bahnen war sehr ermüdend, doch wurde ich durch die eigenartige, zyklopische Szenerie reich belohnt.

Als ich so dahinging, stieß ich auf zwei große Schildkröten, die jeweils mindestens

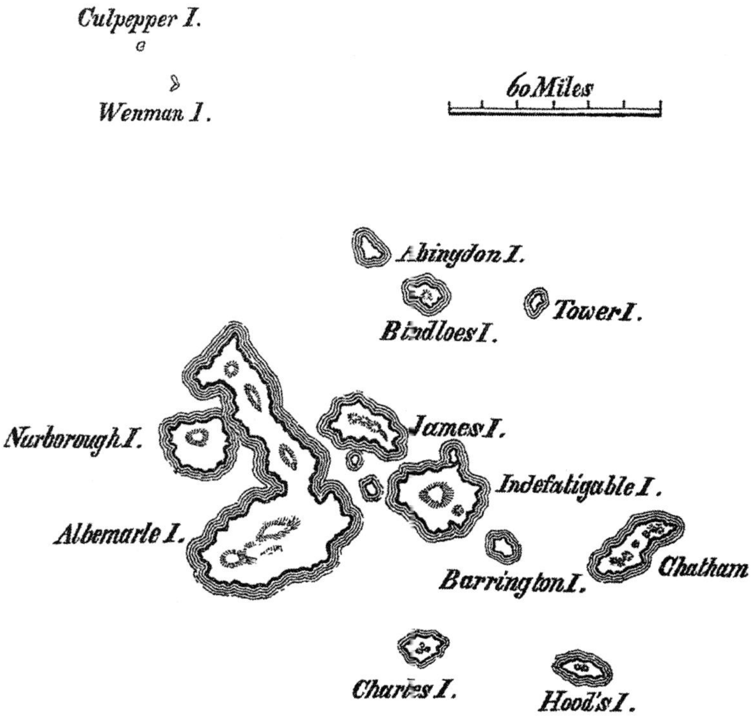

200 Pfund gewogen haben müssen: Eine fraß ein Stück von einem Kaktus und als ich mich ihr näherte, starrte sie mich an und stapfte langsam davon; die andere gab ein tiefes Zischen von sich und zog den Kopf ein. Diese riesigen Reptilien, umgeben von der schwarzen Lava, den blattlosen Büschen und großen Kakteen, erschienen meiner Fantasie wie vorsintflutliche Wesen.

23. September – Die *Beagle* fuhr weiter zu Charles Island. Dieser Archipel wird schon seit Langem besucht, anfangs von Freibeutern, später dann von Walfängern, aber erst während der letzten sechs Jahre hat sich hier eine Kolonie angesiedelt.

Die Einwohner zählen zwischen 200 und 300: Es handelt sich dabei nahezu ausschließlich um Farbige, die von der Republik Ecuador wegen politischer Verbrechen verbannt wurden. Die Siedlung ist ungefähr vierein-

Zur Zeit Darwins trugen die Galapagosinseln englische Namen. Im Zuge der Entkolonialisierung wurden sie durch spanische Bezeichnungen ersetzt. In der vorderen Umschlaginnenseite ist eine Karte mit den aktuellen Namen abgedruckt.

halb Meilen* landeinwärts in einer Höhe von wohl 300 Metern angelegt. Auf dem ersten Teil der Reise gelangten wir durch blattlose Dickichte wie auf Chatham Island. Je höher wir kamen, desto grüner wurden die Wälder: Und sobald wir den Kamm der Insel überschritten hatten, wurden wir von einer schönen südlichen Brise abgekühlt und unser Auge von grüner, blühender Vegetation erfrischt. In dieser oberen Region überwiegen grobe Gräser und Farne, Baumfarne gibt es aber keine. Die Häuser sind unregelmäßig über eine flache Ebene verstreut, auf der Süßkartoffeln und Bananen angebaut werden. Die Einwohner klagen zwar über ihre Armut, können jedoch ohne großen Aufwand für ihren Lebensunterhalt sorgen. In den Wäldern gibt es viele Wildschweine und Ziegen; hauptsächlich jedoch besteht ihre tierische Nahrung aus Schildkröten. Natürlich wurde deren Zahl auf der Insel stark dezimiert, doch noch immer zählen die Leute darauf, dass zwei Tage Jagd ihnen das Essen für den Rest der Woche liefern. Früher soll ein einziges Schiff bis zu 700 erbeutet haben und vor Jahren einmal soll die Besatzung einer Fregatte an einem Tag 200 Schildkröten an den Strand gebracht haben.

29. September – Wir umsegelten die Südwestspitze von Albemarle Island und am folgenden Tag lagen wir zwischen ihr und Narborough Island fast in einer Flaute. Beide Inseln sind mit gewaltigen Fluten schwarzer nackter Lava bedeckt, auf beiden haben, wie man weiß, Eruptionen stattgefunden. Am Abend gingen wir auf Albemarle Island vor Anker. Am folgenden Morgen brach ich zu einem Rundgang auf. Südlich des geborstenen Tuffkraters, in dem die Beagle ankerte, gab es einen weiteren wunderschön symmetrischen von elliptischer Form. An seinem Grund war ein flacher See, in dessen Mitte ein winziger Krater ein Eiland bildete. Der Tag war drückend heiß und der See war klar und blau: Ich hastete den schlackigen Hang hinab und kostete begierig das Wasser – doch zu meinem Verdruss war es salzig wie das Meer.

Die Felsen an der Küste wimmelten von großen schwarzen Echsen, zwischen 90 cm und 1,20 m lang, und in den Bergen war eine hässliche, gelblich braune Art ebenso zahlreich. Wir sahen viele jener Letzteren; manche liefen plump vor uns davon, andere verzogen sich in ihren Bau. Ich werde die Lebensweise beider Reptilien sogleich eingehender beschreiben. Der gesamte Nordteil von Albemarle Island ist erbärmlich karg.

8. Oktober – Wir langten auf James Island an. Mr Brynoe, ich selbst und unsere Bedienten wurden hier für eine Woche mit Vorräten und einem Zelt zurückgelassen, während die *Beagle* Wasser bunkern fuhr. Wir trafen hier auf eine Gruppe Spanier, die von Charles Island hergeschickt worden waren, um Fisch zu trocknen und Schildkrötenfleisch zu salzen. Ungefähr sechs Meilen landeinwärts, auf einer Höhe von beinahe 600 Metern, war eine Hütte errichtet worden, in der zwei der Männer hausten, um auf Schildkrötenfang zu gehen, während die anderen vor der Küste fischten.

Wie auf den anderen Inseln war die untere Region von nahezu blattlosen Büschen bedeckt, die Bäume hingegen waren von höherem Wuchs als anderswo. Die obere Region, von den Wolken feucht gehalten, wies eine grüne, blühende Vegetation auf. Solange wir in dieser oberen Region waren, ernährten wir uns fast ausschließlich von Schildkrötenfleisch: Die Brustplatte mit dem Fleisch darin geröstet schmeckt sehr gut und die jungen Schildkröten geben eine hervorragende Suppe

* Eine Meile entspricht ca. 1,6 Kilometern

Der „Kopernikus der organischen Welt“

Charles Darwin wurde am 12. Februar 1809 in der englischen Stadt Shrewsbury geboren. Schon in jungen Jahren entwickelte er ein besonderes Interesse für die Naturkunde. Obwohl er ein mittelmäßiger Schüler war, begann er mit 16 Jahren ein Medizinstudium, wandte sich aber zwei Jahre später vom Ziel des Arztberufs ab, um nun Theologie zu studieren. Während des Studiums und nach seinem erfolgreichen Abschluss blieb Darwin seinem Interesse an der Botanik, Zoologie und Geologie treu.

Großen Einfluss auf Darwins Lebensweg hatte der Botaniker John Steven Henslow, der ihm die Teilnahme an einer Reise mit dem Forschungsschiff *Beagle*, das die südamerikanischen Küsten vermessen sollte, vermittelte. Dessen Kapitän Robert Fitz-Roy suchte einen naturwissenschaftlich gebildeten Begleiter und der junge Darwin ergriff die Chance. 1831 verließ die *Beagle* England, erst 1836 kehrte sie zurück. Das letzte Gebiet Südamerikas, das die *Beagle* anlief, war der Galapagosarchipel. Für Darwin war der Besuch der Inseln und die Begegnung mit ihrer Tierwelt der Höhepunkt der Reise.

Nach seiner Rückkehr nach England machte er sich daran, die Notizen und Fundstücke seiner Reise auszuwerten. Dabei unterstützte ihn sein Freund, der Botaniker Joseph Hooker. Nach und nach entwickelte Darwin seine berühmte Evolutionstheorie. Demnach gibt es eine Art Wettbewerb ums Überleben, den immer diejenigen Tiere und Pflanzen für sich entscheiden, die an ihre Umwelt am besten angepasst sind. Mit der Zeit können so neue Arten entstehen. Diese revolutionäre Idee beschrieb der Forscher in seinem 1859 erschienenen Werk „Die Entstehung der Arten durch natürliche Selektion“, dessen erste Auflage in den Buchhandlungen innerhalb eines Tages ausverkauft war. Charles Darwin, dessen Einfluss auf die Naturforschung so groß war, dass er von seinen Zeitgenossen als „Kopernikus der organischen Welt“ bezeichnet wurde, starb am 19. April 1882.

Auf die Biologie hatten Darwins Ideen umwälzende Auswirkungen. So führten sie zur Entstehung von Spezialdisziplinen wie die Genetik. Unwägbar ist ihr Einfluss auf das Selbstverständnis des Menschen und auf religiöse Vorstellungen.

Detail einer Ausstellung in Darwins Wohnhaus in Downe. Im Zentrum zwei Manuskriptseiten von „Die Entstehung der Arten“.

ab; ansonsten ist das Fleisch für meinen Geschmack aber mäßig.

Während des größeren Teils unseres einwöchigen Aufenthalts war der Himmel wolkenlos und wenn sich der Passat einmal für eine Stunde legte, wurde die Hitze recht drückend. An zwei Tagen stand das Thermometer im Zelt einige Stunden lang bei 34 °C, im Freien, in Wind und Sonne hingegen nur bei 29 °C. Der Sand war äußerst heiß; das Thermometer, auf einen von brauner Farbe gelegt, stieg sogleich auf 58 °C und wie weit es noch gestiegen wäre, weiß ich nicht, denn höher war es nicht graduiert. Der schwarze Sand fühlte sich noch heißer an, sodass es selbst in dicken Stiefeln recht unangenehm war, darauf zu gehen.

Die Naturgeschichte dieser Inseln ist äußerst merkwürdig und verdient sehr wohl Aufmerksamkeit. Die meisten organischen Erzeugnisse sind heimische Geschöpfe, die nirgendwo sonst zu finden sind; sogar zwischen den Bewohnern der verschiedenen Inseln gibt es Unterschiede, doch alle zeigen eine ausgeprägte Verwandtschaft mit denen Amerikas, obgleich sie von diesem Kontinent durch einen freien Ozean getrennt sind. Der Archipel ist eine kleine Welt für sich, der das allgemeine Gepräge seiner heimischen Erzeugnisse erhalten hat.

Angesichts der geringen Größe dieser Inseln sind wir umso erstaunter über die Zahl ihrer ursprünglichen Lebewesen und deren begrenzter Ausbreitung. Da jede Anhöhe von einem Krater gekrönt und die Begrenzungen der meisten Lavaströme noch deutlich zu sehen sind, gelangen wir zu der Annahme, dass der durchgängige Ozean in einer geologisch jungen Zeit hier ausgebreitet war. Daher scheint es, als wären wir, sowohl in Zeit wie Raum, einigermaßen nahe jenem großen Faktum gebracht – jenem Rätsel aller Rätsel –, dem ersten Erscheinen neuer Lebewesen auf dieser Erde.

An Landsäugetieren gibt es nur eines, das als heimisch angesehen werden muss, nämlich eine Maus *(Mus galapagoensis)*, die, soweit ich feststellen konnte, auf Chatham Island, die östlichste Insel der Gruppe, beschränkt ist. Sie gehört zu einer Untergruppe jener Mäusefamilie, die charakteristisch für Amerika ist. Auch wenn niemand das Recht hat, ohne klare Fakten zu spekulieren, sollte doch bedacht werden, dass es sich möglicherweise um eine aus Amerika eingeführte Art handelt, denn ich habe in einem sehr dünn besiedelten Teil der Pampas eine einheimische Maus gesehen, die im Dach einer neu gebauten Hütte lebte, und daher ist ihr Transport mit einem Fahrzeug nicht unwahrscheinlich.

An Landvögeln sammelte ich 26 Arten, allesamt der Gruppe angehörig und nirgendwo sonst anzutreffen; eine Ausnahme bildet ein großer, lerchenähnlicher Fink aus Nordamerika *(Dolichonyx oryzivorus)*. Zu den anderen 25 Vögeln gehört zunächst ein Falke, der in seiner Struktur ganz eigentümlich zwischen dem Bussard und der amerikanischen Gruppe des Aas fressenden Polybon steht; am meisten gleicht er jenen Vögeln in seinen Lebensgewohnheiten und sogar in der Stimme. Sodann zwei Eulen, welche für die kurzohrige und weiße Schleiereule Europas stehen. Drittens ein Zaunkönig, drei Tyrannen *(Pyrocephalus)* und eine Taube – allesamt analog zu, aber verschieden von amerikanischen Arten. Viertens eine Schwalbe, die, obgleich sie sich von der Purpurschwalbe *(Progne purpurea)* Nord- und Südamerikas nur dadurch unterscheidet, dass sie deutlich dunkler, kleiner und schmaler ist, von Mr Gould als spezifisch gesondert betrachtet wird. Fünftens gibt es drei Arten der Spottdrossel – eine Art, die für Amerika äußerst typisch ist. Die verbleibenden Landvögel bilden eine ganz eigentümliche Gruppe Finken, von Mr Gould in drei Untergruppen unterteilt, die durch die Form des Schnabels, des kurzen Schwanzes sowie Körper und Gefieder miteinander verwandt sind: Es gibt 13 Arten, die Mr Gould in vier Untergruppen eingeteilt hat. Alle diese Arten sind auf diesen Archipel beschränkt, ebenso die gesamte Gruppe mit Ausnahme einer Art der Untergruppe *Cactornis*, die unlängst von der Bow-Insel des Low-Archipels eingeführt wurde. Die beiden Arten der *Cactornis* sieht man häufig auf den Blumen der großen Kaktusbäume umherklettern; alle anderen Arten dieser Finkengruppe, die in Scharen auftreten, finden ihre Nahrung auf dem trockenen, unfruchtbaren Boden der unteren Regionen. Die Männchen der überwiegenden Zahl sind rabenschwarz, die Weibchen braun.

Das Merkwürdigste ist die vollkommene Abstufung der Schnabelgröße bei den verschiedenen Arten des *Geospiza*, von einem, der groß ist wie der des Kernbeißers, bis zu dem des Buchfinken und selbst dem der Grasmücke. Der größte Schnabel in der Gattung *Geospiza wird in Abb. I gezeigt, der kleinste* in Abb. 3, doch statt dass es nur eine mittlere Art mit einem Schnabel von der in Abb. 2 gezeigten Größe gibt, finden sich nicht weniger als sechs Arten mit unmerklich abgestuften Schnäbeln. Wenn man diese Abstufung und strukturelle Vielfalt bei einer kleinen, eng verwandten Vogelgruppe sieht, möchte man wirklich glauben, dass von einer ursprünglich geringen Zahl an Vögeln auf diesem Archipel eine Art ausgewählt und für verschiedene Zwecke modifiziert wurde.

An Wat- und Wasservögeln sah ich nur elf verschiedene und davon sind lediglich drei neue Arten. Angesichts der umherziehenden Lebensweise der Möwen war ich überrascht, dass die Art, die diese Inseln bewohnt, eine eigenständige, aber mit einer aus den südlichen Regionen Südamerikas verwandt ist. Die weit größere Eigenständigkeit der Landvögel im Vergleich zu den wat- und schwimmfüßigen Vögeln hängt mit der größeren Reichweite dieser letzteren Ordnungen in allen Teilen der Welt zusammen.

Bei den Galapagosfinken beobachtete Darwin sehr unterschiedliche Schnabelgrößen. Einen besonders wuchtigen Schnabel hat der Mittelgrundfink Geospiza fortis, *der auf das Knacken von Samen spezialisiert ist. Darwin leitete daraus ab, dass die verschiedenen Formen aus einer Ausgangsform hervorgegangen sein könnten.*

Zwei der Watvögel sind deutlich kleiner als die gleiche Art, die von anderswoher kam: Auch die Schwalbe ist kleiner, obwohl Zweifel bestehen, ob sie sich von ihrer Entsprechung unterscheidet oder nicht. Die zwei Eulen, die beiden Tyrannen und die Taube sind ebenfalls kleiner als die Art, mit der sie am nächsten verwandt sind; die Möwe hingegen ist größer. Die zwei Eulen, die Schwalbe, alle drei Arten der Spottdrossel, die Taube in ihren jeweiligen Farben, allerdings nicht beim ganzen Gefieder, die Möwe ist ebenfalls dunkler getönt als ihre analoge Art. Mit Ausnahme eines Zaunkönigs mit schöner gelber Brust und eines Tyrannen mit scharlachroter Haube und Brust ist keiner der Vögel bunt gefärbt, wie man es in einer äquatorialen Region hätte erwarten können. Daher würde es als möglich erscheinen, dass dieselben Ursachen, welche die Einwanderer einiger Arten hier kleiner machen, die meisten der besonderen galapagischen Arten ebenfalls kleiner machen wie auch in den allermeisten Fällen dunkler färben.

Alle Pflanzen geben ein erbärmliches, dürftiges Bild ab und ich habe keine einzige schöne Blume gesehen. Auch die Insekten sind klein und dunkelfarben und es gibt an ihrer allgemeinen Erscheinung nichts, was zu der Annahme verleitet hätte, sie kämen aus der Nähe des Äquators. Die Vögel, Pflanzen und Insekten haben einen Wüstencharakter und sind nicht leuchtender gefärbt als jene in Südpatagonien; wir können daher schließen, dass die übliche prächtige Färbung der intertropischen Tiere und Pflanzen zwischen den Wendekreisen nicht an die Wärme oder das Licht dieser Zonen geknüpft ist, sondern an etwas anderes, vielleicht daran, dass die Existenzbedingungen das Leben dort allgemein begünstigen.

Wir wollen uns nun der Ordnung der Reptilien zuwenden, welche der Zoologie dieser Inseln den auffälligsten Charakter verleiht. Die Art ist nicht zahlreich, die Anzahl der Tiere der jeweiligen Art allerdings außerordentlich groß. Es gibt eine kleine Echse, die einer südamerikanischen Gattung angehört, und zwei Arten (wahrscheinlich mehr) des *Amblyrhynchus* – eine Gattung, die auf die Galapagosinseln beschränkt ist. Weiterhin ist eine Schlange recht verbreitet; sie ist identisch mit der *Psammophis temminckii* aus Chile. Von den Meeresschildkröten gibt es, glaube ich, mehr als eine Art und von den Landschildkröten, wie wir gleich zeigen werden, zwei oder drei Arten oder Rassen.

Ich möchte zunächst die Lebensweise der Schildkröte *(Testudo nigra)* beschreiben. Diese Tiere kommen, glaube ich, auf allen Inseln des Archipels vor. Sie halten sich bevorzugt in den höheren, feuchten Teilen auf, doch leben sie ebenso in den unteren und ariden Bereichen. Ich habe schon anhand der Menge, die an einem einzigen Tag gefangen wurde, gezeigt, wie äußerst zahlreich sie sein müssen. Manche wachsen zu immenser Größe an: Mr Lawson, ein Engländer und Vizegouverneur der Kolonie, sagte uns, er habe mehrere gesehen, die so groß waren, dass es sechs oder acht Männer bedurfte, um sie anzuheben, und dass manche bis zu 200 Pfund Fleisch lieferten.

Die alten Männchen sind die größten, die Weibchen werden nur selten so groß: Das Männchen lässt sich vom Weibchen leicht durch seinen längeren Schwanz unterscheiden. Die Schildkröten, die auf jenen Inseln leben, wo es kein Wasser gibt, oder in den unteren, ariden Bereichen der anderen, ernähren sich hauptsächlich von dem saftigen Kaktus. Diejenigen in den höheren und feuchteren Regionen fressen die Blätter verschiedener Bäume, eine Art Beere (namens *Guayavita*), die sauer und herb ist, sowie eine hellgrüne faserige Flechte *(Usnera plicata)*, die in Schlingen von Baumästen herabhängt.

Die Schildkröte mag sehr gern Wasser, sie trinkt es in großen Mengen und watet im Schlamm. Allein die größeren Inseln verfügen über Quellen und diese liegen stets in eher zentralen Gebieten und in beträchtlicher Höhe. Daher müssen die Schildkröten, die sich in den unteren Bereichen aufhalten, weite Strecken zurücklegen, wenn sie durstig sind. Deswegen fächern sich von den Quellen ausgetretene Pfade in alle Richtungen zur Küste hinab aus. Nahe den Quellen war es ein wunderliches Schauspiel, diese riesigen Wesen zu beobachten; eine Gruppe lief begierig, mit gerecktem Hals, hin, während eine andere auf dem Rückweg war, nachdem sie ihren Durst gelöscht hatte. Wenn die Schildkröte die Quelle erreicht, steckt sie den Kopf bis über die Augen ins Wasser und nimmt gierig große Schlucke in einem Tempo von ungefähr zehn pro Minute. Die Bewohner sagen, jedes Tier halte sich drei bis vier Tage in der Nähe des Wassers auf und kehre dann ins Unterland zurück; hinsichtlich der Häufigkeit dieser Besuche unterschieden sie sich allerdings.

Das Tier richtet sich dabei wahrscheinlich nach der Art der Nahrung, von der es gelebt hat. Sicher ist indes, dass Schildkröten selbst auf jenen Inseln überleben können, wo es nur das Wasser gibt, das an den wenigen Regentagen im Jahr fällt.

Die Schildkröten laufen, wenn sie bewusst irgendwohin unterwegs sind, Tag und Nacht. Eine große Schildkröte, die ich beobachtete, lief mit einer Geschwindigkeit von 55 m in zehn Minuten, das macht 330 m in der Stunde oder vier Meilen am Tag – abzüglich ein wenig Zeit für Pausen zum Fressen. In der Paarungszeit, wenn Männchen und Weibchen zusammen sind, stößt das Männchen ein heiseres Röhren oder Bellen aus, das noch in einer Entfernung von 100 m zu hören sein soll. Das Weibchen nutzt seine Stimme nie und das Männchen nur zu dieser Zeit, sodass man, hört man dieses Geräusch, weiß, dass die beiden zusammen sind.

Während dieser Zeit (Oktober) legten sie ihre Eier ab. Das Weibchen legt sie auf sandigem Grund zusammen ab und bedeckt sie mit Sand; wo der Boden jedoch steinig ist, lässt sie sie wahllos in irgendwelche Löcher fallen. Das Ei ist weiß und kugelförmig; eines, das ich maß, hatte einen Umfang von anderthalb Zentimetern und drei Achteln und ist somit größer als ein Hühnerei. Die jungen Schildkröten fallen, sobald sie geschlüpft sind, in großer Zahl dem Aas fressenden Bussard zum Opfer. Die älteren scheinen überwiegend an Unfällen wie dem Sturz in einen Abgrund zu sterben: Zumindest sagten mir mehrere Einwohner, sie hätten noch keine tote Schildkröte ohne eine offensichtliche Ursache gefunden.

Die Einwohner glauben, dass diese Tiere vollkommen taub sind; jedenfalls hören sie nicht, wenn jemand unmittelbar hinter ihnen geht. Es amüsierte mich immer, wenn ich eines dieser großen Ungeheuer auf seinem gemächlichen Marsch überholte und es in dem Moment, da ich an ihm vorüberging, Kopf und Beine einzog und tief zischend mit einem harten Schlag wie tot auf die Erde plumpste. Einige Male setzte ich mich einer auf den Rücken und wenn ich ihr dann ein paarmal hinten auf ihren Panzer klopfte, erhob sie sich und lief los – doch fand ich es sehr schwierig, das Gleichgewicht zu halten. Das Fleisch dieser Tiere wird stark genutzt, frisch wie gepökelt, und aus dem Fett wird ein wunderbar klares Öl bereitet. Wird eine Schildkröte gefangen, macht man einen Schlitz in die Haut nahe dem Schwanz, um in seinen Leib hineinzusehen, ob das Fett unter der Rückenplatte dick ist. Ist das nicht der Fall, wird das Tier freigelassen, und es soll sich von dieser seltsamen Operation rasch wieder erholen.

Es kann kaum bezweifelt werden, dass diese Schildkröte eine ursprüngliche Bewohnerin der Galapagosinseln ist, findet man sie doch auf allen oder wenigstens fast allen Inseln; handelte es sich um eine eingeführte Art, so wäre dies bei einer Gruppe, die so wenig besucht ist, wohl kaum der Fall.

Die *Amblyrhynchus*, eine bemerkenswerte Gattung von Meerechsen, ist im Gegensatz zur Art der Schildkröten auf diesen Archipel beschränkt: Es gibt zwei Arten, die einander im allgemeinen Äußeren ähneln; die eine lebt im Meer, die andere an Land. Die Meerechse *(A. cristatus)* ist auf allen Inseln der gesamten Gruppe stark verbreitet und lebt ausschließlich auf den steinigen Stränden, wobei sie niemals, jedenfalls soweit ich es gesehen habe, auch nur neun Meter landeinwärts angetroffen wird. Das Wesen ist hässlich anzusehen, von schmutzig schwarzer Färbung, dumm und träge in seinen Bewegungen. Gewöhnlich misst die Länge eines ausgewachsenen Tieres ungefähr 9 cm, doch gibt es sogar 1,20 m lange; ein großes wog 20 Pfund: Auf

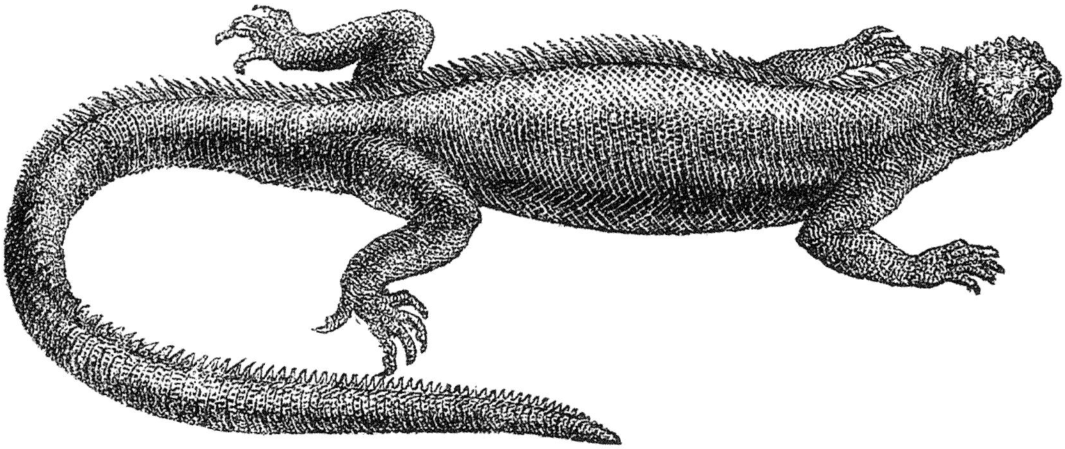

Der Meerechse widmete Darwin besondere Aufmerksamkeit. Später bezeichnete er sie als „Kobold der Finsternis".

Albemarle Island werden sie offenbar größer als anderswo. Der Schwanz ist seitlich abgeflacht und alle vier Füße haben teilweise Schwimmhäute. Gelegentlich sieht man sie einige Hundert Meter vor der Küste umherschwimmen.

Man darf jedoch nicht glauben, dass sie von Fischen leben. Im Wasser bewegt sich diese Echse durch eine schlangenartige Bewegung des Rumpfes und des abgeflachten Schwanzes mit vollkommener Leichtigkeit und Flinkheit – die Beine bleiben reglos und liegen eng am Körper an. Ihre Gliedmaßen und die kräftigen Klauen sind hervorragend dafür geeignet, über die schrundigen und rissigen Lavamassen zu klettern, die überall die Küste bilden. An solchen Stellen kann man diese scheußlichen Reptilien einige Meter über der Brandung zu sechst oder siebt auf den schwarzen Felsen sehen, wie sie sich mit ausgestreckten Beinen in der Sonne aalen.

Ich öffnete mehreren den Magen und fand sie stark von zerkleinertem Seetang aufgebläht. Ich erinnere mich nicht, diesen Seetang in größerer Menge auf den Tidefelsen gesehen zu haben, und ich habe Grund zu der Annahme, dass er auf dem Meeresboden in einiger Entfernung vom Strand wächst. Wenn das so ist, wäre der Grund dafür, dass diese Tiere gelegentlich ins Meer hinausschwimmen, erklärt. Der Magen enthielt ausschließlich Seetang. Der Darm war groß wie bei anderen pflanzenfressenden Tieren. Die Art der Nahrung dieser Echse wie auch der Bau von Schwanz und Füßen sowie der Umstand, dass man sie aus freien Stücken draußen im Meer hat schwimmen sehen, sind ein eindeutiger Beleg für ihre aquatische Lebensweise; doch ist diesbezüglich die seltsame Anomalie festzustellen, dass sie, wenn sie sich fürchtet, nicht ins Wasser geht. Daher ist es auch ein Leichtes, diese Echsen auf eine kleine Fläche überm Meer zu treiben, wo sie sich eher am Schwanz packen lassen, als ins Wasser zu springen.

Es scheint ihnen nicht einzufallen zu beißen, allerdings pressen sie bei großer Angst einen Tropfen Flüssigkeit aus den Nasenlöchern. Ich warf eine mehrmals, so weit ich konnte, in einen tiefen Tümpel, den die ablaufende Tide zurückgelassen hatte, und jedes Mal kam sie wieder genau zu der Stelle zurück, wo ich stand. Sobald sie den Rand erreichte, aber noch unter Wasser war, versuchte sie, sich in den Seetangbüscheln zu verstecken, oder sie schlüpfte in einen Spalt.

Wenn sie glaubte, die Gefahr sei vorüber, kroch sie auf die trockenen Felsen und lief davon, so schnell sie konnte.

Ich fing mehrmals dieselbe Echse und obgleich sie so perfekt tauchen und schwimmen konnte, ließ sie sich durch nichts bewegen, ins Wasser zu gehen, und sooft ich sie hineinwarf, kehrte sie wieder zurück. Vielleicht lässt sich diese scheinbar einzigartige Dummheit dadurch erklären, dass dieses Reptil an Land keinerlei Feinde hatte, wohingegen es im Meer oftmals eine Beute von Haien werden dürfte. Daher wird es möglicherweise von einem festen und ererbten Instinkt gedrängt, dass es Sicherheit nur an Land gibt, und also sucht es dort Zuflucht.

Während unseres Besuchs (im Oktober) sah ich äußerst wenige kleine Exemplare dieser Art. Daher ist es wahrscheinlich, dass die Brutzeit noch nicht begonnen hatte.

Wir wollen uns nun der Landspezies *(A. demarlii)* zuwenden; sie hat einen runden Schwanz und keine Schwimmhäute an den Zehen. Diese Echse lebt nicht wie die andere auf allen Inseln, sondern ist auf den mittleren Teil des Archipels beschränkt, also auf die Inseln Albemarle, James, Barrington und Indefatigable. Es hat den Anschein, als sei sie in der Mitte des Archipels erschaffen worden und habe sich von dort nur auf eine bestimmte Entfernung ausgebreitet. Einige dieser Echsen halten sich in den höher gelegenen, feuchten Teilen der Inseln auf, sind aber weit zahlreicher in den unteren, unfruchtbaren nahe der Küste. Ich kann keinen schlagenderen Beweis für ihre Zahl geben als zu erklären, dass wir, als wir auf James Island zurückgelassen wurden, eine Zeit lang keine Stelle für unser Zelt finden konnten, die frei von ihren Bauen war.

Wie ihre Schwestern, die Meervariante, sind es hässliche Tiere, unten gelblich orange gefärbt, oben mit einem bräunlichen Rot: Wegen ihres niedrigen Gesichtswinkels machen sie einen ungeheuer dummen Eindruck. Sie mögen von deutlich geringerer Größe als die Meerspezies sein, aber einige wogen zwischen 10 und 15 Pfund. In ihren Bewegungen sind sie faul und halb starr. Wenn sie keine Angst haben, kriechen sie langsam dahin, wobei Schwanz und Bauch über den Boden schleifen. Sie halten häufig inne und dösen ein Weilchen mit geschlossenen Augen, die Hinterbeine auf der ausgedörrten Erde ausgestreckt.

Sie bewohnen Baue, welche sie zuweilen zwischen Lavabrocken machen, überwiegend jedoch auf ebenen Flächen des weichen sandsteinartigen Tuffs. Die Löcher scheinen nicht sehr tief zu sein und sie dringen in spitzem Winkel in den Boden, sodass die Erde, geht man über diese Echsenbaue, beständig nachgibt, sehr zum Verdruss des müden Wanderers. Dieses Tier setzt, wenn es seinen Bau gräbt, im Wechsel jeweils eine Seite seines Körpers ein. Ein Vorderbein kratzt kurze Zeit die Erde auf und schleudert sie zum Hinterbein zurück, das so gut platziert ist, dass es sie über die Öffnung des Lochs hinaushebt. Ist diese Körperseite müde, übernimmt die andere die Arbeit. Ich beobachtete eine über eine längere Zeit, bis ihr Leib zur Hälfte vergraben war; sodann ging ich hin und zog sie am Schwanz, worüber sie sich sehr verwunderte und sich sogleich herausdrückte, um nachzusehen, was da los war; sie starrte mir ins Gesicht, so als wollte sie mich fragen: „Wie kommst du dazu, mich am Schwanz zu ziehen?"

Sie fressen bei Tage und schweifen nicht weit von ihrem Bau: Wenn sie Angst haben, eilen sie mit einem höchst plumpen Gang dorthin. Außer wenn sie bergab rennen, sind sie nicht sehr schnell, offenbar wegen der seitlichen Lage ihrer Beine. Sie sind keineswegs furchtsam: Wenn sie einen aufmerksam beobachten, rollen sie den Schwanz auf, richten sich auf den Vorderbeinen auf und machen rasche vertikale Nickbewegungen, wobei sie versuchen, sehr wild dreinzuschauen, was sie aber gar nicht sind; stampft man auch nur auf die Erde, nehmen sie den Schwanz herunter und hasten so schnell wie möglich davon. Hält man diese *Amblyrhynchus* fest und plagt sie mit einem Stock, beißen sie fest hinein; gleichwohl habe ich viele am Schwanz gepackt und nie haben sie versucht, mich zu beißen. Legt man zwei auf die Erde und hält sie fest beieinander, kämpfen sie und beißen einander, bis Blut fließt.

Die Tiere, die das Unterland bewohnen, bekommen das ganze Jahr über kaum einen Tropfen Wasser, doch verzehren sie viel saftigen Kaktus. Sie fressen sehr bedächtig, kauen ihr Mahl aber nicht.

Ich öffnete mehreren den Magen und fand sie voller Gemüsefasern und Blättern verschiedener Bäume, besonders der Akazie. Im Oberland leben sie vorwiegend von den sauren und adstringierenden Beeren des Guyavita, unter dessen Bäumen ich diese Echsen zusammen mit riesigen Schildkröten habe fressen sehen.

Um die Akazienblätter zu erreichen, erklimmen sie die niedrigen, verkümmerten Bäume und es ist nicht ungewöhnlich, ein Paar wenige Meter über dem Erdboden auf einem Ast sitzend fressen zu sehen. Gekocht liefern diese Echsen ein weißes Fleisch, das diejenigen mögen, deren Magen sich über alle Vorurteile erhebt. Die Einwohner geben an, dass diejenigen, die in den oberen, feuchten Gebieten leben, Wasser trinken, dass die anderen jedoch nicht, wie die Schildkröten, von dem unfruchtbaren Unterland zum Saufen hinaufwandern. Zur Zeit unseres Besuches hatten die Weibchen zahlreiche große, längliche Eier im Körper, die sie in ihrem Bau ablegen.

Die beiden Arten des *Amblyrhynchus* haben die allgemeine Struktur und viele Lebensgewohnheiten gemein. Beiden fehlen die schnellen Bewegungen. Beide sind sie Pflanzenfresser, obwohl die Pflanzen, von denen sie sich ernähren, sehr unterschiedlich sind. Die Form des Mauls lässt sich beinahe mit jenem der Schildkröte vergleichen. Die Wasserart ist die bei Weitem bemerkenswertere, weil sie die einzig existierende Echse ist, die von pflanzlichen Meeresprodukten lebt. Wie ich schon bemerkt habe, ist das Besondere dieser Inseln weniger die Anzahl der Reptilienarten als vielmehr die der Einzeltiere; wenn wir an die ausgetretenen Pfade erinnern, die von Tausenden riesiger Schildkröten gebahnt wurden, an die großen Baue des an Land lebenden *Amblyrhynchus*, müssen wir zugeben, dass es keine andere Gegend auf der Welt gibt, wo diese Ordnung die Pflanzen fressenden Säugetiere in so außerordentlicher Weise ersetzt.

Ebenso interessant wie die Zoologie ist die Botanik dieser Inselgruppe. An blühenden Pflanzen gibt es dort, soweit gegenwärtig bekannt, 225 Arten; davon gelang es mir, 193 nach Hause zu bringen. Von den blühenden Pflanzen sind 100 neue Arten und vermutlich auf diesen Archipel beschränkt.

Dr. Hooker ist der Ansicht, dass von den nicht derart beschränkten Pflanzen mindestens zehn Arten, die nahe dem kultivierten Land auf Charles Island gefunden wurden, eingeführt worden sein müssen. Mich wundert, dass nicht mehr amerikanische Arten auf natürlichem Weg eingeführt wurden, da häufig Treibholz, Bambus, Stöcke und die Nüsse einer Palme an den südöstlichen Küsten angeschwemmt werden. Der Anteil von 100 neuen blühenden Pflanzen an 185 genügt, wie ich meine, um den Galapagosarchipel zu einer eigenständigen botanischen Region zu erklären. Dr. Hooker teilt mir mit, dass die

Flora zweifelsfrei einen westamerikanischen Charakter hat; er kann keinerlei Affinität mit jener des Pazifiks erkennen. Wenn wir somit die eine eindeutig pazifische Art der galapagischen Gruppe der Finken ausnehmen, so sehen wir dass dieser Archipel zwar im Pazifischen Ozean liegt, zoologisch jedoch zu Amerika gehört.

Wäre dieser Charakter lediglich den Einwanderern aus Amerika geschuldet, so wäre wenig Bemerkenswertes daran, doch wir sehen, dass die große Mehrheit der Landtiere und über die Hälfte der blühenden Pflanzen heimische Erzeugnisse sind. Es war überaus eindrucksvoll, von neuen Vögeln, neuen Reptilien, neuen Insekten, neuen Pflanzen umgeben zu sein und dennoch von zahllosen geringfügigen Details in der Struktur und selbst von den Stimmen und dem Gefieder der Vögel lebhaft an die gemäßigten Ebenen Patagoniens oder die heißen, trockenen Wüsten Nordchiles erinnert zu werden.

Das auffallendste Merkmal in der Naturgeschichte dieses Archipels habe ich noch gar nicht erwähnt, nämlich dass die Inseln in erheblichem Maße von unterschiedlichen Lebewesen bewohnt sind. Meine Aufmerksamkeit wurde darauf erstmals durch den Vizegouverneur, Mr Lawson, gelenkt, der erklärte, die Schildkröten unterschieden sich auf den verschiedenen Inseln und dass er mit Sicherheit sagen könne, von welcher Insel eine stamme.

Dieser Erklärung schenkte ich eine Zeit lang nicht genügend Beachtung und hatte die Sammlungen von zweien der Inseln schon teilweise vermischt. Ich hätte mir nicht träumen lassen, dass Inseln, die rund 50 bis 60 Meilen voneinander entfernt und zumeist in Sichtweite voneinander liegen, aus genau demselben Gestein geformt, einem ganz ähnlichen Klima ausgesetzt, unterschiedlich bewohnt sind, doch wir werden dies bald bestätigt finden. Es ist das Los der meisten Reisenden, erst dann zu entdecken, was an einem Ort das Interessanteste ist, wenn sie sich wieder davon aufmachen.

Die Einwohner behaupten, wie gesagt, dass sie die Schildkröten nach den verschiedenen Inseln unterscheiden können. Ich habe angemerkt, dass die im Wasser lebende *Amblyrhynchus* auf Albemarle Island größer als auf allen anderen war, sodass die verschiedenen Inseln wahrscheinlich ihre repräsentativen Arten oder Rassen der *Amblyrhynchus* wie auch der Schildkröte haben.

Meine Aufmerksamkeit wurde erstmals richtig geweckt, als ich die zahlreichen Exemplare der Spottdrossel verglich, die von mir und mehreren anderen an Bord geschossen worden waren, und zu meiner Verblüffung entdeckte, dass alle von Charles Island einer Art angehörten *(Mimus trifasciatus)*; alle von Albemarle Island gehörten *M. parvulus* an und alle von James und Charles Island (zwischen denen zwei weitere Inseln als Bindeglieder liegen) *M. melanotis*. Bedauerlicherweise wurden die meisten vom Tribus der Finken vermischt, doch habe ich viel Grund zu der Annahme, dass einige Arten der Untergruppe *Geospiza* auf getrennte Inseln beschränkt sind. Dies kann eine Erklärung für das außerordentlich zahlreiche Vorkommen der Art dieser Untergruppe auf diesem einen kleinen Archipel sein, dazu als wahrscheinliche Folge ihrer Zahl die perfekt abgestufte Serie bei der Schnabelgröße. In meiner kleinen Insektensammlung – mit Ausnahme Feuerlands habe ich diesbezüglich kein ärmeres Land gesehen – war, von denen, deren Herkunft bestimmt war, keine einzige auf zwei Inseln zugleich heimisch.

Wir haben gesehen, dass die verschiedenen Inseln ihre je eigene Art der weltweit verbreiteten Gattung der Schildkröte wie auch der weit verbreiteten amerikanischen Gattung der

Spottdrossel sowie zwei der galapagischen Untergruppen der Finken und nahezu sicher von der galapagischen Gattung *Amblyrhynchus* aufweisen.

Die Verbreitung der Bewohner dieses Archipels wäre nicht annähernd so wunderbar, wenn beispielsweise eine Insel eine Spottdrossel aufwiese und eine zweite eine gänzlich andere Gattung – wenn eine Insel ihre Echsengattung aufwiese und eine zweite Insel eine weitere andersartige Gattung oder auch gar keine –, oder wenn auf den verschiedenen Inseln nicht repräsentative Arten derselben Pflanzengattungen heimisch wären, sondern vollkommen verschiedene.

Mich aber erstaunt nun, dass mehrere der Inseln ihre eigene Art der Schildkröte, der Spottdrossel, des Finken sowie etlicher Pflanzen aufweisen, wobei diese Arten dieselbe allgemeine Lebensweise haben, in analogen Verhältnissen leben und offensichtlich den gleichen Platz in der natürlichen Ökonomie des Archipels einnehmen. Ich habe gesagt, dass die meisten dieser Inseln in Sichtweite voneinander liegen. Ich muss wiederholen, dass weder die Beschaffenheit des Bodens noch die Höhe des Landes noch das Klima und auch nicht der allgemeine Charakter der assoziierten Lebewesen und mithin auch nicht ihr Wirken aufeinander sich auf den verschiedenen Inseln stark unterscheiden können.

Das einzige Licht, das ich auf diesen bemerkenswerten Unterschied bei den Bewohnern der verschiedenen Inseln werfen kann, ist, dass sehr starke Meeresströmungen in westlicher und westnordwestlicher Richtung die südlichen von den nördlichen Inseln trennen, soweit es den Transport mit dem Meer betrifft, und zwischen diesen nördlichen Inseln wurde eine starke Nordweströmung beobachtet, welche die Inseln James und Albemarle effektiv trennt. Da der Archipel in einem ganz bemerkenswerten Maße frei von Stürmen ist, würden Vögel, Insekten oder leichtere Samen nicht von Insel zu Insel geweht. Und schließlich macht es die große Tiefe des Ozeans zwischen den Inseln sowie ihr offensichtlich junger vulkanischer Ursprung äußerst unwahrscheinlich, dass sie jemals vereint waren; und dies ist wahrscheinlich eine weit wichtigere Erwägung als jede andere hinsichtlich der geografischen Verbreitung ihrer Bewohner. Beim Blick auf die hier genannten Fakten ist man erstaunt über die Menge der Schöpfungskraft, wenn ein solcher Begriff Anwendung finden darf, die sich auf diesen kleinen, kargen und felsigen Inseln offenbart, und desto mehr über ihre unterschiedliche und dennoch analoge Wirkung auf so nahe beieinanderliegende Orte.

Ich möchte meine Beschreibung der Naturgeschichte dieser Inseln mit einem Bericht über die außerordentliche Zahmheit der Vögel beschließen.

Diese Anlage ist allen Landarten gemein. Alle näherten sie sich oftmals so weit, dass man sie mit einer Rute und manchmal auch, wie ich selbst es versucht habe, mit einer Mütze oder Kappe töten konnte. Eine Flinte ist hier beinahe überflüssig, denn mit dem Lauf stieß ich einen Falken von einem Ast. Einmal, als ich auf der Erde lag, ließ sich eine Spottdrossel auf dem Rand eines aus dem Panzer einer Schildkröte gefertigten Kruges nieder, den ich in der Hand hielt; sie ließ es zu, dass ich das Gefäß vom Boden aufnahm, während sie darauf saß. Früher scheinen diese Vögel sogar noch zahmer als heute gewesen zu sein. Cowley sagt (im Jahr 1684), dass „die Turteltauben so zahm waren, dass sie sich oftmals auf unseren Hüten und Armen niederließen, sodass wir sie lebend fangen konnten: Sie fürchteten den Menschen nicht, bis einer aus unserer Gesellschaft dann auf sie feuerte, wodurch sie scheuer wurden." Heute setzen sie sich, obgleich sie sicherlich noch sehr zahm sind, nicht mehr auf den Arm. Es ist verblüffend, dass sie nicht wilder geworden sind, sind diese Inseln doch während der letzten 150 Jahre häufig von Freibeutern und Walfängern besucht worden, und den Matrosen bereitete es stets ein grausames Vergnügen, bei ihren Wanderungen auf der Suche nach Schildkröten diese kleinen Vögel zu erschlagen.

Es hat den Anschein, als hätten die Vögel auf diesem Archipel noch gar nicht gelernt, dass der Mensch ein gefährlicheres Tier als Schildkröte oder *Amblyrhynchus* ist, und beachteten ihn gar nicht.

Die Falklandinseln bieten ein weiteres Beispiel für Vögel mit einer ähnlichen Veranlagung. Ihre außerordentliche Zahmheit wurde von Reisenden bemerkt. Da die Vögel dort, wo Fuchs, Falke und Eule auftreten, ebenso zahm sind, können wir schließen, dass das Fehlen von Raubtieren auf den Galapagosinseln nicht der Grund für ihre Zahmheit ist. Die Zahmheit der Vögel steht in krassem Kontrast zu der Lebensweise derselben Art auf Feuerland, wo sie seit Langem von den dortigen wilden Einwohnern verfolgt werden. Früher scheinen alle Vögel dort zahmer gewesen zu sein als heute, ungefähr so zahm wie heute auf den Galapagosinseln. Anscheinend haben die Vögel auf diesen Inseln langsamer als auf den Falklands gelernt, vorsichtig zu sein, wo sie entsprechende Erfahrungsmittel hatten, denn neben den häufigen Besuchen von Schiffen waren diese Inseln während der ganzen Zeit immer wieder kolonisiert worden.

Anhand dieser verschiedenen Fakten können wir, glaube ich, wohl schließen, dass erstens die Wildheit von Vögeln hinsichtlich des Menschen ein besonderer, gegen ihn gerichteter Instinkt ist und nicht von einem allgemeinen Maß an Vorsicht abhängt, die aus anderen Gefahrenquellen erwächst; zweitens, dass sie von einzelnen Vögeln nicht in kurzer Zeit erworben wird, selbst wenn sie stark verfolgt werden, sondern dass sie im Lauf nachfolgender Generationen erblich wird.

Bei gezähmten Tieren sind wir es gewohnt, neue geistige Gewohnheiten oder Instinkte erworben oder erblich gemacht zu sehen, doch bei Tieren im Naturzustand muss es stets äußerst schwierig sein, Beispiele für erworbenes erbliches Wissen zu entdecken. Die Wildheit von Vögeln dem Menschen gegenüber kann man sich nur als ererbte Gewohnheit erklären: Vergleichsweise wenige junge Vögel wurden in England binnen eines Jahres von Menschen verletzt, doch nahezu alle, selbst Nestlinge, fürchten sie; andererseits wurden viele Tiere auf den Galapagos- wie den Falklandinseln vom Menschen verfolgt und verletzt und dennoch haben sie keine gesunde Furcht vor ihm gelernt. Aus all dem können wir folgern, welches Unheil die Einführung eines neuen Raubtieres in einem Land auslösen muss, bevor die Instinkte der heimischen Bewohner sich an das Geschick oder die Kraft des Fremden angepasst haben.

Register

Die Umlaute ä, ö und ü werden wie a, o und u behandelt.

Bildnachweis

Umschlag mauritius images/imagebroker/Michael Dietrich (großes Bild), Carmen Rohrbach (kleines Bild); Vor- und Nachsatz mr-kartographie; 2/3 LOOK-foto/Konrad Wothe; 4 getty images/Tim Laman; 5 mauritius images/Reiner Harscher; 6 mauritius images/Minden Pictures; 8/9 getty images/Tui De Roy; 8 NASA/GSFC/MODIS Land Rapid Response Team/Jacques Descloitres; 10 getty images/Reinhard Dirscherl; 11 picture-alliance/dpa; 12 o. LOOK-foto/age fotostock, u. getty images/DreamPictures; 13 getty images/Rosemary Calvert; 14 Katja Schill; 15 mauritius images/Reiner Harscher; 16 l. picture-alliance/Okapia, r. getty images/Pete Oxford; 17 getty images/Nathan Farb; 18/19 Katja Schill; 20 o. getty images/ZSSD, u. laif/Arcticphoto; 21/22 getty images/Tui De Roy; 23 o. mauritius images/age, u. Katja Schill; 24 Süddeutsche Zeitung Photo/Rue des Archives; 25 AP Photo/Dolores Ochoa; 26 getty images/Hulton Archive; 27 laif/Fechner; 32/33 mauritius images/Oxford Scientific; 34 mr-kartographie; 35 picture-alliance/Okapia; 38 WILDLIFE/B. Cole; 42 getty images/Stephen St. John; 45 o. NASA/GSFC/MODIS Land Rapid Response Team/Jeff Schmaltz, u. laif/Arcticphoto; 46 getty images/Hiroya Minakuchi; 54 o. mauritius images/imagebroker/Christian Kapteyn, u. mauritius images/Photoshot; 58 getty images/Tui De Roy; 66 Seatops; 76 o. bpk-images, u. getty images/Tim Graham; 85 o. ullstein bild/dpa, u. mauritius images/Johnèr; 107 picture-alliance/dpa; 112 o. picture-alliance/Okapia, u. WILDLIFE/D. Harms; 123 o. picture-alliance/Okapia, u. WILDLIFE/D. Hosking; 130 Juniors Bildarchiv/Biosphoto/Michel Gunther; 136 o. picture-alliance/Astrid Riecke, u. picture-alliance/dpa; 139 mauritius images/Doug Scott; 140 LOOK-foto/age fotostock; 141 picture-alliance/ZB; 142 akg-images; 147 o. getty images/Popperfoto, u. picture-alliance/empics; alle weiteren Fotos: Carmen Rohrbach.

Autoren: Kerstin Viering, Dr. Roland Knauer
Producing: red.sign GbR, Stuttgart

Reader's Digest
Redaktion: Anne Diener-Steinherr, Almuth Stiefvater
Grafik: Gabriele Stammer-Nowack
Bildredaktion: Christina Horut
Prepress: Andreas Engländer

Redaktionsdirektorin: Suzanne Koranyi-Esser
Redaktionsleiterin Sachbuch: Dr. Renate Mangold
Art Director: Susanne Hauser
Leitung Produktion Buch: Norbert Baier

Produktion
arvato print management: Ciprian Neamtu

Satz und Reproduktion
Meyle+Müller GmbH+Co. KG, Pforzheim

Druck und Binden
Leo Paper Products Ltd., Hongkong

Die Kurzfassungen in diesem Band erscheinen mit Genehmigung der Autoren und Verleger. Dies gilt auch für Briefe, Zitate und Dokumente, die in leicht gekürzter Form wiedergegeben sein können.

Titel der Originalausgabe: Carmen Rohrbach, Inseln aus Feuer und Meer. Galapagos – der Archipel der zahmen Tiere
Gekürzte und genehmigte Sonderausgabe für Verlag Das Beste GmbH, Stuttgart

Auszug aus Charles Darwin, Die Fahrt der Beagle, übersetzt von E. Schönfeld

2. Auflage 2011

GR 0113/G/ERS

Printed in China

ISBN 978-3-89915-649-2

Besuchen Sie uns im Internet
www.readersdigest.de | www.readersdigest.ch | www.readersdigest.at